Cycle 2

Des rituels pour travailler l'orthographe

Stéphane **Grulet**

RETZ
www.editions-retz.com
9 bis, rue Abel Hovelacque
75013 Paris

Remerciements

Merci à mes élèves pour leur enthousiasme.
Merci à mes collègues du pôle scolaire de Tournes pour leur passion et leur amitié.
Merci à Boualem Aznag pour son intérêt, son soutien et ses précieuses suggestions.
Merci à Greg Jasinski pour sa voix.
Merci à Jacky Genon pour ses notes de musique.

Ce livre est dédié à mes parents et à mon grand-père, Jean Grulet, instituteur, puis directeur de collège.

L'alphabet phonétique international (API)

Sons voyelles

API	a	ɑ	ə	ø	œ	e	ɛ	o	ɔ
Comme dans…	papa	pâte	melon	feu	fleur	école	faire	chaud	botte

API	i	u	y	ɑ̃	ɛ̃	ɔ̃	œ̃
Comme dans…	nid	genou	rue	enfant	main	long	brun

Sons semi-voyelles

API	j	w(a)	ɥ
Comme dans…	joyeux, feuille	avoir	nuit

Sons consonnes

API	b	s	k	d	f	g	ʒ	l	m
Comme dans…	ballon	souris	calcul	dire	fée	bague	journal	lait	monde

API	n	ɲ	p	r	t	v	z	ʃ
Comme dans…	nombre	montagne	pull	radis	table	voir	zéro	chanson

ISBN : 978-2-7256-3362-6

Direction éditoriale : Sylvie Cuchin
Édition : Charlotte Aussedat
Mise en page : Laser Graphie
Corrections Florence Richard
Illustrations : Christine Donnier
Réalisation du CD-Rom : STDI
Voix off : Greg Jasinski - lavoixdegreg.com/V2/

FSC www.fsc.org MIXTE Papier issu de sources responsables FSC® C022030

N° de projet : 10232304
Dépôt légal : octobre 2015
Achevé d'imprimer en France, en décembre 2016, sur les presses de l'imprimerie Chirat.
N° 201611.0296

Sommaire

Introduction

Textes et instructions officielles.......... 5
Démarche générale 6
Pistes pédagogiques et conseils.......... 8
Tableaux récapitulatifs des rituels par son.......... 11

Les sons voyelles et semi-voyelles

1 • Le son [a] 14
2 • Le son [i].......... 21
3 • Le son [o].......... 28
4 • Le son [y].......... 35
5 • Le son [ə] 42
6 • Le son [u].......... 48
7 • Le son [wa].......... 55
8 • Le son [ɔ̃] 61
9 • Le son [ɑ̃] 68
10 • Le son [ɛ].......... 75
11 • Le son [ɔ].......... 82
12 • Le son [e].......... 88
13 • Le son [œ].......... 95
14 • Le son [ø].......... 101
15 • Les sons [ɛ̃] et [œ̃].......... 110
16 • Le son [j] (1).......... 117
17 • Le son [j] (2).......... 126

Les sons consonnes

18 • Le son [r] 136
19 • Le son [l] 142
20 • Le son [p] 148
21 • Le son [b] 155
22 • Le son [m] 162
23 • Le son [n] 169
24 • Le son [s] 175
25 • Le son [z] 184
26 • Le son [v] 191
27 • Le son [f] 198
28 • Le son [k] 205
29 • Le son [g] 211
30 • Le son [d] 218
31 • Le son [t] 224
32 • Le son [ʃ] 231
33 • Le son [ʒ] 238
34 • Le son [ɲ] 246

Corpus des mots de la semaine 254
Présentation du CD-Rom 255
Utilisation du CD-Rom 256

Introduction

Textes et instructions officielles

Les nouveaux programmes de l'école primaire précisent que, dans le cadre de l'enseignement de la lecture et de l'écriture en cycle 2, « [...] les élèves continuent à pratiquer des activités sur le code dont ils ont eu un première expérience en GS. Ces activités doivent être fréquentes et nombreuses. Ce sont des "gammes" indispensables pour parvenir à l'automatisation et à l'identification des mots. L'identification des mots écrits est soutenue par un travail de mémorisation de formes orthographiques : copie, restitution différée, encodage[1] » (p. 15). Dans ce domaine, l'objectif attendu pour chaque élève, en fin de cycle, est le suivant : « Identifier des mots rapidement : décoder aisément des mots inconnus réguliers, reconnaitre des mots fréquents et des mots irréguliers mémorisés » (p. 16). Objectif conforté en étude de la langue : « Orthographier les mots les plus fréquents [...] et les mots invariables mémorisés » (p. 23).

En cela, ils sont dans la continuité des programmes de 2008 qui rappelaient l'importance pour les élèves de cycle 2 d'« écrire en respectant les correspondances entre lettres et sons [...], et [d]'écrire sans erreur des mots mémorisés[2] ».

Ces compétences figurent dans le palier 1 du socle commun des connaissances et des compétences. Deux axes majeurs sont identifiés : l'orthographe grammaticale (portant sur la relation des accords en genre et en nombre dans une phrase) et l'orthographe lexicale (souvent dite d'usage, elle concerne la mémorisation des mots). C'est sur ce second point que porte le présent ouvrage.

Par ailleurs, il est précisé dans les programmes que l'un des éléments importants pour progresser est « la répétition, la régularité, voire la ritualisation d'activités langagières ». La conduite systématique et régulière des activités de lecture, d'écriture ou autour de l'étude la langue est particulièrement mise en avant.

---

1. B.O. spécial n°11 du 26 novembre 2015 – Programme pour le cycle 2.
2. *http://eduscol.education.fr* (Rubriques : Socle commun | École – Collège | École élémentaire | Maîtrise de la langue | Orthographe).

Dans le tableau des connaissances et compétences associées à lecture (B.O. p. 17), des exemples de situation et d'activités pour l'élève sont proposés : « Manipulations et jeux permettant de travailler sur l'identification et la discrimination des phonèmes » ; « Copie de mots et, surtout, encodage [...] » ; « Activités nombreuses et fréquentes sur le code : exercices, jeux [...]. »

Ce livre propose, à partir de ces pistes de travail (exercices dirigés, dictées, rédaction de phrases, jeux...), une démarche complète pour un apprentissage structuré de l'orthographe lexicale en cycle 2.

Démarche générale

Cet ouvrage propose une démarche cohérente sur l'enseignement du code orthographique, autrement dit la reconnaissance graphophonologique et l'écriture de mots à mémoriser. Il est destiné aux **élèves de cycle 2** (mi-CP, CE1 et CE2 en difficulté ou ayant besoin d'un entraînement plus spécifique). Il invite à une **ritualisation des activités** (petits jeux, dictées...) afin de mettre les élèves en situation problème, de poser des repères orthographiques et de les entraîner.

L'objectif est de couvrir le champ le plus large possible des correspondances graphophonologiques. L'enseignement de l'orthographe commence en effet par la reconnaissance des sons, et la façon dont ils s'écrivent. Par exemple, dans l'écriture du mot *chant*, les élèves doivent **encoder** les graphèmes correspondant aux sons entendus. Deux difficultés supplémentaires viennent alors, dans ce cas précis : il faut écrire le bon graphème, celui du son [ã], et se souvenir de la présence de la consonne muette *-t* à la fin du mot. C'est pourquoi nous proposons systématiquement un travail sur le **code phonographique**, sur la **transcription graphique des sons**, mais également sur les **marques morphologiques**, qui permettent de comprendre ou de retenir la présence d'une lettre muette finale (ici, le *-t* permet de construire des mots de la même famille, tels que *chanter* et *chanteur*).

Ainsi, l'étude d'un phonème s'effectue par le biais de cinq rituels, un par jour, pendant une semaine. Ces séances permettent d'apprendre les règles, de mémoriser les mots, et de prendre du temps pour apporter des réponses aux difficultés que peuvent rencontrer certains élèves. Par exemple, savoir que la lettre *i* ne correspond pas toujours au phonème [i].

Ces rituels sont à conduire en parallèle de la méthode de lecture et d'enseignement du français utilisée dans la classe. Les activités présentées sont conçues de façon à être menées de manière autonome, en s'intégrant aisément dans l'emploi du temps. Elles ne constituent pas des séances de découverte. Elles ont pour objectif premier de renforcer les apprentissages et d'envisager l'enseignement de l'orthographe lexicale de manière fréquente et ludique.

Remarque
Le son [ɑ] n'a pas été traité, les mots comportants la graphie *â* étant moins fréquents (et la graphie *a* a été étudiée avec le son [a]). Il en est de même pour le son [ɥ], moins fréquent lui aussi.

Pourquoi aborder les apprentissages par le jeu ?

Le jeu offre de multiples **interactions** entre les enfants. Il oblige l'élève à sortir d'un comportement individuel en lui faisant prendre conscience de l'intérêt d'une relation aux autres.

De plus, parce qu'il est souvent associé à la notion de **plaisir**, le jeu peut devenir une activité répétée, dans laquelle les élèves entreront facilement. Ce principe de ritualisation revêt en effet de nombreux avantages.

Pourquoi ritualiser les apprentissages ?

Ritualiser les activités permet de « sécuriser » les apprentissages sur trois aspects fondamentaux :

- D'abord, cela permet aux élèves, à l'aide du regard de l'enseignant, de mesurer les progrès effectués, ce qui est important pour l'**estime de soi** et la **confiance**.
- Ensuite, un rituel, par son aspect répétitif, constitue un **cadre connu**. Une fois l'activité comprise, la consigne n'est plus un obstacle. Ceci est un réel bénéfice, notamment pour les élèves qui ont du mal à comprendre et à s'approprier les tâches. Ils peuvent alors davantage se concentrer sur l'objectif à atteindre.
- Enfin, certains rituels favorisent l'**autonomie** : les élèves évoluent dans une activité connue ; ils savent ce qui est attendu par l'enseignant. Ils peuvent donc travailler de manière indépendante, quand la tâche s'effectue individuellement, ce qui permet à l'enseignant de mettre en place des moments de différenciation (des activités sont prévues à cet effet, dans le CD-Rom).

À terme, la ritualisation favorise l'**automatisme**, qui permet d'éviter une « surcharge cognitive » et de se concentrer sur des apprentissages de plus en plus complexes.

En développant ces automatismes en orthographe, les savoirs sont mobilisés à bon escient dans un contexte précis, et les difficultés abordées peuvent être de plus en plus importantes.

Ainsi, considérant que l'orthographe doit être enseignée de manière explicite, répétée et progressive, la démarche proposée dans cet ouvrage est structurée comme telle. Elle a été testée tout au long d'une année scolaire et a prouvé son efficacité.

Pistes pédagogiques et conseils

L'ordre de présentation des séquences est donné à titre indicatif. Chacune est indépendante et peut être menée dans un ordre différent, en fonction de la progression établie par l'enseignant. L'organisation est cependant identique pour toutes.

Organisation des séquences

Chaque séquence s'articule autour de l'étude d'un phonème précis et d'un corpus de mots, établi à partir de la liste des mots les plus fréquents de la langue française, constituée par le lexicologue Étienne Brunet.

Ainsi, les séquences reposent sur un travail oral qui permet de comprendre les correspondances entres lettres et sons, puis de connaître la valeur des lettres, dans le cadre de graphies simples ou complexes. Le travail écrit favorise la connaissance approfondie des cinq à sept « mots de la semaine », en lien avec le son étudié. Ces mots étudiés, lus, écrits, manipulés toute la semaine, permettent aux élèves de travailler à la fois sur le code orthographique et sur le sens, les deux étant indissociables.

Chaque jour de la semaine s'appuie sur un objectif particulier, de plus en plus fin et précis.

Jour 1 : J'écoute et j'observe. Les mises en situation proposées ont pour objectif de repérer le phonème étudié et d'établir une distinction entre la lettre et le son qu'elle transcrit. Elles permettent ainsi de mettre en évidence la ou les graphies du son étudié.

Jour 2 : Je vois. Les activités favorisent la mémorisation des formes orthographiques en passant par l'écriture de mots. L'accent est mis sur la sélection des mots-outils qui seront travaillés tout au long de la semaine.

Jour 3 : J'approfondis. Les rituels de cette partie invitent à étudier plus précisément certains mots de la semaine, en s'appuyant sur la dérivation et les mots de la même famille. Ce travail sur le sens et l'étymologie permet de renforcer l'apprentissage de l'orthographe des mots étudiés et d'éviter les erreurs, notamment sur les lettres muettes finales.

Jour 4 : J'écris. Les rituels développés ce quatrième jour mettent les élèves en situation de rédaction de phrases, comportant un ou plusieurs mots de la semaine.

Jour 5 : Je restitue. Les exercices de cette dernière partie sont axés sur les diverses formes de dictées individuelles ou collectives.

Les rituels

Les séquences ne proposent pas toujours les mêmes rituels. Mais ces derniers reviennent tout au long de l'ouvrage, comme le montrent les tableaux pp. 11-12. Ils ont été conçus en fonction des objectifs cités ci-dessus : il y en a donc cinq par séquence. Les rituels durent environ une quinzaine de minutes maximum et se répartissent ainsi dans la semaine :

Lundi	Mardi	Mercredi	Jeudi	Vendredi
J'écoute et j'observe.	Je vois.	J'approfondis.	Je rédige.	Je restitue.

À leur issue sont généralement proposés un exercice de différenciation et un prolongement écrit.

Le matériel individuel et collectif

Pour chaque séquence, le matériel nécessaire, individuel ou collectif, est listé en début de séance. Les éléments sont fournis dans le **CD-Rom** accompagnant l'ouvrage, présentés par séquence (voir sa description p. 255). Celui-ci contient :

- du **matériel pour les rituels** (étiquettes, images à observer, listes de mots à découper et consigner, pistes audio pour certains jeux...) ;
- des **fiches d'activités** adaptées à chaque niveau pour la différenciation.

L'enseignant prendra soin de préparer le matériel en amont, en imprimant, en plastifiant, voire en dupliquant les documents selon les modalités prévues.

Certains documents à afficher peuvent être remplacés par une vidéoprojection (à l'aide d'un vidéoprojecteur ou d'un TBI) pour les temps de synthèse.

Les élèves sont invités à travailler régulièrement dans leur **cahier d'essai** ou sur leur **ardoise**. Les documents individuels du CD-Rom, utilisés pendant les séances (fiches d'activités, listes de mots, listes de phrases, planches d'images), seront réunis dans un **classeur d'écriture** qui regroupe les écrits et les aides à la production d'écrit. Les dictées seront collées dans le **cahier du jour** afin de les conserver et d'en mesurer les progrès.

• Les prolongements écrits

L'enseignement de l'orthographe doit obligatoirement passer par des phases de retour à l'écrit et des exercices de mise en application. Chaque séance propose des pistes à mener. Il peut s'agir d'un travail individuel ou en binôme : activités structurantes (copie de listes de mots à mémoriser, exercices de systématisation...), synthèses ou productions d'écrit.

• La différenciation

Les activités proposées dans le CD-Rom sont à mener selon les modalités suivantes :

- mise en place d'un atelier dirigé avec certains élèves lors des phases de recherche ;
- constitution de binômes hétérogènes ;
- organisation de moments de dictée à l'adulte pendant les périodes de production de phrases.

Elles permettent dans certains cas de réduire le corpus de mots clés à apprendre. Elles peuvent également être destinées à l'ensemble des élèves, dans le cadre d'un passage à l'écrit après certains rituels. Les activités de différenciation seront collées dans le classeur d'écriture.

Tableaux récapitulatifs des rituels par son

• Les sons voyelles et semi-voyelles

	1. J'écoute et j'observe					2. Je vois				3. J'approfondis					4. J'écris					5. Je restitue				
	Les mots dans la tour	Les mots définis	Les mots à écouter	Les mots contre la montre	Les mots dans l'image	Les mots à épeler	Les mots de l'enquête	Les mots à écrire	Les mots dans la grille	Les mots en famille	Les mots à trier	Les mots intrus	Les mots à réunir	Les mots mystères	Les phrases à compléter	Les phrases à retrouver	Les phrases à corriger	Les phrases à associer	Les phrases à écrire	La dictée en images	La dictée à trous	La dictée flash	La dictée à deux	La dictée mélangée
1. Le son [a]	■							■			■				■					■				
2. Le son [i]	■							■			■				■					■				
3. Le son [o]	■					■				■						■				■				
4. Le son [y]		■						■			■					■				■				
5. Le son [ə]		■				■					■					■				■				
6. Le son [u]			■				■							■			■				■			
7. Le son [wa]			■				■					■					■				■			
8. Le son [ɔ̃]	■						■			■							■				■			
9. Le son [ɑ̃]	■							■			■						■				■			
10. Le son [ɛ]			■					■			■				■						■			
11. Le son [ɔ]		■				■						■			■						■			
12. Le son [e]		■							■			■				■					■			
13. Le son [œ]		■				■								■		■								■
14. Le son [ø]			■						■				■					■						■
15. Les sons [ɛ̃] et [œ̃]			■						■			■						■						■
16. Le son [j] (1)					■				■			■			■									■
17. Le son [j] (2)					■				■			■					■							■

• Les sons consonnes

	1. J'écoute et j'observe					2. Je vois				3. J'approfondis					4. J'écris					5. Je restitue				
	Les mots dans la tour	Les mots définis	Les mots à écouter	Les mots contre la montre	Les mots dans l'image	Les mots à épeler	Les mots de l'enquête	Les mots à écrire	Les mots dans la grille	Les mots en famille	Les mots à trier	Les mots intrus	Les mots à réunir	Les mots mystères	Les phrases à compléter	Les phrase à retrouver	Les phrases à corriger	Les phrases à associer	Les phrases à écrire	La dictée en images	La dictée à trous	La dictée flash	La dictée à deux	La dictée mélangée
18. Le son [r]			X			X								X				X				X		
19. Le son [l]				X			X					X			X							X		
20. Le son [p]					X			X						X					X			X		
21. Le son [b]					X			X			X								X			X		
22. Le son [m]					X		X					X							X			X		
23. Le son [n]					X	X				X					X							X		
24. Le son [s]					X				X				X						X				X	
25. Le son [z]					X				X					X					X				X	
26. Le son [v]					X				X				X						X				X	
27. Le son [f]					X				X			X							X				X	
28. Le son [k]				X		X						X			X								X	
29. Le son [g]	X					X					X				X								X	
30. Le son [d]				X		X						X			X									X
31. Le son [t]				X		X						X			X									X
32. Le son [ʃ]		X					X						X						X					X
33. Le son [ʒ]		X							X					X				X						X
34. Le son [ɲ]		X					X							X				X						X

Les sons voyelles et semi-voyelles

Le son [a]

En bref :

1. J'entends et j'observe : Les mots dans la tour
2. Je m'entraîne : Les mots à écrire
3. J'approfondis : Les mots à trier
4. J'écris : Les phrases à compléter
5. Je restitue : La dictée en images

Les mots de la semaine : valise – pas – chocolat – jardin – avion – malade

1 • Les mots dans la tour

Objectifs :	Identifier et discriminer le phonème [a] dans un mot. Savoir que la lettre *a* ne correspond pas toujours au phonème [a].
Organisation :	Les élèves travaillent individuellement.
Matériel individuel :	Un crayon à papier. Des stylos vert et rouge. *Les mots dans la tour.* ➤ Les sons voyelles et semi-voyelles – Le son [a] Le classeur d'écriture. Exercice 1 de la *fiche d'activités pour le son* [a]. ➤ Les sons voyelles et semi-voyelles – Le son [a]
Matériel collectif :	Le document *Les mots dans la tour* agrandi au format A3 (ou à projeter).

Préparation

• Imprimer et dupliquer le document *Les mots dans la tour* à raison d'un par élève.
• Prévoir un exemplaire au format A3 à afficher au tableau. Il est aussi possible de projeter le document sur un tableau blanc interactif (TBI) et de mener la mise en commun sur ce support.

Déroulement

• Distribuer le document *Les mots dans la tour* à chaque élève.

• Recueillir les premières remarques puis inviter chaque enfant à entourer au crayon uniquement les dessins des mots où l'on entend le son [a]. Au besoin, demander une première réponse orale à un élève.

• Laisser le temps de travail nécessaire et apporter des aides individuelles.

• Lors de la mise en commun, inviter un ou plusieurs élève(s) à entourer les bonnes réponses sur l'affiche au format A3 (ou projetée) : *avion, valise, pas, chocolat, jardin* et *malade*.

• Individuellement, les élèves cochent la case de chaque dessin correctement entouré pour valider les bonnes réponses sur leur document.

• Sur le document affiché au tableau, écrire le mot correspondant à chaque dessin ; y compris les mots *oiseau, pain* et *gant* en attirant l'attention des élèves sur ces mots particuliers.

• Entourer collectivement les lettres *a* dans chaque mot, selon la règle suivante : en vert, les lettres *a* qui produisent le son [a] ; et en rouge, les lettres *a* ne faisant pas le son [a]. On obtient :

– en vert, la lettre *a* des mots *valise, pas, chocolat, jardin* et *malade* ;

– en rouge, la lettre *a* des mots *oiseau, gant* et *pain*.

• Faire remarquer que, dans *oiseau*, le graphème *-eau* comprend la lettre *a* mais n'induit pas le son [a]. Demander aux élèves de trouver d'autres exemples de mots avec *-eau* et les écrire au tableau : *bateau, veau, traîneau*…

• Suivre cette démarche et proposer la même recherche à partir des mots *gant* et *pain.* Constater que les graphèmes *an* et *ain* comprennent chacun la lettre *a* mais n'induisent pas le son [a]. Inviter les élèves à donner oralement d'autres exemples *: éléphant, chanteur, certain* et *vilain*…

• Pour finir, les élèves comptent le nombre de cases cochées sur leur document et notent leur score sur la pancarte à côté de l'immeuble.

• Faire coller le document dans le classeur d'écriture.

Prolongements écrits

• Écrire au tableau des mots avec la lettre *a*. Les classer en deux colonnes : les mots où l'on entend le son [a] et ceux où on ne l'entend pas. Pour chacun d'entre eux, faire compter le nombre de syllabes.

Exemple :

Je vois *a* et j'entends le son [a].	Je vois *a* mais je n'entends pas le son [a].
chat	maison
lapin	oiseau
papa	gant
galette	bain

• En fonction du niveau des élèves, introduire des mots comprenant une syllabe où la lettre *a* produit le son [a], et une autre où elle ne fait pas le son [a].

Exemple :

Je vois *a* et j'entends le son [a].	Je vois *a* mais je n'entends pas le son [a].
ta	bleau
cha	peau
ba	lai

• Demander à un élève de choisir mentalement 5 ou 6 syllabes contenant le son [a] à partir de la liste de mots notée au tableau. Une fois que l'élève a fait son choix, masquer les listes au tableau et inviter l'élève à dicter les syllabes choisies à la classe. Les enfants notent la dictée sur leur ardoise.

Différenciation

Proposer l'exercice 1 dans la *fiche d'activités pour le son* [a].

2 • Les mots à écrire

Objectif : Orthographier correctement les mots *valise, pas, chocolat, jardin, avion* et *malade*.

Organisation : Les élèves travaillent en binôme.

Matériel individuel : Une ardoise et un feutre.
Le classeur d'écriture.
Les mots dans la tour.
Les mots de la semaine.
Les sons voyelles et semi-voyelles – Le son [a]
Exercices 2 et 3 de la *fiche d'activités pour le son* [a].
Les sons voyelles et semi-voyelles – Le son [a]

Matériel par binôme : *Les mots à écrire.*
Les sons voyelles et semi-voyelles – Le son [a]
Une enveloppe contenant les cartes ci-dessus.

Préparation

• Imprimer et dupliquer le document *Les mots à écrire* à raison d'une série de cartes par binôme. Découper les cartes et, si possible, les plastifier. Ranger chaque série dans une enveloppe.

• Imprimer et dupliquer le document *Les mots de la semaine* afin que chaque élève en ait un exemplaire.

Déroulement

• Remettre à chaque binôme une enveloppe contenant la série de cartes *Les mots à écrire*. Distribuer également le document *Les mots de la semaine*, à raison d'un par élève.

• Donner la consigne : « Vous allez travailler par deux. Un élève pioche une carte dans l'enveloppe et la présente à son partenaire ; celui-ci doit orthographier correctement sur son ardoise le mot représenté. L'élève qui a pioché la carte vérifie la réponse de son partenaire à l'aide du document *Les mots de la semaine*, puis devient à son tour celui qui doit écrire le mot. » Préciser que chaque enfant doit écrire trois mots sur son ardoise et ne pas les effacer.

• Répondre aux éventuelles questions de compréhension, puis lancer l'activité.

• Lors de la mise en commun, l'enseignant reprend les cartes une à une et écrit les mots au tableau. Chaque élève corrige, au besoin, les mots rédigés sur son ardoise pendant le jeu.

• Pour finir, les élèves reprennent leur document individuel *Les mots dans la tour* afin de copier chaque mot de la semaine sous le dessin correspondant. Faire coller le document dans le classeur d'écriture.

Prolongement écrit

Écrire un mot de la semaine au tableau. Faire compter le nombre de syllabes, puis de lettres. Éventuellement, le faire épeler. L'effacer puis demander à un élève de l'écrire sur son ardoise et de le montrer à la classe. Apporter les corrections nécessaires.

Différenciation

Proposer les exercices 2 et 3 de la *fiche d'activités pour le son* [a].

3 • Les mots à trier

Objectifs :	Connaître la dérivation des mots *chocolat, pas* et *malade*. Argumenter la présence d'une consonne muette à la fin de *chocolat* et *pas*.
Organisation :	Les élèves travaillent en binôme.
Matériel par binôme :	Des surligneurs bleu, jaune et rose. *Les mots à trier.* ➤ Les sons voyelles et semi-voyelles – Le son [a]

Préparation

Imprimer et dupliquer le document *Les mots à trier* à raison d'un par binôme.

Déroulement

Les mots à trier

pas	chocolat	chaud
chocolaterie	passant	repasser
passer	malade	chocolaté
maladie	école	mal

• Distribuer à chaque binôme le document *Les mots à trier*. Laisser un temps d'observation puis recueillir les remarques des élèves.

• Faire constater que, dans ce tableau, figurent trois mots de la semaine. Les noter en ligne au tableau : *chocolat, pas* et *malade*.

• Demander aux élèves de surligner le mot *chocolat* en jaune, le mot *pas* en bleu et le mot *malade* en rose dans leur grille.

• Donner la consigne : « Vous devez surligner en jaune les mots de la même famille que *chocolat*, en bleu ceux de la même famille que *pas* et en rose ceux de la même famille que *malade*. » Préciser que deux mots intrus présents dans la grille ne doivent pas être surlignés.

• Répondre aux éventuelles questions, puis lancer le travail de recherche. Ce travail sur les mots de la même famille permet de renforcer l'apprentissage de l'orthographe des mots étudiés et d'éviter les erreurs, notamment sur les lettres muettes finales.

• Pour commencer la mise en commun, demander aux élèves de lire les mots qu'ils ont surlignés en jaune dans leur grille. Écrire toutes les réponses données sous le mot *chocolat*, en précisant que même les propositions incorrectes seront notées.

• Valider collectivement les bonnes réponses et faire remarquer la présence de la consonne *t* à la fin du mot *chocolat*. Constater que cette lettre muette permet de construire les mots de la même famille, comme *chocolaterie* et *chocolaté*.

• Suivre la même démarche avec le mot *pas* : lister au tableau les mots surlignés en bleu dans les grilles, valider collectivement les propositions correctes et convier un enfant à expliquer le rôle de la lettre *s* à la fin de ce mot : elle « prépare » les mots *passer* et *passant*.

• Terminer la correction par le mot *malade* en validant collectivement les mots de la même famille. Préciser que ces mots *(mal* et *maladie)* sont formés à partir d'une partie du mot *malade* (le radical) et évoquent une idée voisine. Si nécessaire, apporter une précision quant à la différence avec l'homonyme *mâle.*

• Conclure en relevant les deux mots intrus : *école* et *chaud.*

4 • Les phrases à compléter

Objectif :	Construire des phrases avec les mots *avion, malade* et *jardin*.
Organisation :	Les élèves travaillent collectivement.
Matériel individuel :	Le classeur d'écriture. Exercice 4 de la *fiche d'activités pour le son* [a]. Les sons voyelles et semi-voyelles – Le son [a]

Déroulement

• Écrire la phrase suivante au tableau : « *Quand je regarde un* ***avion*** *dans le ciel, je...* »

• Inviter un élève à lire la phrase, puis convier la classe à imaginer la suite mentalement.

• Laisser un temps de réflexion, puis noter sous forme d'une dictée à l'adulte certaines propositions au tableau. Faire reformuler au besoin.

• Proposer à un enfant de lire les productions ainsi rédigées, puis faire remarquer la majuscule présente au début de chaque phrase ainsi que le point final. Faire préciser qu'une phrase est une suite de mots ordonnés, qui a un sens.

• Procéder de la même manière pour les débuts de phrases suivantes :

– *Quand je suis* ***malade****, maman...*

– *Quand je vais dans le* ***jardin****, je...*

• Conclure en rappelant les trois règles concernant la phrase : la présence de la majuscule et du point, ainsi que la notion de sens.

Prolongements écrits

• Les élèves copient une ou plusieurs phrase(s) produite(s) lors de la séquence dans le classeur d'écriture, avec étayage de l'enseignant au besoin.

• Proposer à certains élèves autonomes de rédiger leur propre phrase dans leur cahier d'essai.

Différenciation

Proposer l'exercice 4 de la *fiche d'activités pour le son* [a].

5 • La dictée en images

Objectif :	Restituer l'orthographe des mots de la semaine.
Organisation :	Les élèves travaillent individuellement.
Matériel individuel :	Le cahier du jour.
Matériel collectif :	Une série de cartes *Les mots à écrire* agrandie au format A3 (ou réutiliser *Les mots à écrire* du rituel 2 ; dans ce cas, les agrandir pour une utilisation collective). ➤ Les sons voyelles et semi-voyelles – Le son [a]

Préparation

Imprimer le document *La dictée en images*, le découper et le plastifier. Ou reprendre en les agrandissant la série de cartes *Les mots à écrire*, représentant les mots de la semaine : *valise, pas, chocolat, jardin, malade* et *avion*. Il est aussi possible de projeter les images une à une grâce à un vidéoprojecteur ou un tableau blanc interactif (TBI).

Déroulement

• Donner la consigne : « Vous allez écrire sur votre cahier le mot correspondant à l'image que je vais vous montrer. »

• Montrer la première image puis laisser le temps d'écriture nécessaire. Renouveler pour les autres illustrations.

• Procéder à une correction collective immédiate : reprendre la première carte et faire épeler collectivement le mot correspondant. L'écrire au tableau sous forme d'une dictée à l'adulte. Procéder de manière identique pour les autres mots de la dictée.

Le son [i]

En bref :

1. J'entends et j'observe : Les mots dans la tour
2. Je m'entraîne : Les mots à écrire
3. J'approfondis : Les mots à trier
4. J'écris : Les phrases à compléter
5. Je restitue : La dictée en images

Les mots de la semaine : lire – nid – tapis – ville – stylo – pyjama

1 • Les mots dans la tour

Objectifs :	Identifier et discriminer le phonème [i] dans un mot. Savoir que la lettre *y* peut correspondre au phonème [i]. Savoir que la lettre *i* ne correspond pas toujours au phonème [i].
Organisation :	Les élèves travaillent individuellement.
Matériel individuel :	Un crayon à papier. Des stylos rouge et vert. *Les mots dans la tour.* Les sons voyelles et semi-voyelles – Le son [i] Le classeur d'écriture. Exercice 1 de la *fiche d'activités pour le son* [i]. Les sons voyelles et semi-voyelles – Le son [i]
Matériel collectif :	Le document *Les mots dans la tour* agrandi au format A3 (ou à projeter).

Préparation

• Imprimer et dupliquer le document *Les mots dans la tour* à raison d'un par élève.

• Prévoir un exemplaire au format A3 à afficher au tableau. Il est aussi possible de projeter le document sur un tableau blanc interactif (TBI) et de mener la mise en commun sur ce support.

Déroulement

• Distribuer le document *Les mots dans la tour* à chaque élève.

• Laisser un temps d'observation puis inviter les élèves à entourer au crayon uniquement les dessins des mots où l'on entend le son [i]. Préciser que l'illustration de la première case représente l'action de déchiffrer et comprendre une phrase ou un texte (*lire*).

• Profiter du temps de recherche pour apporter des aides individuelles.

• Introduire le moment de synthèse en conviant un ou plusieurs élève(s) à entourer les bonnes réponses sur l'affiche au format A3 (ou projetée) : *lire, nid, tapis, ville, pyjama* et *stylo*.

• En parallèle, chacun coche la case des dessins correctement entourés sur son document, validant ainsi les bonnes réponses.

• Sur le document affiché au tableau, écrire le mot correspondant à chaque dessin dans lequel on entend le son [i]. Faire remarquer que dans les mots *pyjama* et *stylo,* le phonème [i] s'écrit avec la lettre *y*.

• Lister collectivement au tableau des mots dont le phonème [i] s'écrit avec la lettre *y* ; par exemple : *cygne, mystère, lys, gymnastique.* Ajouter éventuellement des prénoms d'élèves de la classe.

• Écrire ensuite sur l'affiche A3 les mots *cinq, voiture* et *peinture* sous les dessins correspondants. Demander en quoi ces mots constituent des « pièges » : je vois *i* mais je n'entends pas [i], la lettre *i* ne correspond pas au phonème [i].

• Entourer collectivement les lettres *i* ou *y* dans chaque mot, selon la règle suivante : en vert, les lettres *i* ou *y* qui produisent le son [i] ; et en rouge, les lettres *i* ne faisant pas le son [i]. On obtient :

– en vert, la lettre *i* des mots *lire, nid, tapis* et *ville* et la lettre *y* des mots *pyjama* et *stylo* ;

– en rouge, la lettre *i* des mots *cinq, voiture* et *peinture*.

• Faire remarquer que, dans *cinq*, le graphème *-in* comprend la lettre *i* mais n'induit pas le son [i]. Demander aux élèves de trouver d'autres exemples de mots avec *-in* et les écrire au tableau : *chemin, cousin, jardin…*

• Conduire la même recherche à partir des mots *voiture* et *peinture.* Faire noter que les graphèmes *-oi* et *-ein* comprennent chacun la lettre *i* mais n'induisent pas le son [i]. Faire rechercher oralement d'autres exemples, comme *poire, coiffeur, voir* et *frein, ceinture, plein…*

• Conclure l'activité en demandant aux enfants de compter le nombre de cases cochées sur leur document et de noter leur score dans la pancarte à côté de l'immeuble.

Prolongements écrits

• Écrire au tableau des noms d'animaux avec les lettres *i* ou *y*. Les classer en deux colonnes : les mots où l'on entend le son [i] et ceux où on ne l'entend pas. Pour chacun d'entre eux, faire compter le nombre de syllabes.

Exemple :

Je vois *i* ou *y* et j'entends le son [i].	**Je vois *i* ou *y* mais je n'entends pas le son** [i].
girafe	requin
bison	pingouin
souris	baleine
tigre	chimpanzé
crocodile	dauphin
cygne	lynx
mystère	thym

• En fonction du niveau des élèves, introduire des mots comprenant une syllabe où la lettre *i* produit le son [i], et une autre où elle ne fait pas le son [i].

Exemple :

Je vois *i* ou *y* et j'entends le son [i].	**Je vois *i* ou *y* mais je n'entends pas le son** [i].
vi	lain
mi	roir

Différenciation

Proposer l'exercice 1 dans la *fiche d'activités pour le son* [i].

2 • Les mots à écrire

Objectif :	Orthographier correctement les mots *lire, nid, tapis, ville, pyjama* et *stylo*.
Organisation :	Les élèves travaillent en binôme.
Matériel individuel :	Une ardoise et un feutre. Le classeur d'écriture. *Les mots dans la tour.* *Les mots de la semaine.* Les sons voyelles et semi-voyelles – Le son [i]

Exercices 2 et 3 de la *fiche d'activités pour le son* [i].
➤ Les sons voyelles et semi-voyelles – Le son [i]

Matériel par binôme : *Les mots à écrire*.
➤ Les sons voyelles et semi-voyelles – Le son [i]
Une enveloppe contenant les cartes ci-dessus.

Préparation

• Imprimer et dupliquer le document *Les mots à écrire* à raison d'une série de cartes par binôme. Découper les cartes et, si possible, les plastifier. Ranger chaque série dans une enveloppe.

• Imprimer et dupliquer le document *Les mots de la semaine* afin que chaque élève en ait un exemplaire.

Déroulement

• Distribuer à chaque binôme une enveloppe contenant la série de cartes *Les mots à écrire*. Distribuer également le document *Les mots de la semaine*, à raison d'un par élève.

• Expliquer que, dans chaque groupe, un élève pioche une carte dans l'enveloppe et la présente à son partenaire ; celui-ci doit orthographier correctement le mot représenté, sur son ardoise. Ajouter que celui qui a tiré la carte doit vérifier la réponse sur l'ardoise en s'aidant du document *Les mots de la semaine*. Ensuite, c'est à son tour d'écrire sur son ardoise le mot représenté sur la carte piochée par son partenaire. Conclure la consigne en précisant que chaque enfant doit écrire trois mots sur son ardoise et ne pas les effacer.

• Répondre aux éventuelles questions, puis lancer l'activité.

• Lors de la mise en commun, reprendre les cartes une à une et noter les mots au tableau. Chaque élève corrige, au besoin, les mots sur son ardoise.

• Enfin, demander aux élèves de copier sur leur document *Les mots dans la tour* chaque mot de la semaine sous le dessin correspondant. Le document est ensuite collé dans le classeur d'écriture.

Prolongement écrit

Écrire un mot de la semaine au tableau. Le faire observer pendant 10 secondes, puis l'effacer. Inviter ensuite les élèves à l'écrire sur leur ardoise. Vérifier, apporter les corrections nécessaires, puis renouveler pour les autres mots.

Différenciation

Proposer les exercices 2 et 3 de la *fiche d'activités pour le son* [i].

3 • Les mots à trier

Objectifs : Connaître la dérivation des mots *lire, tapis* et *ville*.
Argumenter la présence d'une consonne muette à la fin de *tapis*.

Organisation : Les élèves travaillent en binôme.

Matériel individuel : Exercice 4 de la *fiche d'activité pour le son* [i].
➤ Les sons voyelles et semi-voyelles – Le son [i]

Matériel par binôme : *Les mots à trier*.
➤ Les sons voyelles et semi-voyelles – Le son [i]
Des surligneurs bleu, jaune et rose.

Préparation

Imprimer et dupliquer le document *Les mots à trier* à raison d'un par binôme.

Déroulement

• Distribuer à chaque binôme le document *Les mots à trier*. Après un temps de lecture individuel, faire constater que trois mots de la semaine figurent dans cette grille. Les noter en ligne au tableau : *lire, tapis* et *ville*.

Les mots à trier

village	illisible	ville
tapis	fille	tapisser
lisible	relire	lire
tapisserie	villageois	image

• Demander aux élèves de surligner le mot *lire* en jaune, le mot *tapis* en bleu et le mot *ville* en rose dans leur grille.

• Expliquer que l'activité consiste à surligner en jaune les mots de la même famille que *lire*, en bleu ceux de la même famille que *tapis* et en rose ceux de la même famille que *ville*. Préciser que deux mots intrus présents dans la grille ne doivent pas être surlignés.

• Démarrer l'activité ; circuler auprès des binômes pour aider à la lecture de certains mots et apporter de l'aide. Ce travail de recherche permet de repérer le radical des mots étudiés, d'identifier les mots de la même famille, et d'éviter ainsi des fautes d'orthographe.

• Introduire la phase de synthèse en invitant un groupe à lire les mots qu'il a surlignés en jaune. Écrire toutes les réponses données sous le mot *lire*, en précisant que même les propositions incorrectes sont notées.

• Valider collectivement les bonnes réponses. Demander à un élève d'entourer la syllabe commune *li*. Préciser que les mots d'une même famille sont formés à partir d'un radical commun, et évoquent une idée proche. Barrer les mauvaises réponses notées au tableau.

• Suivre la même démarche avec le mot *tapis* : lister au tableau les mots surlignés en bleu dans les grilles et valider collectivement les propositions correctes. Faire remarquer la présence de la consonne *s* à la fin du mot *tapis* : elle « prépare » les mots *tapisser* et *tapisserie*.

• Enfin, suivre la démarche en travaillant sur le mot *ville*. Faire valider par la classe les mots de la même famille.

• Conclure en relevant les deux mots intrus : *fille* et *image*.

Différenciation

Proposer l'exercice 4 de la *fiche d'activités pour le son* [i].

4 • Les phrases à compléter

Objectif : Constituer des phrases avec les mots *pyjama, stylo* et *tapis*.

Organisation : Les élèves travaillent collectivement.

Matériel individuel : Le classeur d'écriture.
Exercice 5 de la *fiche d'activités pour le son* [i].
➤ Les sons voyelles et semi-voyelles – Le son [i]

Déroulement

• Écrire la phrase suivante au tableau : « *Quand Papa me dit d'enfiler mon **pyjama**, je...* »

• Inviter un élève à lire la phrase, puis faire remarquer que la fin n'est pas rédigée. Demander à chacun de l'imaginer mentalement.

• Laisser un temps de réflexion individuel, puis écrire quelques propositions au tableau sous forme de dictée à l'adulte.

• Faire valider les phrases correctes et apporter les corrections nécessaires aux autres.

• Proposer à un enfant de lire les productions ainsi rédigées.

• Procéder de la même manière pour le début de phrase suivant : « *Il y a une tache de **stylo** sur le **tapis**, je vais...* »

Prolongements écrits

• Les élèves copient une ou plusieurs phrase(s) produite(s) lors de la séquence dans leur classeur d'écriture, avec étayage de l'enseignant au besoin.

• Proposer à certains élèves autonomes de rédiger leur propre phrase dans leur cahier d'essai.

Différenciation

Proposer l'exercice 5 de la *fiche d'activités pour le son* [i].

5 • La dictée en images

Objectif :	Restituer l'orthographe des mots de la semaine.
Organisation :	Les élèves travaillent individuellement.
Matériel individuel :	Le cahier du jour.
Matériel collectif :	Une série de cartes *Les mots à écrire* agrandie au format A3 (ou réutiliser *Les mots à écrire* du rituel 2 ; dans ce cas, les agrandir pour une utilisation collective). Les sons voyelles et semi-voyelles – Le son [i]

Préparation

Imprimer le document *La dictée en images*, le découper et le plastifier. Ou reprendre en les agrandissant la série de cartes *Les mots à écrire*, représentant les mots de la semaine : *lire, nid, pyjama, tapis, ville, stylo*. Il est aussi possible de projeter les images une à une grâce à un vidéoprojecteur ou un tableau blanc interactif (TBI).

Déroulement

• Expliquer aux élèves qu'ils doivent écrire sur leur cahier du jour le mot correspondant à l'image qui va être présentée.

• Montrer la première carte puis laisser le temps d'écriture nécessaire. Renouveler pour les autres cartes.

• Procéder à une correction collective immédiate : reprendre la première carte et inviter un enfant à épeler le mot correspondant. Faire valider, puis l'écrire au tableau. Procéder de manière identique pour les autres mots de la dictée. S'ils ont fait des erreurs, les élèves rectifient les mots sur leur cahier.

Le son [o]

En bref :

1. J'entends et j'observe : Les mots dans la tour
2. Je m'entraîne : Les mots à épeler
3. J'approfondis : Les mots en famille
4. J'écris : Les phrases à retrouver
5. Je restitue : La dictée en images

Les mots de la semaine : auto – hôpital – bateau – chaud – cadeau – donner

1 • Les mots dans la tour

Objectifs :	Identifier et discriminer le phonème [o] dans un mot. Identifier les différents graphèmes du phonème [o]. Savoir que la lettre *o* ne correspond pas toujours au phonème [o].
Organisation :	Les élèves travaillent individuellement.
Matériel individuel :	Un crayon à papier. Des stylos vert et rouge. *Les mots dans la tour.* ➤ Les sons voyelles et semi-voyelles – Le son [o] Exercice 1 de la *fiche d'activités pour le son* [o]. ➤ Les sons voyelles et semi-voyelles – Le son [o]
Matériel collectif :	Le document *Les mots dans la tour* agrandi au format A3 (ou à projeter).

Préparation

• Imprimer et dupliquer le document *Les mots dans la tour* à raison d'un par élève.

• Prévoir un exemplaire au format A3 à afficher au tableau. Il est aussi possible de projeter le document sur un tableau blanc interactif (TBI) et de mener la mise en commun sur ce support.

Déroulement

• Distribuer le document *Les mots dans la tour* à chaque élève.

• Laisser un temps d'observation puis expliquer la consigne : « Vous devez entourer au crayon les dessins des mots dans lesquels on entend le son [o]. » Préciser que, pour la première case, le mot attendu est un synonyme de voiture ; en fonction du niveau des élèves, donner le mot « *auto* ». Ajouter que l'illustration de la troisième case représente l'action de tendre un objet à une autre personne (*donner*).

• Répondre aux questions des élèves puis lancer l'activité. Apporter des aides individuelles.

• Introduire le moment de synthèse en conviant un ou plusieurs élève(s) à entourer les bonnes réponses sur l'affiche au format A3 : *auto, hôpital, bateau, chaud, cadeau* et *donner*.

• À ce stade, préciser simplement que les mots *trois, champignon* et *loup* ne font pas entendre le son [o].

• Inviter les élèves à matérialiser les bonnes réponses sur leur document en cochant la case de chaque dessin correctement entouré.

• Sur le document affiché au tableau, écrire les six mots dans lesquels on entend le son [o] sous le dessin correspondant. Faire remarquer que le phonème [o] ne s'écrit pas toujours de la même manière.

• Proposer de classer les mots en fonction de la graphie du son [o]. Tracer quatre colonnes au tableau, recopier dans chacune les mots correspondants, puis en écrire le titre.

J'entends [o].			
J'écris *o*.	**J'écris *ô*.**	**J'écris *au*.**	**J'écris *eau*.**
auto donner	hôpital	auto chaud	bateau cadeau

• Pour chaque colonne, demander aux élèves de trouver d'autres exemples et compléter le tableau. Entourer collectivement en vert les graphèmes du son [o].

• Ensuite, sur l'affiche A3, écrire les mots *trois, champignon* et *loup*. Constater que, dans ces mots, la lettre *o* ne correspond pas au phonème [o].

• Faire remarquer que, dans *trois*, le graphème *oi* comprend la lettre *o* mais n'induit pas le son [o]. Demander aux élèves de trouver d'autres exemples de mots avec *oi* et les écrire dans le tableau, en ajoutant des colonnes à droite (voir exemple ci-dessous) : *poisson, poire, armoire*…

• Entourer collectivement en rouge les lettres *o* ne produisant pas le son [o].

• Procéder de manière identique pour *champignon* et *loup*. Noter dans le tableau des propositions de mots avec le graphème *on* d'une part (*biberon, bonbon*) et *ou* d'autre part (*kangourou, bouteille*).

Exemple de tableau :

J'entends [o].				**Je n'entends pas** [o].		
J'écris *o*.	**J'écris *ô*.**	**J'écris *au*.**	**J'écris *eau*.**	**J'écris *oi*.**	**J'écris *ou*.**	**J'écris *on*.**
auto donner	hôpital	auto chaud	bateau cadeau	trois poire	loup kangourou	champignon bonbon

• Conclure l'activité en demandant aux élèves de compter le nombre de cases cochées sur leur document et de noter leur score sur la pancarte à côté de l'immeuble.

Prolongements écrits

• Écrire au tableau une série de trois mots avec la lettre *o* et/ou contenant le son [o], dont un seul comprend le son [o]. Demander aux élèves de copier sur leur ardoise uniquement le mot dans lequel on entend [o]. Vérifier collectivement. Puis procéder ainsi pour d'autres séries de mots.

Exemple :

citron – <u>abricot</u> – poire   *<u>rose</u> – pivoine – coucou*   *Lyon – Toulouse – <u>Pau</u>*
<u>jaune</u> – rouge – marron   *lion – <u>chameau</u> – hibou*   *bouche – menton – <u>naseau</u>*

• Choisir un mot parmi ceux notés au tableau et entourer la syllabe dans laquelle on entend [o]. La faire épeler oralement, puis la faire écrire sur l'ardoise. Renouveler quatre ou cinq fois.

Différenciation

Proposer l'exercice 1 dans la *fiche d'activités pour le son* [o].

2 • Les mots à épeler

Objectif : Orthographier correctement les mots de la semaine.

Organisation : Les élèves travaillent en binôme.

Matériel individuel : Une ardoise et un feutre.
Le classeur d'écriture.
Les mots dans la tour (voir le rituel 1).
Les mots de la semaine.
Les sons voyelles et semi-voyelles – Le son [o]
Exercices 2 et 3 de la *fiche d'activités pour le son* [o].
Les sons voyelles et semi-voyelles – Le son [o]

Préparation

Imprimer et dupliquer le document *Les mots de la semaine* [o] afin que chaque élève en ait un exemplaire.

Déroulement

Les mots de la semaine

Je vois *o, ô, au, eau.* / J'entends (o).
d**o**nner
une **au**t**o**
ch**au**d
un h**ô**pital
un cad**eau**
un bat**eau**
Attention, dans certains mots, je vois *o* mais je n'entends pas (o) : *trois, biberon, loup.*

• Distribuer à chaque élève le document *Les mots de la semaine.*

• Expliquer la consigne : « Vous allez travailler par deux. Un enfant choisit un mot parmi ceux de la liste et l'énonce à son partenaire, qui a retourné sa fiche. Ce dernier doit l'épeler correctement, sous le contrôle de son camarade qui valide la bonne réponse. » Les rôles changent au sein de chaque binôme après chaque mot épelé. Insister sur le fait que seul l'enfant qui fait deviner a les réponses sous les yeux. Conclure la consigne en précisant que chaque enfant doit épeler les six mots de la liste, puis lancer l'activité.

• Lors de la mise en commun, annoncer un mot, l'épeler collectivement puis le noter au tableau sous forme d'une dictée à l'adulte.

• Pour finir, les élèves reprennent leur document individuel *Les mots dans la tour* afin de copier chaque mot de la semaine sous le dessin correspondant. Ils collent ensuite ce document dans leur classeur d'écriture.

Prolongements écrits

• Demander aux élèves d'écrire sur leur ardoise les mots de la semaine comportant uniquement deux syllabes. Valider collectivement les bonnes réponses en identifiant les syllabes : *auto, bateau, cadeau* et *donner.*

• Variantes possibles :

– Écrire le(s) mot(s) comportant trois syllabes (*hôpital*).

– Écrire le(s) mot(s) comportant une lettre finale muette (*chaud*).

– Écrire le(s) mot(s) qui exprime(nt) une action (*donner*).

Différenciation

Proposer les exercices 2 et 3 de la *fiche d'activités pour le son* [o].

3 • Les mots en famille

Objectifs : Connaître la dérivation du mot *chaud*.
Argumenter la présence d'une consonne muette à la fin de *chaud*.

Organisation : Les élèves travaillent individuellement.

Matériel individuel : Exercice 4 de la *fiche d'activités pour le son* [o].
Les sons voyelles et semi-voyelles – Le son [o]

Déroulement

• Écrire au tableau : *chau*. Demander aux élèves de donner oralement des mots commençant par cette syllabe. Noter au tableau, en colonne, chaque réponse donnée ; par exemple : *chauve, chauve-souris, chaudement, chaudron, chaumière, chaude, chaudière*, etc.

• Demander à un élève de lire la liste de mots, puis proposer de ne conserver que les mots qui évoquent la notion de chaleur : *chaudement, chaude, chaudière, chaudron*. Effacer les autres mots de la liste.

• Demander à la classe d'émettre des hypothèses sur le rôle de la lettre *d* à la fin du mot *chaud*. Pour chacune d'entre elles, solliciter des avis et faire valider la réponse suivante : la lettre *d* « prépare » les mots *chaud, chaudière, chaudement* et *chaudron*.

• Préciser que les mots notés au tableau sont de la même famille. Terminer le rituel en demandant à un élève d'entourer le radical commun *chaud-*.

Différenciation

Proposer l'exercice 4 de la *fiche d'activités pour le son* [o].

4 • Les phrases à retrouver

Objectifs : Remettre des mots dans l'ordre pour constituer une phrase.
Utiliser les mots *cadeau, chaud* et *bateau* dans des phrases.

Organisation : Les élèves travaillent en binôme.

Matériel individuel : Le classeur d'écriture.
Exercice 5 de la *fiche d'activités pour le son* [o].
Les sons voyelles et semi-voyelles – Le son [o]

Matériel collectif : Les étiquettes-mots des *phrases à retrouver*.
Les sons voyelles et semi-voyelles – Le son [o]

Préparation

Si on ne possède pas de vidéoprojecteur, imprimer le document *Les phrases à retrouver*. Découper et plastifier chaque étiquette-mot.

Déroulement

• Au tableau, afficher les étiquettes-mots (ou écrire le groupe de mots suivants) :

donne	Il	cadeau.	un

• Demander à chaque binôme de reconstituer la phrase en recopiant les mots dans l'ordre sur leur ardoise.

• Laisser le temps de travail nécessaire.

• Puis noter les différentes réponses au tableau, en précisant que même les réponses erronées sont copiées.

• Recueillir les avis des enfants et barrer au fur et à mesure les propositions qui ne sont pas correctes. Faire remarquer que la majuscule à *Il* et le point après *cadeau* sont des indices qui permettent de trouver le premier et le dernier mot de la phrase.

• Valider l'ordre correct : « *Il donne un cadeau.* » en plaçant les étiquettes-mots dans le bon ordre.

• Renouveler avec le groupe de mots :

chaud	fait	Il	le	sur	bateau.

• Lors de la mise en commun, solliciter un ou plusieurs élèves pour repérer les deux étiquettes indices : *Il* et *bateau.* ; puis valider la bonne réponse : *Il fait chaud sur le bateau.*

Prolongement écrit

Les élèves copient une des phrases construites lors du rituel dans leur classeur d'écriture, avec étayage de l'enseignant au besoin.

Différenciation

Proposer l'exercice 5 de la *fiche d'activités pour le son* [o].

5 Complète les phrases avec les mots de la semaine.

Nous partons à l'.................................. car Bachir s'est blessé en tombant.

Pour aller en Corse, nous prenons le ....

J'ai hâte de lui .... son .... d'anniversaire !

Ouvrons les vitres de l'.......................... . Il fait tellement .... !

5 • La dictée en images

Objectif : Restituer l'orthographe des mots de la semaine.

Organisation : Les élèves travaillent individuellement.

Matériel individuel : Le cahier du jour.

Matériel collectif : Une série de cartes *La dictée en images*.
➤ Les sons voyelles et semi-voyelles – Le son [o]

Préparation

Imprimer un exemplaire du document *La dictée en images* qui reprend les mots de la semaine. Découper les cartes et, si possible, les plastifier. Il est aussi possible de projeter les images grâce à un vidéoprojecteur ou un tableau blanc interactif (TBI), en zoomant sur chacune l'une après l'autre.

Déroulement

• Expliquer aux élèves qu'ils doivent écrire sur leur cahier du jour le mot correspondant à l'image qui va être présentée.

• Montrer la première carte puis laisser le temps d'écriture nécessaire. Renouveler pour les autres cartes.

• Procéder à une correction collective immédiate : reprendre la première carte et inviter un enfant à épeler le mot correspondant. Faire valider, puis l'écrire au tableau. Procéder de manière identique pour les autres mots de la dictée. S'ils ont fait des erreurs, les élèves rectifient les mots sur leur cahier.

Le son [y]

En bref :
1. J'entends et j'observe : Les mots définis
2. Je m'entraîne : Les mots à écrire
3. J'approfondis : Les mots à trier
4. J'écris : Les phrases à retrouver
5. Je restitue : La dictée en images

Les mots de la semaine : rue – usine – musique – sucre – jupe – lunettes

1 • Les mots définis

Objectifs :	Identifier et discriminer le phonème [y] dans un mot. Savoir que la lettre *u* ne correspond pas toujours au phonème [y].
Organisation :	Les élèves travaillent individuellement.
Matériel individuel :	Exercice 1 de la *fiche d'activités pour le son* [y]. Des stylos vert et rouge. ➤ Les sons voyelles et semi-voyelles – Le son [y]
Matériel collectif :	Une dizaine de haricots secs.

Déroulement

• Expliquer la règle du jeu : « Je vais vous lire une définition. Si vous avez trouvé le mot correspondant, tapez un léger coup sur votre table pour prendre la parole. » Donner un exemple : « *On reconnaît son croissant la nuit, dans le ciel.* » Valider la bonne réponse et écrire le mot au tableau. Préciser que chaque gagnant va remporter un haricot. Celui qui en a le plus à la fin du jeu sera vainqueur.
• Commencer la partie.
Voici la liste des définitions :
– *Gros bâtiment où l'on fabrique des objets (usine).*
– *Accessoire que l'on porte sur la tête (chapeau).*
– *Voie de circulation bordée de maisons, d'immeubles et de commerces (rue).*
– *On peut en porter sur son nez (lunettes).*
– *On la porte pour tenir son pantalon (ceinture).*
– *Dans une cour de récréation, il peut s'agir de billes ou de cartes (jeu).*

– *Jouet qui peut ressembler à un bébé (poupée).*
– *Art qui permet de s'exprimer avec des notes (musique).*
– *Pour éviter les caries, mieux vaut ne pas trop en manger (sucre).*
– *Contraire de froid (chaud).*
– *Vêtement féminin, qui part de la taille et qui a une longueur variable (jupe).*

• Au fur et à mesure du jeu, écrire chaque mot au tableau, en colonne.

• Faire constater que tous les mots contiennent la lettre *u* mais qu'on n'entend pas forcément le son [y] dans chacun.

• Avec l'aide des élèves, entourer la lettre *u* dans chaque mot, selon la règle suivante : en vert, les lettres *u* qui produisent le son [y] ; et en rouge, les lettres *u* ne faisant pas le son [y]. On obtient :
– en vert, les *u* des mots *rue, usine, ceinture, lunettes, musique, sucre* et *jupe* ;
– en rouge, les *u* des mots *chapeau, jeu, poupée* et *chaud.*

• Faire remarquer que, dans *chapeau,* le graphème *eau* comprend la lettre *u* mais n'induit pas le son [y]. Demander aux élèves de trouver d'autres exemples de mots en *-eau* et les écrire au tableau : *cadeau, tableau, gâteau…*

• Suivre la même démarche avec les mots *jeu, poupée* et *chaud.* Inviter les élèves à donner oralement d'autres mots en *eu, ou* et *au : feu, jeudi, boule, rouler, taupe, jaune…*

• Pour conclure l'activité, les élèves comptent le nombre de haricots remportés. Désigner le ou les vainqueurs.

Prolongements écrits

• Écrire au tableau des mots avec la lettre *u*. Les faire classer en deux colonnes : les mots où l'on entend le son [y] et ceux où on ne l'entend pas. Pour chacun d'entre eux, inviter à les découper oralement en syllabes.

Exemple :

Je vois *u* et j'entends le son [y].	**Je vois *u* mais je n'entends pas le son [y].**
ruban	bateau
mur	boue
buée	gaucher
tunnel	creuser

• En fonction du niveau des élèves, introduire également des mots comprenant à la fois une syllabe où la lettre *u* produit le son [y] et une autre où elle ne fait pas le son [y].

Exemple :

Je vois *u* et j'entends le son [y].	Je vois *u* mais je n'entends pas le son [y].
nu	ageux
lu	eur

• Dans chaque mot écrit au tableau, entourer les syllabes comprenant le son [y]. Puis demander aux élèves de trouver des mots qui commencent par ces syllabes. Les écrire sous forme d'une dictée à l'adulte.

Exemple :

– ru : rugir, rubis…

– mu : musée, mulot…

– bu : butiner, buveur…

– tu : tulipe, tube…

Différenciation

Proposer l'exercice 1 de la *fiche d'activités pour le son* [y].

2 • Les mots à écrire

Objectif : Orthographier correctement les mots *lune*, *usine*, *musique*, *sucre*, *jupe* et *lunettes*.

Organisation : Les élèves travaillent en binôme.

Matériel individuel : Une ardoise et un feutre.
Le classeur d'écriture.
Les mots de la semaine.
Les sons voyelles et semi-voyelles – Le son [y]
Exercices 2 et 3 de la *fiche d'activités pour le son* [y].
Les sons voyelles et semi-voyelles – Le son [y]

Matériel par binôme : *Les mots à écrire.*
Les sons voyelles et semi-voyelles – Le son [y]
Une enveloppe contenant les cartes ci-dessus.

Préparation

• Imprimer et dupliquer le document *Les mots à écrire* à raison d'une série de cartes par binôme. Découper les cartes et, si possible, les plastifier. Ranger chaque série dans une enveloppe.

• Imprimer et dupliquer le document *Les mots de la semaine* afin que chaque élève en ait un exemplaire.

Déroulement

• Distribuer à chaque binôme une enveloppe contenant la série de cartes *Les mots à écrire*. Remettre également le document *Les mots de la semaine*, à raison d'un par élève.

• Donner la consigne : « Vous allez travailler par deux. Un enfant pioche une carte dans l'enveloppe et la présente à son co-équipier ; celui-ci doit orthographier correctement sur son ardoise le mot représenté. L'élève qui a pioché la carte vérifie la réponse de son partenaire à l'aide du document *Les mots de la semaine*, puis devient à son tour celui qui doit écrire le mot. » Préciser que chaque enfant doit écrire trois mots sur son ardoise et ne doit pas les effacer.

• Commencer ensuite l'activité. Circuler auprès des groupes pour apporter des aides individuelles.

• Procéder ensuite à la mise en commun : en reprenant les cartes une à une, noter les mots au tableau. Faire corriger, au besoin, les mots sur l'ardoise. Si vous possédez un vidéoprojecteur ou un TBI, vous pouvez mener la mise en commun en projetant le document *Les mots de la semaine*.

• Enfin, demander aux élèves de copier les mots étudiés dans le classeur d'écriture à l'aide du document *Les mots de la semaine*.

Prolongement écrit

Écrire un mot de la semaine au tableau. Le faire observer pendant 10 secondes, puis l'effacer. Inviter ensuite les élèves à l'écrire sur leur ardoise. Vérifier, apporter les corrections nécessaires, puis renouveler l'activité avec les autres mots.

Différenciation

Proposer les exercices 2 et 3 de la *fiche d'activités pour le son* [y].

3 • Les mots à trier

Objectif :	Connaître la dérivation des mots *musique*, *sucre* et *rue*.
Organisation :	Les élèves travaillent en binôme.
Matériel individuel :	Des surligneurs bleu, jaune et rose par binôme. Exercice 4 de la *fiche d'activités pour le son* [y] ▶ Les sons voyelles et semi-voyelles – Le son [y]
Matériel par binôme :	*Les mots à trier*. ▶ Les sons voyelles et semi-voyelles – Le son [y]

Préparation

Imprimer et dupliquer le document *Les mots à trier* à raison d'un par binôme.

Déroulement

• Distribuer à chaque binôme le document *Les mots à trier*. Laisser un temps de lecture individuel, puis faire constater que trois mots de la semaine figurent dans cette grille. Les noter en ligne au tableau : *sucre, musique* et *rue*.

Les mots à trier

sucre	musicienne	sucrerie
musique	ruelle	musicien
sucrier	rue	sucrer
musical	sucette	chanson

• Demander aux élèves de surligner le mot *sucre* en jaune, le mot *musique* en bleu et le mot *rue* en rose dans leur grille.

• Faire surligner en jaune les mots de la même famille que *sucre*, en bleu ceux de la même famille que *musique* et en rose ceux de la même famille que *rue*. Préciser que deux mots intrus présents dans la grille ne doivent pas être surlignés.

• Commencer l'activité en apportant des aides éventuelles aux binômes. Ce travail de recherche permet de repérer le radical des mots étudiés, d'identifier les mots de la même famille et de renforcer ainsi l'apprentissage orthographique des mots étudiés.

• Lors de la mise en commun, inviter un groupe à lire d'abord les mots qu'il a surlignés en jaune. Écrire toutes les réponses données sous le mot *sucre*, en précisant que même les propositions incorrectes sont notées.

• Valider collectivement les bonnes réponses, barrer celles qui sont erronées. Demander à un élève d'entourer le radical commun : *sucr-*. Préciser que les mots d'une même famille sont formés à partir d'un radical commun et évoquent tous une idée proche. Faire remarquer que le mot *sucette* était un intrus : il n'intègre pas cette famille, même s'il s'agit d'une confiserie, puisqu'on ne trouve pas le radical *sucr-*.

• Poursuivre avec le mot *musique* : lister au tableau les mots surlignés en bleu dans les grilles et valider collectivement les propositions correctes. Écarter le mot intrus : *chanson*. Faire préciser que ce n'est pas un mot de la famille de *musique*, même s'il appartient au même champ lexical.

• Terminer ce travail avec le mot *rue*. Faire valider par la classe le mot de la même famille. Faire expliquer que le *e* muet à la fin du mot est une marque du féminin et « prépare » aussi le mot *ruelle*.

Différenciation

Proposer l'exercice 4 de la *fiche d'activités pour le son* [y].

4 • Les phrases à retrouver

Objectifs : Remettre des mots dans l'ordre pour constituer une phrase.
Utiliser les mots *usine, jupe* et *lunettes* dans des phrases.

Organisation : Les élèves travaillent collectivement.

Matériel individuel : Le classeur d'écriture.
Exercice 5 de la *fiche d'activités pour le son* [y].
Les sons voyelles et semi-voyelles – Le son [y]

Matériel collectif : *Les phases à retrouver.*
Les sons voyelles et semi-voyelles – Le son [y]

Préparation

Si on ne possède pas de vidéoprojecteur, imprimer le document *Les phrases à retrouver*. Découper et plastifier chaque étiquette-mot.

Déroulement

• Au tableau, afficher les étiquettes-mots ou écrire le groupe de mots suivants (ou encore les projeter) :

[usine.] [va] [Il] [à] [l'] [travailler]

• Demander à chaque binôme de retrouver la phrase correcte en recopiant les mots dans l'ordre sur leur ardoise.

• Laisser le temps de travail nécessaire.

• Puis noter les différentes réponses au tableau, en précisant que même les réponses erronées sont copiées.

• Recueillir les avis des enfants et barrer au fur et à mesure les propositions qui ne sont pas correctes. Faire remarquer que la majuscule à *Il* et le point après *usine* sont des indices qui permettent de trouver le premier et le dernier mot de la phrase.

• Ajouter que l'étiquette *l'* ne peut être placée qu'à côté d'un mot commençant par une voyelle.

• Valider l'ordre correct : « *Il va travailler à l'usine.* » en plaçant les étiquettes-mots dans le bon ordre.

• Renouveler la tâche avec ce groupe de mots :

[met] [sa] [ses] [jupe] [lunettes.] [Elle] [et]

• Lors de la mise en commun, solliciter un ou plusieurs élèves pour repérer les deux étiquettes indices : *Elle* et *lunettes.* Valider la bonne réponse : *Elle met sa jupe et ses lunettes.*

Prolongement écrit

Les élèves copient une des phrases construites lors du rituel dans leur classeur d'écriture, avec étayage de l'enseignant au besoin.

Différenciation

Proposer l'exercice 5 de la *fiche d'activités pour le son* [y].

5 • La dictée en images

Objectif :	Restituer l'orthographe des mots de la semaine.
Organisation :	Les élèves travaillent individuellement.
Matériel individuel :	Le cahier du jour.
Matériel collectif :	Une série de cartes *La dictée en images* agrandie au format A3 (ou réutiliser *Les mots à écrire* du rituel 2 ; dans ce cas, les agrandir pour une utilisation collective). ➤ Les sons voyelles et semi-voyelles – Le son [y]

Préparation

Imprimer un exemplaire du document *La dictée en images* qui reprend les mots de la semaine. Découper les cartes et, si possible, les plastifier (ou réutiliser en les agrandissant les images des *Mots à écrire*, qui sont identiques).
On peut aussi projeter les images à l'aide d'un vidéoprojecteur ou d'un TBI.

Déroulement

• Donner la consigne : « Vous allez écrire sur votre cahier le mot correspondant à l'image que je vais vous montrer. »

• Présenter (ou projeter) la première image puis laisser le temps d'écriture nécessaire.

• Procéder à une correction collective immédiate : reprendre la première carte et faire épeler collectivement le mot correspondant. Faire valider, puis l'écrire au tableau. S'ils ont fait des erreurs, les élèves rectifient les mots sur leur cahier.

• Procéder de manière identique pour les autres illustrations.

Le son [ə]

En bref :
1. J'entends et j'observe : Les mots définis
2. Je m'entraîne : Les mots à épeler
3. J'approfondis : Les mots à trier
4. J'écris : Les phrases à retrouver
5. Je restitue : La dictée en images

Les mots de la semaine : melon – peluche – pelote – renard – regarder – chemin

1 • Les mots définis

Objectifs :	Trouver un mot à partir de sa définition. Identifier et discriminer le phonème [ə] dans un mot. Savoir que la lettre e ne correspond pas toujours au phonème [ə].
Organisation :	Les élèves travaillent individuellement.
Matériel individuel :	Exercice 1 de la *fiche d'activités pour le son* [ə]. ➤ Les sons voyelles et semi-voyelles – Le son [ə]
Matériel collectif :	Une dizaine de haricots secs.

Déroulement

• Expliquer (ou rappeler) la règle du jeu : une définition est lue, chacun doit trouver le plus rapidement possible le mot correspondant ; pour énoncer sa proposition, il suffit de taper un léger coup sur la table. Donner un exemple : *Petit fruit rouge qui a un noyau (cerise).* Valider la bonne réponse et écrire le mot au tableau. Préciser que chaque gagnant va remporter un haricot. Celui qui en a le plus à la fin du jeu sera vainqueur.

• Commencer la partie, en s'appuyant sur ces définitions :
– *Gros fruit rond avec pépins, qui est orange à l'intérieur (melon).*
– *Jouet représentant un animal (peluche).*
– *Animal au museau pointu et au pelage roux (renard).*
– *Enroulement de fils de laine ayant la forme d'une boule (pelote).*
– *Observer quelqu'un ou quelque chose (regarder).*
– *Surface sur laquelle la maîtresse écrit dans la classe (tableau).*

– *Sentier qui mène d'un lieu à un autre (chemin).*
– *Animal vert qui coasse (grenouille).*
– *Contraire de vide (plein).*
– *Flacon contenant la nourriture liquide d'un bébé (biberon).*
– *Suite qui contient 26 lettres (alphabet).*

• Au fur et à mesure du jeu, écrire chaque mot au tableau, en colonne.

• Faire constater que les mots de la liste contiennent la lettre *e* et qu'on n'entend pas forcément le son [ə] dans chacun.

• Entourer collectivement les lettres *e* dans chaque mot, selon la règle suivante : en vert, les lettres *e* qui produisent le son [ə] ; et en rouge, les lettres *e* ne faisant pas le son [ə].
On obtient :
– en vert, les *e* des mots *cerise, soupe, peluche, renard, pelote, chemin, grenouille* et *biberon* ;
– en rouge, les *e* des mots *tableau, plein* et *alphabet* ;
– la première lettre *e* du mot *regarder* est entourée en vert et la seconde en rouge.

• Faire remarquer que, dans *tableau,* le graphème *eau* comprend la lettre *e* mais n'induit pas le son [ə]. Demander aux élèves de trouver d'autres exemples de mots avec *-eau* et les écrire au tableau : *cadeau, chapeau, gâteau...*

• Suivre la même démarche avec les mots *plein, alphabet* et *regarder*. Inviter les élèves à donner oralement d'autres mots contenant *ein, et* puis *er* : *teindre, ceinture, peindre ; jouet, poulet, sommet ; sauter, danser, chanter...*

• Pour conclure l'activité, les élèves comptent le nombre de haricots remportés. Désigner le ou les vainqueurs.

Prolongements écrits

• Écrire au tableau la phrase suivante :

On boit un peu d'eau et de grenadine, puis on retourne voir les chevaux.

Faire lire la phrase par un élève, puis demander à chacun de recopier sur son ardoise uniquement les mots comprenant le son [ə].

• Tracer ensuite deux colonnes au tableau. Relever les propositions des élèves, les valider et les recopier dans la première partie du tableau.

• Procéder de la même manière pour les mots où l'on voit e, mais où l'on n'entend pas le son [ə].

Je vois *e* et j'entends le son [ə].	**Je vois e mais je n'entends pas le son [ə].**
grenadine	peu
retourne	eau
chevaux	et
de	les

Différenciation

Proposer l'exercice 1 dans la *fiche d'activités pour le son* [ə].

2 • Les mots à épeler

Objectif : Orthographier correctement les mots de la semaine.

Organisation : Les élèves travaillent en binôme.

Matériel individuel : Une ardoise et un feutre.
Le classeur d'écriture.
Les mots de la semaine.
➤ Les sons voyelles et semi-voyelles – Le son [ə]
Exercices 2 et 3 de la *fiche d'activités pour le son* [ə].
➤ Les sons voyelles et semi-voyelles – Le son [ə]

Préparation

Imprimer et dupliquer le document *Les mots de la semaine* afin que chaque élève en ait un exemplaire.

Déroulement

• Distribuer à chaque élève le document *Les mots de la semaine.*

• Expliquer (ou rappeler) la consigne : « Vous allez travailler en binôme. Un élève choisit un mot parmi ceux de la liste et l'énonce à son camarade, qui doit l'épeler correctement, sans avoir la fiche sous les yeux. Sa réponse sera validée par son partenaire. »

• Ajouter que les rôles changent au sein de chaque binôme après chaque mot épelé. Insister sur le fait que seul l'enfant qui fait deviner a les réponses sous les yeux. Conclure la consigne en précisant que chaque enfant doit épeler les six mots de la liste, puis lancer l'activité.

• Procéder à la mise en commun : épeler collectivement chacun des mots et les écrire au tableau sous forme d'une dictée à l'adulte.

• Conclure l'activité en demandant aux élèves de recopier dans le classeur d'écriture chaque mot de la semaine à l'aide du document individuel utilisé pendant la séance.

Prolongements écrits

• Demander aux élèves d'écrire sur leur ardoise les mots de la semaine comportant uniquement deux syllabes. Valider collectivement les bonnes réponses en identifiant les syllabes : *melon, chemin* et *renard.*

• Variantes possibles :
– écrire le(s) mot(s) comportant une lettre finale muette : *renard* ;
– écrire le(s) mot(s) qui exprime(nt) une action : *regarder*.

Différenciation

Proposer les exercices 2 et 3 de la *fiche d'activités pour le son* [ə].

3 • Les mots à trier

Objectifs : Connaître la dérivation des mots *chemin, renard* et *regarder*.
Argumenter la présence de la lettre muette à la fin de *renard.*

Organisation : Les élèves travaillent en binôme.

Matériel par binôme : Des surligneurs bleu, jaune et rouge.
Les mots à trier par binôme.
➤ Les sons voyelles et semi-voyelles – Le son [ə]

Préparation

Imprimer et dupliquer le document *Les mots à trier* à raison d'un par binôme.

Déroulement

• Distribuer à chaque binôme le document *Les mots à trier* pour le son [ə]. Après un temps d'observation, solliciter les premières réactions.

Les mots à trier

renardeau	loup	regarder
retard	regardant	renarde
renard	regard	chemin
cheminer	chemise	cheminot

• Faire remarquer que dans la grille figurent trois des mots de la semaine. Les noter en ligne au tableau : *chemin, renard* et *regarder*.

• Demander aux élèves de surligner dans leur grille le mot *chemin* en bleu, le mot *regarder* en jaune et le mot *renard* en rouge.

• Expliquer que la tâche consiste à surligner en jaune les mots de la même famille que *regarder*, en bleu ceux de la famille de *chemin* et en rouge ceux de la même famille que *renard.* Préciser que trois mots intrus présents dans la grille ne doivent pas être surlignés. S'assurer que la consigne a été bien comprise, puis lancer le travail de recherche.

• Lors de la mise en commun, demander tout d'abord aux élèves de lire les mots surlignés en jaune dans leur grille. Écrire toutes les réponses données sous le mot *regarder*, en précisant que même les propositions incorrectes seront notées.

• Corriger un mot après l'autre, en commençant par exemple par *regarder* : valider collectivement les bonnes réponses, effacer celles qui sont erronées. Faire remarquer la présence de la consonne *d* à la fin du mot *regard.* Constater que cette lettre muette permet de construire les mots de la même famille, comme *regarder* et *regardant.*

• Suivre la même démarche avec le mot *renard*, en faisant remarquer que le *d* de *renard* permet de « donner » *renarde* et *renardeau.*

• Procéder de même avec *chemin* et *cheminer*. Faire expliquer au besoin le mot *cheminot* : employé(e) des chemins de fer.

• Conclure en relevant les trois mots intrus : *chemise, loup* et *retard.*

4 • Les phrases à retrouver

Objectifs :	Remettre des mots dans l'ordre pour constituer une phrase. Utiliser les mots *renard, chemin* et *regarder* dans des phrases.
Organisation :	Les élèves travaillent en binôme.
Matériel individuel :	Le classeur d'écriture. Exercice 4 de la *fiche d'activités pour le son* [ə]. ➤ Les sons voyelles et semi-voyelles – Le son [ə]
Matériel collectif :	*Les phases à retrouver.* ➤ Les sons voyelles et semi-voyelles – Le son [ə]

Préparation

S'il n'y pas de vidéoprojecteur ou de TBI, imprimer le document *Les phrases à retrouver*. Découper et plastifier chaque étiquette afin de les afficher au tableau.

Déroulement

• Au tableau, afficher les étiquettes-mots ou écrire le groupe de mots suivants (ou encore les projeter) :

[Le] [regarde] [le] [le] [sur] [lapin] [chemin.] [renard]

• Demander à chaque binôme de retrouver la phrase correcte en recopiant les mots dans l'ordre sur leur ardoise.

• Après un temps de recherche, noter les différentes réponses au tableau, en précisant que même les réponses erronées seront copiées.

• Recueillir les propositions des élèves et barrer au fur et à mesure celles qui ne sont pas correctes. Faire remarquer que la majuscule à *Le* et le point après *chemin* sont des indices qui permettent de trouver le premier et le dernier mot de la phrase.

• Valider les deux phrases possibles : « *Le renard regarde le lapin sur le chemin.* » ou « *Le lapin regarde le renard sur le chemin.* » en plaçant les étiquettes-mots dans le bon ordre.

Prolongement écrit

Les élèves copient une des phrases construites lors du rituel dans leur classeur d'écriture, avec au besoin l'étayage de l'enseignant.

Différenciation

Proposer l'exercice 4 de la *fiche d'activités pour le son* [ə].

5 • La dictée en images

Objectif :	Restituer l'orthographe des mots de la semaine.
Organisation :	Les élèves travaillent individuellement.
Matériel individuel :	Le cahier du jour.
Matériel collectif :	Une série de cartes *La dictée en images*. ➤ Les sons voyelles et semi-voyelles – Le son [ə]

Préparation

Imprimer un exemplaire du document *La dictée en images* (de préférence au format A3), qui reprend les mots de la semaine . Découper les cartes et les imprimer. On peut ainsi les projeter.

Déroulement

• Donner la consigne : « Vous allez écrire sur votre cahier le mot correspondant à l'image que je vais vous montrer. »

• Montrer la première image puis laisser le temps d'écriture nécessaire. Renouveler la tâche pour les autres illustrations.

• Procéder à une correction collective immédiate : reprendre la première carte et faire épeler collectivement le mot correspondant. L'écrire au tableau sous forme d'une dictée à l'adulte.

• Procéder de manière identique pour les autres mots de la dictée.

Le son [u]

En bref :

1. J'entends et j'observe : Les mots à écouter
2. Je m'entraîne : Les mots de l'enquête
3. J'approfondis : Les mots mystères
4. J'écris : Les phrases à corriger
5. Je restitue : La dictée à trous

Les mots de la semaine : genou – autour – nous – boule – poupée – rouge

1 • Les mots à écouter

Objectifs :	Identifier et discriminer le phonème [u] dans un mot. Savoir que le phonème [u] s'écrit généralement *ou* mais peut s'écrire parfois *oo* (dans le cas de mots anglo-saxons).
Organisation :	Les élèves travaillent individuellement.
Matériel individuel :	Exercice 1 de la *fiche d'activités pour le son* [u]. Les sons voyelles et semi-voyelles – Le son [u]
Matériel collectif :	Piste audio : le son [u]. Les sons voyelles et semi-voyelles – Le son [u]

Déroulement

• Annoncer aux élèves qu'ils vont faire un exercice sonore : ils vont écouter une liste de mots ; dans certains d'entre eux, on entend le son [u]. Expliquer qu'à l'écoute du son [u], ils doivent lever la main.

• Diffuser le fichier audio *le son* [u]. Voici la liste de mots : *un ours – un genou – un lion – bonjour – une voiture – autour – une boule – nous – un chapeau – rouge – une poupée.* Pendant l'écoute, observer les réactions des élèves et repérer ceux qui font des erreurs ou confusions. Leur donner la parole en premier dans le moment de synthèse.

• Après l'activité, recueillir les remarques des élèves. Puis leur demander de citer les mots dans lesquels ils ont entendu le son [u] ; les écrire en colonne au tableau. Reprendre ces mots un à un pour ne conserver que la liste suivante :
ours – genou – bonjour – autour – boule – nous – rouge – poupée.

• Inviter un ou plusieurs enfants à entourer le graphème [u] dans les mots notés au tableau.

• Demander aux élèves de trouver d'autres mots comprenant le son [u]. Noter les propositions correctes au tableau et inviter un ou plusieurs enfants à relire la liste.

• Préciser que des mots anglais sont utilisés par les francophones de manière quotidienne, dont certains contiennent le son [u]. Poser des devinettes pour que les élèves trouvent ces mots.

Exemple :

– Je suis un sport collectif dont chaque équipe est composée de 11 joueurs sur le terrain (le football).

– Je suis une construction composée de blocs de glace (un igloo).

– Je suis le mot anglais pour désigner un dessin animé (un cartoon).

– Je suis un loisir créatif qui consiste à décorer un album-photos (le scrapbooking).

• Écrire chacune des réponses au tableau et entourer les deux lettres *o* en précisant qu'elles se prononcent bien [u].

• Conclure sur le fait que le son [u] s'écrit généralement *ou* mais peut s'écrire parfois *oo* (dans le cas de mots anglo-saxons).

Prolongement écrit

Écrire au tableau les syllabes suivantes : *ou, jou, tou, bou, nou, gou* et *cou.* Demander aux élèves de donner oralement des mots comprenant ces syllabes. Une fois validées, les propositions sont notées au tableau :

– ou : ouragan, outil, oubli ;

– jou : jouet, bijou, joue ;

– tou : toupie, matou ;

– bou : bouton, boulet, bouteille, tabouret ;

– nou : nougat, nouveau, genou ;

– gou : goûter, égout, kangourou ;

– cou : cou, couteau, couper, coucher.

Différenciation

Proposer l'exercice 1 dans la *fiche d'activités pour le son* [u].

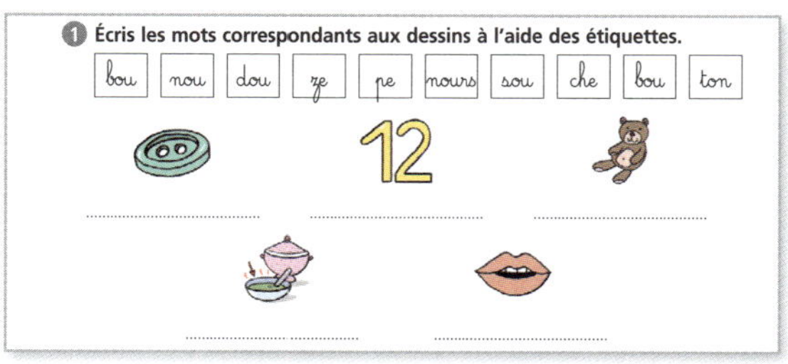

2 • Les mots de l'enquête

Objectif :	Orthographier correctement les mots de la semaine.
Organisation :	Les élèves travaillent en binôme.
Matériel individuel :	Le classeur d'écriture. *Les mots de l'enquête.* ➤ Les sons voyelles et semi-voyelles – Le son [u] *Les mots de la semaine.* ➤ Les sons voyelles et semi-voyelles – Le son [u] Exercices 2 et 3 de la *fiche d'activités pour le son* [u]. ➤ Les sons voyelles et semi-voyelles – Le son [u]
Matériel collectif :	Le document *Les mots de l'enquête* agrandi au format A3 pour un affichage (ou à projeter).

Préparation

• Imprimer et dupliquer le document *Les mots de l'enquête* à raison d'un par élève.

• Photocopier un exemplaire de ce document au format A3 pour un affichage collectif. Il est aussi possible de projeter le document sur un tableau blanc interactif (TBI) et de mener la mise en commun sur ce support.

Déroulement

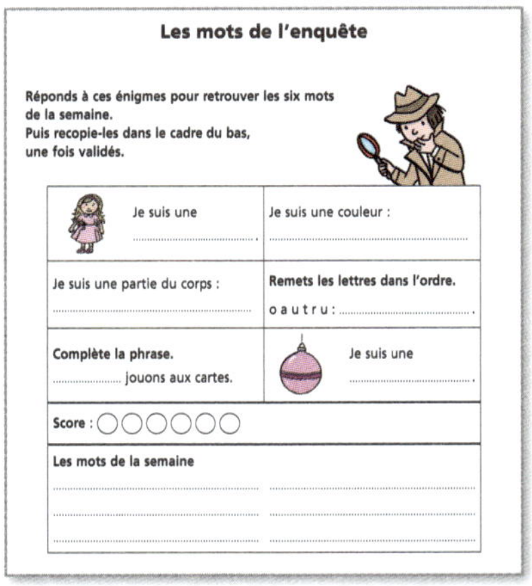

Les mots de l'enquête

Réponds à ces énigmes pour retrouver les six mots de la semaine.
Puis recopie-les dans le cadre du bas, une fois validés.

Je suis une ……………… .	Je suis une couleur : ………………
Je suis une partie du corps : ………………	**Remets les lettres dans l'ordre.** o a u t r u : ……………… .
Complète la phrase. ……………… jouons aux cartes.	Je suis une ……………… .
Score : ○○○○○○	
Les mots de la semaine	

• Distribuer à chaque élève le document *Les mots de l'enquête* et laisser un temps d'observation.

• Distribuer ensuite à chacun le document *Les mots de la semaine.*

• Donner la consigne : « Par deux, vous allez répondre aux six énigmes que présente le document *Les mots de l'enquête*. Chacune d'entre elles consiste à retrouver et à écrire un mot de la semaine. » Préciser qu'ils peuvent utiliser le second document comme une aide et que chaque bonne réponse permettra de cocher une pastille de la case score.

• Répondre aux éventuelles questions de compréhension, puis lancer l'activité. Cadrer l'organisation du travail en binôme : chacun doit écrire les réponses sur sa feuille, mais coopère avec son voisin.

• Lors de la mise en commun, reprendre les énigmes une à une et demander à un élève d'y répondre sur l'affiche A3 (ou projetée) au tableau. Au besoin, récrire chaque mot au tableau pour qu'il soit visible de tous. Les élèves corrigent leur document et récrivent proprement les six mots de la semaine dans la dernière case du document, prévue à cet effet.

• Au fur et à mesure de la correction, à chaque bonne réponse, les élèves cochent une pastille dans la case score. En fin de partie, chaque binôme compte ses points ; désigner les vainqueurs.

• Chaque élève colle son document *Les mots de l'enquête* dans son classeur d'écriture.

Prolongement écrit

Écrire un mot de la semaine au tableau. Faire compter le nombre de syllabes, de lettres, puis le faire épeler. L'effacer du tableau et demander à un élève de l'écrire sur son ardoise et de le montrer à la classe. Apporter collectivement les corrections nécessaires.

Différenciation

Proposer les exercices 2 et 3 de la *fiche d'activités pour le son* [u].

3 • Les mots mystères

Objectif :	Connaître la dérivation des mots *tour, rouge* et *boule*.
Organisation :	Les élèves travaillent individuellement.
Matériel individuel :	Une ardoise et un feutre. Exercice 4 de la *fiche d'activités pour le son* [u]. ➤ Les sons voyelles et semi-voyelles – Le son [u]
Matériel collectif :	3 affiches au format A2.

Préparation

Écrire sur chaque affiche A2 une phrase contenant un mot dérivé des mots étudiés (mais effacé), par exemple :

– *Il faut* _______________ *à gauche.*

– *Tu es tellement gentil. Tu vas me faire* _______________ .

– *On peut compter avec un* _______________ .

Déroulement

• Au tableau, écrire en ligne les mots *tour, rouge* et *boule.* Demander aux élèves de donner oralement des mots de la même famille de chacun de ces trois mots.

• Écrire toutes les propositions en colonne, sous de chaque mot référent. Préciser que même les propositions erronées sont notées. Valider les bonnes réponses et effacer les mauvaises. Inviter un ou plusieurs enfants à relire les listes au tableau.

tour	**rouge**	**boule**
tourner	rougir	boulette
tournant	rougeur	boulier
tourniquet	rougeoyant	boulet
tournesol		

• Fixer la première affiche et demander à un élève de lire la phrase ; en vérifier la compréhension auprès du groupe classe. Puis demander aux élèves d'écrire sur leur ardoise le mot manquant, en précisant qu'il se trouve au tableau, dans la famille du mot *tour*.

• Faire lever les ardoises et reprendre les propositions une à une. Organiser un court débat puis valider la bonne réponse : *tourner*.

• Procéder de la même manière pour les deux autres phrases. Valider les réponse *rougir* et *boulier*.

• Conclure en demandant à plusieurs enfants de proposer oralement des phrases comprenant l'un des mots notés au tableau.

Différenciation

Proposer l'exercice 4 de la *fiche d'activités pour le son* [u].

4 • Les phrases à corriger

Objectif : Réinvestir les mots de la semaine dans des phrases.

Organisation : Les élèves travaillent en binôme.

Matériel individuel : Le classeur d'écriture.
Exercice 5 de la *fiche d'activités pour le son* [u].
Les sons voyelles et semi-voyelles – Le son [u]

Matériel par binôme : *Les phrases à corriger.*
Les sons voyelles et semi-voyelles – Le son [u]

Préparation

• Imprimer et dupliquer le document *Les phrases à corriger* à raison d'une série par binôme.

• Recopier les quatre phrases à corriger au tableau (ou utiliser le TBI).

Déroulement

Les phrases à corriger

C'est en panne…	… alors je dépanne.
Aujourd'hui, nous jouons aux poules.	
Le chapeau de mon papi est courge.	
Les planètes tournent dans le soleil.	
J'ai mal au géant.	

- Distribuer à chaque binôme le document *Les phrases à corriger* et inviter chaque groupe à lire les quatre phrases et à repérer dans chacune les incohérences, appelées « les pannes ».
- Expliquer qu'une « panne » est une erreur qui s'est introduite dans la phrase et qu'il convient de rectifier pour qu'elle retrouve tout son sens. Demander aux élèves d'écrire chaque phrase corrigée dans la colonne de droite du tableau, sur la ligne d'écriture.
- Répondre aux questions des élèves. Insister sur le fait que les « pannes » ne concernent pas l'orthographe, mais le sens. Puis lancer l'activité.
- Commencer la mise en commun, en demandant à différents groupes quelle est leur correction pour la première phrase. Valider collectivement les propositions. Procéder à l'identique pour les trois phrases suivantes. Au fur et à mesure, apporter les corrections sur les phrases écrites (ou projetées) au tableau.
- Terminer la séance en rappelant les règles relatives à la construction de la phrase : la présence de la majuscule et du point, ainsi que la notion de sens.

Prolongement écrit

Les élèves choisissent et copient, dans leur classeur d'écriture, une des phrases erronées de la séquence, puis recopient dessous la phrase corrigée.

Différenciation

Proposer l'exercice 5 de la *fiche d'activités pour le son* [u].

5 • La dictée à trous

Objectif : Restituer l'orthographe des mots de la semaine.

Organisation : Les élèves travaillent individuellement.

Matériel individuel : Le cahier du jour.
Le document *La dictée à trous*.
➤ Les sons voyelles et semi-voyelles – Le son [u]

Préparation

- Imprimer et dupliquer le document *La dictée à trous* à raison d'un par élève.

• Le projeter sur le TBI ou écrire au tableau les mots tronqués :

un ge _ _ _	une _ _ _ le	_ _ _ s
une p _ _ p _ _	_ _ t _ _ r	r _ _ _ e

Déroulement

• Distribuer le document *La dictée à trous* et laisser un temps d'observation.

• Expliquer la consigne : il s'agit de compléter chaque mot de la semaine avec les lettres manquantes, sachant que chacun sera dicté. S'assurer que chaque élève a compris.

• Lancer l'activité : lire les mots un à un, en laissant le temps nécessaire pour compléter les tirets vides.

• La correction, collective, est immédiate : demander à un élève d'écrire les lettres manquantes au tableau, puis valider ou corriger. Procéder ainsi pour tous les mots de la dictée.

• Faire coller le document dans le cahier du jour.

Le son [wa]

En bref :

1. J'entends et j'observe : Les mots à écouter
2. Je m'entraîne : Les mots de l'enquête
3. J'approfondis : Les mots intrus
4. J'écris : Les phrases à corriger
5. Je restitue : La dictée à trous

Les mots de la semaine : avoir – bois – étoile – oiseau – histoire – trois

1 • Les mots à écouter

Objectif :	Identifier et discriminer le phonème [wa] dans un mot.
Organisation :	Les élèves travaillent individuellement.
Matériel individuel :	Exercice 1 de la *fiche d'activités pour le son* [wa]. ➤ Les sons voyelles et semi-voyelles – Le son [wa]
Matériel collectif :	Piste audio : le son [wa]. ➤ Les sons voyelles et semi-voyelles – Le son [wa]

Déroulement

• Expliquer (ou rappeler) la consigne : « Vous allez écouter une liste de mots ; dans certains d'entre eux, on entend le son [wa]. Lorsque vous entendez le son [wa], il faut lever la main. »

• Diffuser le fichier audio *le son* [wa]. Voici la liste de mots : *un oiseau – un chapeau – avoir – une armoire – une fraise – le bois – un potiron – une étoile – une histoire – le genou – une poire – trois.*

Profiter du moment d'écoute pour observer les réactions des élèves et repérer ceux qui font des erreurs ou confusions. Leur donner la parole en premier dans le moment de synthèse.

• Au terme de la diffusion, recueillir dans un premier temps les remarques des élèves. Puis leur demander de citer les mots dans lesquels ils ont entendu le son [wa] ; les écrire en colonne au tableau. Reprendre ces mots un à un pour ne conserver que la liste suivante : *oiseau – avoir – armoire – bois – étoile – histoire – poire – trois.*

• Inviter un ou plusieurs enfants à entourer le graphème [wa] dans les mots notés au tableau.
• Terminer le rituel en faisant relire la liste ainsi constituée.

Prolongement écrit

Écrire au tableau les groupes de lettres suivants : *voi, boi* et *toi.* Inviter les enfants à donner oralement des mots comprenant ces groupes de lettres. Valider collectivement et noter les propositions au tableau.
Par exemple :
– *voi : voile, voir, voiture, pleuvoir, apprivoiser ;*
– *boi : boire, boisson, boiter, aboiement ;*
– *toi : toiture, toilette, sautoir, obligatoire.*

Différenciation

Proposer l'exercice 1 dans la *fiche d'activités pour le son* [wa].

2 • Les mots de l'enquête

Objectif :	Orthographier correctement les mots de la semaine.
Organisation :	Les élèves travaillent en binôme.
Matériel individuel :	Le classeur d'écriture. *Les mots de l'enquête.* ➤ Les sons voyelles et semi-voyelles – Le son [wa] *Les mots de la semaine.* ➤ Les sons voyelles et semi-voyelles – Le son [wa] Exercices 2 et 3 de la *fiche d'activités pour le son* [wa]. ➤ Les sons voyelles et semi-voyelles
Matériel collectif :	Le document *Les mots de l'enquête* agrandi au format A3 (ou à projeter).

Préparation

• Imprimer et dupliquer le document *Les mots de l'enquête* à raison d'un par élève.
• Photocopier un exemplaire de ce document au format A3 pour un affichage collectif. Il est aussi possible d'utiliser un vidéoprojecteur ou un TBI et de mener la mise en commun sur ce support.

Déroulement

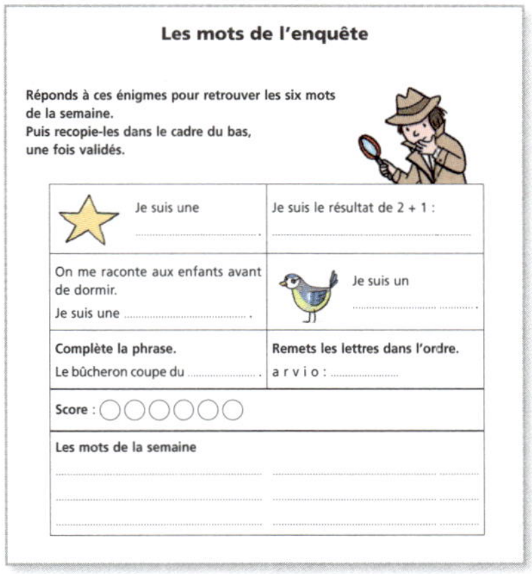
Les mots de l'enquête

**Réponds à ces énigmes pour retrouver les six mots de la semaine.
Puis recopie-les dans le cadre du bas, une fois validés.**

Je suis une	Je suis le résultat de 2 + 1 : ....
On me raconte aux enfants avant de dormir. Je suis une	Je suis un ....
Complète la phrase. Le bûcheron coupe du	**Remets les lettres dans l'ordre.** a r v i o : ....
Score : ○○○○○○	
Les mots de la semaine	

• Distribuer à chaque élève le document *Les mots de l'enquête* et laisser un temps d'observation.

• Distribuer ensuite à chacun le document *Les mots de la semaine.*

• Expliquer que chaque binôme va répondre aux six énigmes du document *Les mots de l'enquête*. Chacune d'entre elles consiste à retrouver et à écrire un mot de la semaine. Préciser qu'il est possible d'utiliser le deuxième document comme une aide et que chaque bonne réponse permettra de cocher une pastille de la case score.

• Répondre aux éventuelles questions de compréhension, puis lancer l'activité. Cadrer l'organisation du travail en binôme : chacun doit écrire les réponses sur sa feuille, mais coopère avec son voisin.

• Lors de la mise en commun, reprendre les énigmes une à une et demander à un élève d'y répondre sur l'affiche A3 (ou projetée) au tableau. Au besoin, récrire chaque mot au tableau pour qu'il soit visible de tous. Les élèves corrigent leur document et récrivent proprement les six mots de la semaine dans la dernière case du document, prévue à cet effet.

• Au fur et à mesure de la correction, à chaque bonne réponse, les élèves cochent une pastille dans la case score. En fin de partie, chaque binôme compte ses points ; désigner les vainqueurs.

• Chaque élève colle son document *Les mots de l'enquête* dans son classeur d'écriture.

Prolongement écrit

Écrire un mot de la semaine au tableau. Faire compter le nombre de syllabes, de lettres, puis le faire épeler. L'effacer du tableau et demander à un élève de l'écrire sur son ardoise et de le montrer à la classe. Apporter collectivement les corrections nécessaires.

Différenciation

Proposer les exercices 2 et 3 de la *fiche d'activités pour le son* [wa].

3 • Les mots intrus

Objectifs :	Connaître la dérivation des mots *bois* et *étoile*. Argumenter la présence d'une consonne muette à la fin de *bois*.
Organisation :	Les élèves travaillent en binôme.
Matériel individuel :	Une ardoise et un feutre. Exercice 4 de la *fiche d'activités pour le son* [wa]. ➤ Les sons voyelles et semi-voyelles – Le son [wa]

Déroulement

- Écrire au tableau les mots *boisé, bois, arbre* et *boiserie.*
- Laisser un temps d'observation, puis demander aux élèves d'écrire sur leur ardoise le mot intrus.
- Relever les propositions des élèves et faire valider la bonne réponse : *arbre*.
- Faire remarquer que les mots *boisé, bois* et *boiserie* possèdent le même radical. Inviter un élève à venir l'entourer au tableau. Préciser que le *s* muet de *bois* « prépare » les mots de la même famille tels que *boisé* et *boiserie*.
- Renouveler l'exercice avec la liste suivante : *boisé, boisson, bois* et *reboiser.*
- Amener les élèves à souligner le fait les quatre mots possèdent apparemment le même radical. Laisser un temps de réflexion puis relever les réponses. Organiser un échange court à partir des hypothèses formulées, puis valider la bonne réponse : *boisson*. Faire expliquer que ce mot n'évoque pas la même idée que les trois autres de la liste (il renvoie à *je bois*, du verbe *boire*).
- Procéder de la même manière avec la liste suivante : *étoilé, étoile, toile.*

Différenciation

Proposer l'exercice 4 de la *fiche d'activités pour le son* [wa].

4 • Les phrases à corriger

Objectif :	Réinvestir les mots de la semaine dans des phrases.
Organisation :	Les élèves travaillent en binôme.
Matériel individuel :	Exercice 5 de la *fiche d'activités pour le son* [wa]. ➤ Les sons voyelles et semi-voyelles – Le son [wa]
Matériel par binôme :	*Les phrases à corriger.* ➤ Les sons voyelles et semi-voyelles – Le son [wa]

Préparation

- Imprimer et dupliquer le document *Les phrases à corriger* à raison d'une série par binôme.
- Recopier les quatre phrases à corriger au tableau (ou utiliser le TBI).

Déroulement

- Distribuer à chaque binôme le document *Les phrases à corriger* et inviter chaque groupe à lire les quatre phrases et à repérer dans chacune les incohérences, appelées « les pannes ».
- Préciser que le mot « panne » désigne une erreur : elle doit être corrigée pour que la phrase retrouve tout son sens. Demander aux élèves d'écrire chaque phrase corrigée dans la colonne de droite du tableau, sur la ligne d'écriture.

Les phrases à corriger

C'est en panne...	... alors je dépanne.
Les trois bûcherons coupent du pois.	
Le chien dort dans son nid.	
Pour Noël, il va rasoir un livre d'histoires.	
La nuit, on voit des poils dans le ciel.	

- Répondre aux questions des élèves. Insister sur le fait que les « pannes » ne concernent pas l'orthographe, mais le sens. Puis lancer l'activité.
- Commencer la mise en commun, en demandant à chaque binôme de donner leur proposition pour la première phrase. Valider collectivement. Procéder à l'identique pour les trois phrases suivantes. Au fur et à mesure, apporter les modifications sur les phrases écrites (ou projetées) au tableau.
- Terminer la séance en rappelant les règles relatives à la construction de la phrase : la présence de la majuscule et du point, ainsi que la nécessité d'avoir du sens.

Prolongement écrit

Les élèves choisissent et copient, dans leur classeur d'écriture, une des phrases corrigées de la séquence.

Différenciation

Proposer l'exercice 5 de la *fiche d'activités pour le son* [wa].

5 Complète chaque phrase avec un mot de la semaine.

On entend les .... dans le ....

La nuit, on voit les ....

Mon petit frère va .... bientôt .... ans.

Papa me raconte une ....

5 • La dictée à trous

Objectif :	Restituer l'orthographe des mots de la semaine.
Organisation :	Les élèves travaillent individuellement.
Matériel individuel :	Le cahier du jour. Le document *La dictée à trous.* ➤ Les sons voyelles et semi-voyelles – Le son [wa]

Préparation

• Imprimer et dupliquer le document *La dictée à trous* à raison d'un par élève.

• Le projeter sur le TBI ou écrire au tableau les mots tronqués :

a _ _ _ _	du b _ _ _	une ét _ _ _ _
un _ _ s _ _ _	une hi _ t _ _ r _	t _ _ _ _

Déroulement

• Distribuer le document *La dictée à trous* et laisser un temps d'observation.

• Faire expliquer la consigne par un élève : il s'agit de compléter chaque mot de la semaine avec les lettres manquantes. S'assurer que chacun a compris.

• Lancer l'activité : dicter les mots un à un, en laissant le temps nécessaire pour compléter les tirets vides.

• La correction, collective, est immédiate : demander à un élève d'écrire les lettres manquantes au tableau, puis valider ou corriger. Procéder ainsi pour tous les mots de la dictée.

• Faire coller le document dans le cahier du jour.

Le son [ɔ̃]

En bref :
1. J'entends et j'observe : Les mots dans la tour
2. Je m'entraîne : Les mots de l'enquête
3. J'approfondis : Les mots en famille
4. J'écris : Les phrases à corriger
5. Je restitue : La dictée à trous

Les mots de la semaine : garçon – confiture – tomber – bouton – long – conte

1 • Les mots dans la tour

Objectifs : Identifier et discriminer le phonème [ɔ̃] dans un mot.
Connaître les graphies *on*, *om*.
Savoir que la lettre *n* devient *m* devant les lettres *b*, *m* et *p* (sauf exceptions).

Organisation : Les élèves travaillent individuellement.

Matériel individuel : Un crayon à papier.
Des stylos vert et bleu.
Les mots dans la tour.
➤ Les sons voyelles et semi-voyelles – Le son [ɔ̃]
Le classeur d'écriture.
Exercice 1 de la *fiche d'activités pour le son* [ɔ̃].
➤ Les sons voyelles et semi-voyelles – Le son [ɔ̃]

Matériel collectif : Le document *Les mots dans la tour* agrandi au format A3 (ou à projeter).

Préparation

• Imprimer et dupliquer le document *Les mots dans la tour* à raison d'un par élève.
• Prévoir un exemplaire au format A3 à afficher au tableau (inutile dans le cas d'une vidéoprojection).

Déroulement

• Distribuer le document *Les mots dans la tour* à chaque élève.

• Recueillir les premières remarques puis inviter chaque enfant à entourer uniquement les dessins des mots où l'on entend le son [ɔ̃]. Donner au besoin des informations pour les mots plus difficiles, par exemple :

– la dernière illustration de la deuxième ligne représente le contraire du mot *court* (*long*) ;

– le deuxième dessin de la dernière ligne est un synonyme de *chuter* (*tomber*).

Ajouter que huit mots sont à entourer. Les quatre restants permettront de découvrir un mot mystère à la fin du jeu.

• Laisser le temps de recherche suffisant et apporter des aides individuelles.

• Lors de la mise en commun, inviter un ou plusieurs élève(s) à entourer les bonnes réponses sur l'affiche au format A3 (ou le TBI) : *garçon, conte, confiture, long, pompier, bouton, bonbon* et *tomber*.

• Individuellement, les élèves cochent la case de chaque dessin correctement entouré pour valider les bonnes réponses sur leur document.

• Sur le document affiché (ou projeté), écrire le mot correspondant à chacun des huit dessins.

• Entourer collectivement le son [ɔ̃] dans chaque mot, selon la règle suivante : en vert, les lettres *on,* et en bleu, les lettres *om*. On obtient :

– en vert, les lettres *on* des mots *garçon, conte, confiture, long, ballon* et *bonbon* ;

– en bleu, les lettres *om* des mots *pompier* et *tomber*.

• À partir de ce travail, classer les mots en fonction de la graphie du son [ɔ̃], en traçant et en complétant collectivement ce tableau :

J'entends [ɔ̃] / J'écris *on.*	**J'entends [ɔ̃] / J'écris *om.***
garçon conte confiture long bouton bonbon	pompier tomber

• Pour chaque colonne, demander aux élèves de trouver d'autres exemples de mots et les écrire à l'endroit indiqué. Exemples : *bouton, cochon, sombre, nombre, compter*. Entourer chaque son [ɔ̃] avec la couleur correspondante.

• Demander à un élève de souligner, dans la colonne de droite, les lettres qui suivent le graphème *om*. Faire énoncer la règle : la lettre *n* devient *m* devant les lettres *b, m* et *p*. Ajouter que le mot *bonbon* est une exception.

• Écrire ensuite au tableau les quatre mots intrus : *framboise, domino, orange* et *nid*. Entourer la première lettre de chaque mot.

• Inviter les élèves à remettre les quatre lettres dans l'ordre, sur leur ardoise, pour retrouver le mot mystère. Préciser au besoin que ce mot comprend le son [ɔ̃].

• Recueillir les propositions au tableau et faire valider la bonne réponse : FOND.

• Pour finir, les élèves comptent le nombre de cases cochées sur leur document et notent leur score sur la pancarte à côté de l'immeuble.

• Faire coller le document dans le classeur d'écriture.

Prolongement écrit

Écrire au tableau une série de trois mots, dont un seul comprend le son [ɔ̃]. Demander aux élèves de copier sur leur ardoise seulement ce dernier. Vérifier collectivement, puis procéder ainsi pour d'autres séries de mots.

Exemple :

citron – orange – poire	*Toulon – Toulouse – Pau*	*trousse – crayon – gomme*
foot – badminton – natation	*bouche – front – joue*	*nombre – douze – trois*

Différenciation

Proposer l'exercice 1 dans la *fiche d'activités pour le son* [ɔ̃].

2 • Les mots de l'enquête

Objectif :	Orthographier correctement les mots de la semaine.
Organisation :	Les élèves travaillent en binôme.
Matériel individuel :	Le classeur d'écriture. *Les mots de l'enquête.* ➤ Les sons voyelles et semi-voyelles – Le son [ɔ̃] *Les mots de la semaine* [ɔ̃]. ➤ Les sons voyelles et semi-voyelles – Le son [ɔ̃] Exercices 2 et 3 de la *fiche d'activités pour le son* [ɔ̃]. ➤ Les sons voyelles et semi-voyelles – Le son [ɔ̃]
Matériel collectif :	Le document *Les mots de l'enquête* agrandi au format A3 (ou à projeter).

Préparation

• Imprimer et dupliquer le document *Les mots de l'enquête* à raison d'un par élève.

• Prévoir un exemplaire au format A3 à afficher au tableau (inutile dans le cas d'une vidéoprojection).

Déroulement

• Distribuer à chaque élève le document *Les mots de l'enquête* et laisser un temps d'observation du document.

• Distribuer ensuite à chacun le document *Les mots de la semaine.*

• Donner la consigne : « Par deux, vous allez répondre aux six énigmes que présente le document *Les mots de l'enquête*. Chacune d'entre elles consiste à retrouver et à écrire un mot de la semaine. » Préciser qu'ils peuvent utiliser le deuxième document comme une aide et que chaque bonne réponse permettra de cocher une pastille de la case score. Ajouter que, au sein des binômes, chacun doit écrire les réponses sur sa feuille, mais coopère avec son voisin.

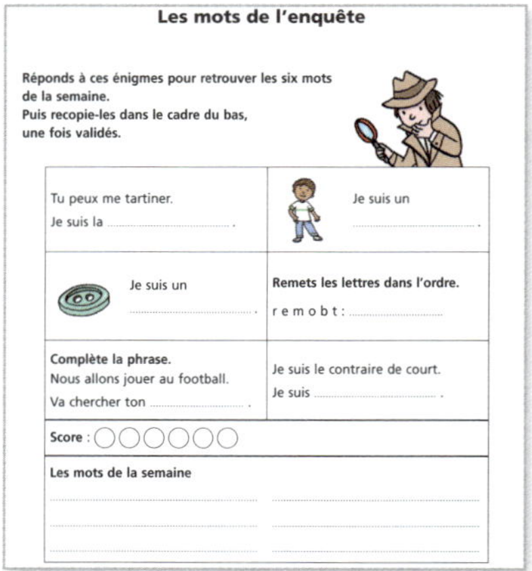

Les mots de l'enquête

Réponds à ces énigmes pour retrouver les six mots de la semaine.
Puis recopie-les dans le cadre du bas, une fois validés.

Tu peux me tartiner. Je suis la ………… .	Je suis un ………… .
Je suis un ………… .	Remets les lettres dans l'ordre. r e m o b t : …………
Complète la phrase. Nous allons jouer au football. Va chercher ton ………… .	Je suis le contraire de court. Je suis ………… .

Score : ○○○○○○

Les mots de la semaine

• Répondre aux éventuelles questions de compréhension, puis lancer l'activité.

• Lors de la mise en commun, reprendre les énigmes une à une et demander à un élève d'y répondre sur l'affiche A3 (ou projetée) au tableau. Au besoin, récrire chaque mot au tableau pour qu'il soit visible de tous. Les élèves corrigent leur document et récrivent proprement les six mots de la semaine dans la dernière case du document, prévue à cet effet.

• Au fur et à mesure de la correction, à chaque bonne réponse, les élèves cochent une pastille dans la case score. En fin de partie, chaque binôme compte ses points ; désigner les vainqueurs.

• Chaque élève colle son document *Les mots de l'enquête* dans son classeur d'écriture.

Prolongement écrit

Écrire un mot comprenant le son [ɔ̃] au tableau, en remplaçant celui-ci par deux traits, par exemple : *dind* _ _. Demander aux élèves de trouver s'il manque les lettres *-on* ou *-om* et d'écrire le bon graphème sur leur ardoise. Vérifier collectivement et faire argumenter chaque réponse.
Exemples de mots à compléter : *hérisson – trompette – monstre – conduire – compagnie – bonjour – combien.*

Différenciation

Proposer les exercices 2 et 3 de la *fiche d'activités pour le son* [ɔ̃].

3 • Les mots en famille

Objectifs :	Connaître la dérivation des mots *long* et *conte*. Argumenter la présence d'une consonne muette à la fin de *long*.
Organisation :	Les élèves travaillent individuellement.
Matériel individuel :	Exercice 4 de la *fiche d'activités pour le son* [ɔ̃]. Les sons voyelles et semi-voyelles – Le son [ɔ̃]

Déroulement

• Écrire au tableau : *lon*. Demander aux élèves de donner oralement des mots commençant par cette syllabe. Noter au tableau, en colonne, chaque réponse donnée ; par exemple : *long, longueur, longer, Londres, longuement, longtemps*, etc.

• Demander à un élève de lire la liste de mots, puis proposer de ne conserver que les mots qui évoquent la notion de longueur : *long, longueur, longer, longuement, longtemps*. Effacer le ou les autres mots de la liste.

• Demander à la classe d'émettre des hypothèses sur le rôle de la lettre *g* à la fin du mot *long*. Pour chacune d'entre elles, solliciter des avis et faire valider la réponse suivante : la lettre *g* « prépare » les mots *longueur, longer, longtemps* et *longuement*. Faire remarquer que dans le mot *longtemps*, la lettre *g* est muette.

• Préciser que les mots notés au tableau sont de la même famille. Demander à un élève d'entourer le radical commun *long-*.

• Procéder de la même manière avec le mot *conte*. Faire trouver oralement par la classe des mots commençant par la syllabe *con*. Noter au tableau, en colonne, chaque réponse donnée ; par exemple : *concert, confetti, conte, concombre, conduire, conteur*, etc.

• Lire la liste de mots et supprimer collectivement les mots qui n'évoquent pas l'idée d'histoires légendaires. Conserver les mots *conte, conteur* et proposer d'enrichir cette liste avec d'autres mots : *conteuse, conter, raconter*, etc.

• Aborder l'homonymie entre *conter* et *compter.* Amener les enfants à comprendre que les mots se prononcent de la même manière mais s'écrivent avec une orthographe différente. Inviter un élève à produire oralement une phrase comprenant le premier mot, et une autre avec le second mot.

Exemples : La maîtresse nous a lu un conte.
Je sais compter jusqu'à 1 000.

• Terminer le rituel en demandant à un élève d'entourer le radical commun *cont-* au tableau.

Différenciation

Proposer l'exercice 4 de la *fiche d'activités pour le son* [ɔ̃].

4 • Les phrases à corriger

Objectif : Réinvestir les mots de la semaine dans des phrases.

Organisation : Les élèves travaillent en binôme.

Matériel individuel : Exercice 5 de la *fiche d'activités pour le son* [ɔ̃].
➤ Les sons voyelles et semi-voyelles – Le son [ɔ̃]
Les phrases à corriger.
➤ Les sons voyelles et semi-voyelles – Le son [ɔ̃]

Préparation

• Imprimer et dupliquer le document *Les phrases à corriger* à raison d'une série par binôme.

• Recopier les quatre phrases à corriger au tableau (ou utiliser le TBI).

Déroulement

• Distribuer à chaque binôme le document *Les phrases à corriger* et inviter chaque groupe à lire les quatre phrases et à repérer dans chacune les incohérences, appelées « les pannes ».

Les phrases à corriger

C'est en panne…	… alors je dépanne.
J'appuie sur le bâton de la télécommande.	
La maîtresse nous coûte une histoire chaque jour.	
Il tartine de la peinture sur son pain.	
Le jeune glaçon est tombé sur le sol.	

• Expliquer qu'une « panne » est une erreur qui s'est introduite dans la phrase et qu'il convient de rectifier pour qu'elle retrouve tout son sens. Donner la consigne : « Vous allez travailler par deux. Vous devez retrouver les pannes dans les phrases, puis récrire chaque phrase corrigée dans la colonne de droite du tableau, sur la ligne d'écriture. »

• Répondre aux questions des élèves. Préciser que les pannes ne concernent pas l'orthographe mais le sens des mots. Ajouter que tous les mots ont été étudiés précédemment. Puis lancer le travail de recherche.

• Lors de la mise en commun, inviter les différents groupes à lire leur proposition pour la première phrase. Valider collectivement puis faire de même pour les trois phrases suivantes. Apporter les corrections au fur et à mesure sur les phrases écrites (ou projetées) au tableau.

• Pour conclure, demander à un élève de rappeler les règles relatives à la construction de la phrase : la présence de la majuscule et du point, ainsi que la nécessité qu'elle ait un sens.

Prolongement écrit

Les élèves choisissent et recopient, dans leur classeur d'écriture, une des phrases erronées de la séquence, puis la récrivent corrigée en dessous.

Différenciation

Proposer l'exercice 5 de la *fiche d'activités pour le son* [ɔ̃].

5 • La dictée à trous

Objectif :	Restituer l'orthographe des mots de la semaine.
Organisation :	Les élèves travaillent individuellement.
Matériel inividuel :	Le cahier du jour. Le document *La dictée à trous*. ➤ Les sons voyelles et semi-voyelles – Le son [ɔ̃]

Préparation

- Imprimer et dupliquer le document *La dictée à trous* à raison d'un par élève.
- Le projeter sur le TBI ou écrire au tableau les mots tronqués :

un gar _ _ _	de la c _ _ fi _ _ _ _	_ _ _ ber
un bou _ _ _	l _ _ _	un c _ _ _ _

Déroulement

- Distribuer le document *La dictée à trous* et laisser un temps d'observation.
- Faire expliquer la consigne par un élève : il s'agit de compléter chaque mot de la semaine avec les lettres (ou syllabes) manquantes.
- Lancer l'activité : dicter les mots un à un, en laissant le temps nécessaire pour compléter les tirets vides.
- La correction, collective, est immédiate : demander à un élève d'écrire les lettres manquantes au tableau, puis valider ou corriger. Procéder ainsi pour tous les mots de la dictée.
- Faire coller le document corrigé dans le cahier du jour.

Le son [ã]

En bref :
1. J'entends et j'observe : Les mots dans la tour
2. Je m'entraîne : Les mots à écrire
3. J'approfondis : Les mots à trier
4. J'écris : Les phrases à corriger
5. Je restitue : La dictée à trous

Les mots de la semaine : demander – dent – enfant – manger – temps – jambe

1 • Les mots dans la tour

Objectifs :	Identifier et discriminer le phonème [ã] dans un mot. Identifier les différents graphèmes du phonème [ã]. Savoir que la lettre *n* devient *m* devant les lettres *b, m* et *p* (sauf exceptions).
Organisation :	Les élèves travaillent individuellement.
Matériel individuel :	Un crayon à papier. Une ardoise et un feutre. *Les mots dans la tour.* ➤ Les sons voyelles et semi-voyelles – Le son [ã] Le classeur d'écriture. Exercice 1 de la *fiche d'activités pour le son* [ã]. ➤ Les sons voyelles et semi-voyelles – Le son [ã]
Matériel collectif :	Le document *Les mots dans la tour* agrandi au format A3 (ou à projeter).

Préparation

• Imprimer et dupliquer le document *Les mots dans la tour* à raison d'un par élève.

• Prévoir un exemplaire au format A3 à afficher au tableau. Il est aussi possible de projeter le document sur un tableau blanc interactif (TBI) et de mener la mise en commun sur ce support.

Déroulement

• Distribuer le document *Les mots dans la tour* à chaque élève.

• Inviter les élèves à observer les illustrations, puis à entourer uniquement les dessins des mots où l'on entend le son [ã]. Au besoin, demander une première réponse orale à un élève.

Préciser éventuellement que les deux premières cases désignent une action : celle d'avaler un aliment pour la première (*manger*), et celle de poser une question pour la deuxième (*demander*). Ajouter que la première illustration de la dernière ligne est un mot qui représente le présent, le passé et le futur, et que c'est une notion étudiée en conjugaison (*temps*).

Dire enfin que huit mots sont à trouver. Les quatre restants permettront de découvrir un mot mystère à la fin du jeu.

• Laisser le temps de travail nécessaire, et apporter des aides individuelles.

• Corriger à l'aide de l'affiche au format A3 (ou projetée). Seule les cases *manger, demander, chambre, dent, banc, jambe, enfant* et *temps* doivent être entourées.

• Individuellement, les élèves cochent sur leur document la case de chaque dessin correctement entouré pour valider les bonnes réponses.

• Sur le document affiché au tableau, écrire le mot correspondant à chacun des huit dessins.

• Entourer collectivement le son [ã] dans chaque mot :

– les lettres *an* des mots *manger, demander, banc* et *enfant* ;

– les lettres *am* des mots *chambre* et *jambe* ;

– les lettres *en* des mots *enfant* et *dent* ;

– les lettres *em* du mot *temps.*

• Classer collectivement les mots en fonction de la graphie du son [ã]. Tracer quatre colonnes au tableau. Écrire en tête de chacune une graphie du son [ã], puis recopier chaque mot de la liste dans la bonne case, à l'aide des élèves.

J'entends [ã].			
J'écris *an.*	**J'écris *am.***	**J'écris *en.***	**J'écris *em.***
enfant manger demander banc	jambe chambre	dent enfant	temps

• Pour chaque colonne, demander aux élèves de trouver d'autres exemples de mots. Les écrire à l'endroit indiqué, par exemple : *chanter, fantôme, lampe, champignon, parent, vendre, décembre, trembler.* Entourer la graphie de chaque son [ã].

• Faire expliquer que la lettre *n* devient *m* devant les lettres *b, m* et *p.*

• Écrire ensuite sur l'affiche les quatre mots intrus : *éponge, nuage, vélo* et *tableau*. Entourer la première lettre de chaque mot.

• Inviter les élèves à remettre ces quatre lettres dans l'ordre et à écrire sur leur ardoise un mot comprenant le son [ã].

• Recueillir les propositions au tableau, et faire valider la bonne réponse : VENT.

• Conclure l'activité en faisant compter le nombre de cases cochées sur le document et noter le score sur la pancarte à côté de l'immeuble.

• Faire coller le document dans le classeur d'écriture.

Prolongement écrit

Écrire au tableau une série de deux mots, dont un seul comprend le son [ã]. Demander aux élèves de copier ce dernier sur leur ardoise. Vérifier collectivement, puis procéder de la sorte pour d'autres séries de mots.
Exemple :

<u>lampe</u> – lame	*plate – <u>plante</u>*	*perdre – <u>prendre</u>*
vitre – <u>ventre</u>	*nager – <u>manger</u>*	*<u>ranger</u> – rage*

Différenciation

Proposer l'exercice 1 dans la *fiche d'activités pour le son* [ã].

2 • Les mots à écrire

Objectif : Orthographier correctement les mots de la semaine.

Organisation : Les élèves travaillent en binôme.

Matériel individuel : Une ardoise et un feutre.
Le classeur d'écriture.
Les mots dans la tour (voir rituel 1).
Les mots de la semaine.
➤ Les sons voyelles et semi-voyelles – Le son [ã]
Exercice 2 de la *fiche d'activités pour le son* [ã].
➤ Les sons voyelles et semi-voyelles – Le son [ã]

Matériel par binôme : *Les mots à écrire.*
➤ Les sons voyelles et semi-voyelles – Le son [ã]
Une enveloppe contenant les étiquettes ci-dessus.

Préparation

• Imprimer et dupliquer le document *Les mots à écrire* à raison d'une série de cartes par binôme. Découper les cartes et, si possible, les plastifier. Ranger chaque série dans une enveloppe.

• Imprimer et dupliquer le document *Les mots de la semaine* afin que chaque élève en ait un exemplaire.

Déroulement

• Remettre à chaque binôme une enveloppe contenant la série de cartes *Les mots à écrire*. Distribuer également le document *Les mots de la semaine*, à raison d'un par élève.

• Donner la consigne : « Vous allez travailler par deux. Un élève pioche une carte dans l'enveloppe et la présente à son partenaire ; celui-ci doit orthographier correctement sur son ardoise le mot représenté. L'élève qui a pioché la carte vérifie la réponse de son partenaire à l'aide du document *Les mots de la semaine*, puis devient à son tour celui qui doit écrire le mot. » Préciser que chaque enfant doit écrire trois mots sur son ardoise et ne pas les effacer.

• Répondre aux éventuelles questions de compréhension, puis lancer l'activité.

• Lors de la mise en commun, reprendre les cartes une à une et écrire les mots au tableau. Faire corriger les mots rédigés sur l'ardoise pendant le jeu.

• Pour finir, les élèves reprennent leur document individuel *Les mots dans la tour* afin de copier chaque mot de la semaine sous le dessin correspondant. Ils le collent dans leur classeur d'écriture.

Prolongements écrits

• Écrire une liste de mots comprenant le son [ã] au tableau, en remplaçant celui-ci par deux tirets : par exemple, *pr_ _ dre*.

• Demander aux élèves d'écrire sur leur ardoise le graphème *en* ou *em* : *prendre – emmener – température – septembre – vendre.* Vérifier collectivement et faire argumenter chaque réponse.

• Procéder de manière identique pour les graphèmes *an* ou *am* avec cette liste de mots : *grand – ampoule – champion – lancer – janvier.*

Différenciation

Proposer l'exercice 2 de la *fiche d'activités pour le son* [ã].

3 • Les mots à trier

Objectifs : Connaître la dérivation des mots *temps* et *dent*. Argumenter la présence d'une consonne muette à la fin de *dent* et le *p* de *temps.*

Organisation : Les élèves travaillent en binôme.

Matériel individuel : Des surligneurs jaune et bleu.
Exercice 3 de la *fiche d'activités pour le son* [ã].
➤ Les sons voyelles et semi-voyelles – Le son [ã]

Matériel par binôme : *Les mots à trier.*
➤ Les sons voyelles et semi-voyelles – Le son [ã]

Préparation

Imprimer et dupliquer le document *Les mots à trier* à raison d'un par binôme.

Les mots à trier

dent	brosse	tempo
dentaire	printemps	montre
longtemps	dentiste	dans
dentifrice	temps	tant

Déroulement

• Distribuer à chaque binôme le document *Les mots à trier*. Laisser un temps d'observation puis recueillir les remarques des élèves.

• Demander aux élèves de surligner le mot *temps* en jaune et le mot *dent* en bleu dans leur grille.

• Donner la consigne : « Vous devez surligner en jaune les mots de la même famille que *temps* et en bleu ceux de la même famille que *dent*. » Préciser que quatre mots intrus ne doivent pas être surlignés.

• Répondre aux éventuelles questions, puis lancer le travail de recherche. Ce travail sur les mots de la même famille est particulièrement intéressant pour travailler l'orthographe des mots avec lettres muettes finales.

• Pour commencer la mise en commun, demander aux élèves de lire les mots qu'ils ont surlignés en jaune dans leur grille. Écrire toutes les réponses données sous le mot *temps*, en précisant que même les propositions incorrectes seront notées.

• Valider collectivement les bonnes réponses : *printemps, longtemps* et *tempo.* Faire relever le radical : *-temp-*. Faire éventuellement remarquer que le *s* de *temps* disparaît quand il y a un suffixe. Ajouter que tous ces mots dérivés renvoient bien à l'idée de *temps* (saison, temps qui passe, rythme).

• Suivre la même démarche avec le mot *dent* : lister au tableau les mots surlignés en bleu dans les grilles, valider collectivement les propositions correctes et convier un enfant à expliquer le rôle de la lettre *t* à la fin de ce mot : elle « prépare » les mots *dentaire, dentifrice* et *dentiste.*

• Terminer l'activité en faisant annoncer les mots intrus. Les reprendre un à un et faire expliquer pourquoi ils induisaient des confusions :

– *brosse* et *montre* car ils appartient respectivement au champ lexical des mots *dent* et *temps* mais ne comportent pas leur radical ;

– *tant* et *dans* car il s'agit d'homonymes (de *temps* et *dent*).

Différenciation

Faire l'exercice 3 dans la *fiche d'activités pour le son* [ã].

4 • Les phrases à corriger

Objectif : Réinvestir les mots de la semaine dans des phrases.

Organisation : Les élèves travaillent en binôme.

Matériel individuel : Exercice 4 de la *fiche d'activités pour le son* [ã].
➤ Les sons voyelles et semi-voyelles – Le son [ã]

Matériel par binôme : *Les phrases à corriger.*
➤ Les sons voyelles et semi-voyelles – Le son [ã]

Préparation

• Imprimer et dupliquer le document *Les phrases à corriger* à raison d'une série par binôme.

• Recopier les quatre phrases à corriger au tableau (ou utiliser le TBI).

Déroulement

Les phrases à corriger

C'est en panne…	… alors je dépanne.
Cet enfant range trop de bonbons.	
Il va avoir des caries sur les temps.	
Le soleil brille : la dent est magnifique.	
Les hommes ont deux bras et deux chambres.	

• Distribuer à chaque binôme le document *Les phrases à corriger.* Faire lire par un élève les quatre phrases et recueillir les premières réactions. Faire repérer que dans chaque phrase se trouve une incohérence, appelée une « panne », qui va être rectifiée.

• Demander aux élèves d'écrire chaque phrase corrigée dans la colonne de droite du tableau, sur la ligne d'écriture. Insister sur le fait que les pannes ne concernent pas l'orthographe mais le sens de la phrase. Ajouter que tous les mots à trouver ont été vus précédemment. Puis lancer l'activité.

• Lors de la mise en commun, demander à différents groupes ce qu'ils proposent pour la première phrase. Valider collectivement. Procéder de même pour les trois phrases suivantes. Au fur et à mesure, apporter les corrections sur les phrases écrites (ou projetées) au tableau.

• Terminer la séance en rappelant les règles relatives à la construction de la phrase : la présence de la majuscule et du point, ainsi que la nécessité qu'elle ait du sens.

Prolongement écrit

Les élèves choisissent et copient, dans leur classeur d'écriture, une des phrases corrigée de la séquence.

Différenciation

Proposer l'exercice 4 de la *fiche d'activités pour le son* [ã].

5 • La dictée à trous

Objectif :	Restituer l'orthographe des mots de la semaine.
Organisation :	Les élèves travaillent individuellement.
Matériel individuel :	Le cahier du jour. *La dictée à trous.* ➤ Les sons voyelles et semi-voyelles – Le son [ã]

Préparation

• Imprimer et dupliquer le document *La dictée à trous* à raison d'un par élève.
• Le projeter sur le TBI ou écrire au tableau les mots tronqués :

dem _ _ der	une d _ _ _	un _ _ f _ _ _
m _ _ g _ _	le t _ _ ps	la j _ _ _ _

Déroulement

• Distribuer le document *La dictée à trous* et laisser un temps d'observation. Faire remarquer que certaines lettres des mots de la semaine ont disparu.
• Expliquer la consigne : « Je vais vous dicter les mots un à un. Vous devez les compléter au fur et à mesure avec les lettres manquantes. »
• Lancer l'activité : dicter les mots un à un, en laissant le temps nécessaire pour compléter les tirets vides.
• La correction, collective, est immédiate : demander à un élève d'écrire les lettres manquantes au tableau, puis valider ou corriger. Procéder ainsi pour tous les mots de la dictée.
• Faire coller le document dans le cahier du jour.

Le son [ɛ]

En bref :
1. J'entends et j'observe : Les mots à écouter
2. Je m'entraîne : Les mots à écrire
3. J'approfondis : Les mots à trier
4. J'écris : Les phrases à compléter
5. Je restitue : La dictée à trous

Les mots de la semaine : fête – terre – faire – frère – neige – poulet – Noël

1 • Les mots à écouter

Objectifs : Identifier et discriminer le phonème [ɛ] dans un mot.
Identifier les différents graphèmes du phonème [ɛ].

Organisation : Les élèves travaillent individuellement.

Matériel individuel : Une ardoise et un feutre.
Exercice 1 de la *fiche d'activités pour le son* [ɛ].
Les sons voyelles et semi-voyelles – Le son [ɛ]

Matériel collectif : Piste audio : le son [ɛ].
Les sons voyelles et semi-voyelles – Le son [ɛ]

Préparation

Tracer sept colonnes au tableau et écrire en tête de chacune : *J'écris...*

Déroulement

• Annoncer aux élèves qu'ils vont écouter une liste de mots. Dans certains d'entre eux, on entend le son [ɛ]. Expliquer qu'à l'écoute de ce son, ils doivent lever la main. Avant de commencer, on peut éventuellement faire distinguer les sons [ɛ] et [e], en précisant que les mots contenant ce deuxième son ne peuvent être acceptés.

• Diffuser le fichier audio *le son* [ɛ]. Voici la liste : *la fête – la soupe – une fée – faire – Noël – le corps – mon frère – la terre – demander – le poulet – la neige.* Pendant l'écoute, observer les réactions des élèves et repérer ceux qui font des erreurs ou confusions. Leur donner la parole en premier dans le moment de synthèse.

• Au terme de la diffusion, recueillir les remarques des élèves. Demander de citer les mots dans lesquels ils ont entendu le son [ɛ] ; les écrire en colonne au tableau. Reprendre ces mots un à un pour ne conserver que la liste suivante : *fête – faire – Noël – frère – terre – poulet – neige*. Éventuellement, dire un mot sur la distinction entre les sons [e] (de *fée*) et [ɛ], sans trop insister dessus pour mieux se concentrer sur les différents graphèmes de [ɛ].

• Inviter un ou plusieurs enfants à entourer le graphème [ɛ] dans les mots notés au tableau.

• Demander aux élèves de trouver d'autres mots comprenant le son [ɛ]. Exemples : *sorcière, balai, mer, reine, jouet,* etc. Noter seulement les propositions correctes au tableau.

• Écrire en tête de chacune des colonnes tracées au tableau une graphie du son [ɛ], puis recopier chaque mot de la liste dans la bonne case.

J'entends [ɛ].						
J'écris è.	**J'écris ê.**	**J'écris ë.**	**J'écris *ai*.**	**J'écris *ei*.**	**J'écris e.**	**J'écris *et*.**
sorcière colère vipère crème chèvre	fête crêpe tête arête pêche	Noël	balai chaise éclair fraise	neige reine treize baleine	mer sel marelle poussette renne	poulet jouet bonnet

• Pour chaque colonne, demander aux élèves de trouver d'autres exemples de mots et compléter le tableau. Conclure en entourant collectivement les graphèmes du son [ɛ].

Prolongements écrits

• Écrire au tableau une série de deux mots dont un seul comprend le son [ɛ]. Demander aux élèves de copier sur leur ardoise uniquement le mot dans lequel on entend [ɛ]. Vérifier collectivement. Puis procéder ainsi pour d'autres séries de mots.

Exemple :

mercredi – mécanicien   laine – ligne   plein – pleine

benne – bouée   poésie – poème   été – hiver

• Écrire au tableau une série de deux mots comprenant les lettres *ay*. Inviter les élèves à n'écrire sur leur ardoise que le mot dans lequel on entend [ɛ]. Vérifier collectivement. Puis procéder ainsi pour d'autres séries de mots.

Exemple :

crayon – cobaye Bayonne – essayer

paye – papaye   spray – abbaye

Différenciation

Proposer l'exercice 1 dans la *fiche d'activités pour le son* [ε].

2 • Les mots à écrire

Objectif :	Orthographier correctement les mots de la semaine.
Organisation :	Les élèves travaillent en binôme.
Matériel individuel :	Une ardoise et un feutre. Le classeur d'écriture. *Les mots de la semaine.* ➤ Les sons voyelles et semi-voyelles – Le son [ε] Exercices 2 et 3 de la *fiche d'activités pour le son* [ε]. ➤ Les sons voyelles et semi-voyelles – Le son [ε]
Matériel par binôme :	*Les mots à écrire.* ➤ Les sons voyelles et semi-voyelles – Le son [ε] Une enveloppe contenant les étiquettes ci-dessus.

Préparation

• Imprimer et dupliquer le document *Les mots à écrire* à raison d'une série de cartes par binôme. Découper les cartes et, si possible, les plastifier. Ranger chaque série dans une enveloppe.

• Imprimer et dupliquer le document *Les mots de la semaine* afin que chaque élève en ait un exemplaire.

Déroulement

• Distribuer à chaque groupe une enveloppe contenant la série de cartes *Les mots à écrire*. Remettre ensuite à chaque élève le document *Les mots de la semaine*.

• Expliquer qu'au sein de chaque binôme, un enfant doit piocher une carte dans l'enveloppe et la présenter à son partenaire. Celui-ci doit orthographier correctement sur son ardoise le mot représenté. Préciser que l'élève qui a pioché la carte vérifie la réponse de son partenaire à l'aide du document *Les mots de la semaine*, puis devient à son tour celui qui doit écrire le mot. Ajouter enfin que chaque enfant doit écrire trois mots sur son ardoise et ne pas les effacer.

• Répondre aux éventuelles questions de compréhension, puis lancer l'activité.

• Lors de la mise en commun, reprendre les cartes une à une et écrire les mots au tableau. Chaque élève corrige, au besoin, les mots rédigés sur son ardoise pendant le jeu.

• Demander ensuite aux enfants de recopier sur une nouvelle feuille de leur classeur d'écriture les mots de la semaine.

Prolongement écrit

Écrire le mot *fête* au tableau. Demander aux élèves de l'écrire sur leur ardoise, d'effacer la première lettre et de la remplacer par une autre consonne, afin d'obtenir un nouveau mot. Laisser le temps de recherche nécessaire, puis valider la réponse : *tête*.

Procéder de même avec les mots *terre (verre, serre)*, *faire* (*paire, taire)* et *neige (beige)*.

Différenciation

Proposer les exercices 2 et 3 de la *fiche d'activités pour le son* [ɛ].

3 • Les mots à trier

Objectif : Connaître la dérivation des mots *terre* et *neige*.

Organisation : Les élèves travaillent en binôme.

Matériel individuel : Exercice 4 de la *fiche d'activités pour le son* [ɛ].
Les sons voyelles et semi-voyelles – Le son [ɛ]

Matériel par binôme : Des surligneurs bleu, jaune.
Les mots à trier.
Les sons voyelles et semi-voyelles – Le son [ɛ]

Préparation

Imprimer et dupliquer le document *Les mots à trier* à raison d'un par binôme.

Déroulement

• Distribuer à chaque binôme le document *Les mots à trier*.

• Après un temps d'observation, demander aux élèves de surligner le mot *terre* en jaune et le mot *neige* en bleu.

Les mots à trier

enterrer	racine	neigeux
souterrain	terre	neiger
neige	froid	terrestre
père	enneigé	terrien

• Expliquer la consigne : « Vous devez surligner en jaune les mots de la même famille que *terre*, et en bleu ceux de la même famille que *neige*. » Ajouter que trois mots sont des intrus et ne doivent pas être surlignés.

• Répondre aux éventuelles questions, puis lancer le travail de recherche. Ce travail sur les mots de la même famille permet de renforcer l'apprentissage de l'orthographe des mots étudiés.

• Pour commencer la mise en commun, demander aux élèves de lire les mots qu'ils ont surlignés en jaune dans leur grille. Écrire toutes les réponses données sous le mot *terre*, en précisant que même les propositions incorrectes seront notées.

• Valider collectivement les bonnes réponses : *enterrer, terrestre, souterrain* et *terrien.*

• Suivre la même démarche avec le mot *neige* : lister au tableau les mots surlignés en bleu dans les grilles, puis valider collectivement les propositions *neigeux, enneigé* et *neiger*.

• Conclure en relevant les intrus et en expliquant les confusions possibles :

– les mots *froid* et *racine* font partie du champ lexical de *neige* et *terre*, mais ils n'appartiennent pas à la même famille ;

– le mot *père* était un piège car il ressemble au mot *terre*.

Différenciation

Proposer l'exercice 4 de la *fiche d'activités pour le son* [ɛ].

4 • Les phrases à compléter

Objectif :	Construire des phrases avec les mots de la semaine.
Organisation :	Les élèves travaillent collectivement.
Matériel individuel :	Une ardoise et un feutre. Exercice 5 de la *fiche d'activités pour le son* [ɛ]. ➤ Les sons voyelles et semi-voyelles – Le son [ɛ]

Préparation

Écrire le début des phrases suivantes au tableau :

– *Quand il* ***neige*** *à* ***Noël,*** *je...*

– *Mon* ***frère*** *joue dans la* ***terre*** *avec...*

– *Nous allons* ***faire*** *une* ***fête*** *pour...*

Déroulement

• Inviter un élève à lire les trois débuts de phrase, puis proposer à tous d'en choisir une, et d'en imaginer la suite sur leur ardoise.

• Laisser un temps de réflexion, puis inviter des élèves ayant complété la première phrase à lire leur production. En noter certaines au tableau sous forme d'une dictée à l'adulte. Faire reformuler au besoin.

• Faire remarquer la majuscule présente au début de chaque phrase, ainsi que le point final. Demander à un élève d'expliquer qu'une phrase est une suite de mots ordonnés qui a un sens.

• Procéder de la même manière pour les deux autres phrases.

• Conclure en rappelant les trois règles concernant la phrase : la présence de la majuscule et du point, ainsi que la notion de sens.

Prolongements écrits

• Les élèves copient une ou plusieurs phrase(s) produite(s) lors de la séquence dans le classeur d'écriture, avec étayage de l'enseignant au besoin.

• Proposer à certains élèves autonomes de rédiger leur propre phrase dans leur classeur d'écriture.

Différenciation

Proposer l'exercice 5 de la *fiche d'activités pour le son* [ε].

5 Complète les phrases avec les mots de la semaine.

Ce soir, c'est la .... du 14 juillet.

Il prend sa pelle pour creuser la ....

J'espère que nous aurons de la .... à ....

Je regarde mon .... des châteaux de sable.

5 • La dictée à trous

Objectif :	Restituer l'orthographe des mots de la semaine.
Organisation :	Les élèves travaillent individuellement.
Matériel individuel :	Le cahier du jour. Le document *La dictée à trous*. ➤ Les sons voyelles et semi-voyelles – Le son [ɛ]

Préparation

• Imprimer et dupliquer le document *La dictée à trous* à raison d'un par élève.

• Le projeter sur le TBI ou écrire au tableau les mots tronqués :

la f _ _ _	de la t _ _ _ _	f _ _ _ _	mon fr _ _ _
de la n _ _ ge	N _ _ l	un p _ _ l _ _	

Déroulement

• Distribuer le document *La dictée à trous* et laisser un temps d'observation.

• Expliquer que les lettres manquantes de chaque mot de la semaine, qui sera par ailleurs dicté, doivent être complétées.

• Lancer l'activité en lisant les mots un à un, et en laissant le temps nécessaire pour compléter les tirets vides.

• La correction, collective, est immédiate : demander à un élève d'écrire les lettres manquantes au tableau, puis valider ou corriger. Procéder ainsi pour tous les mots de la dictée.

• Faire coller le document dans le cahier du jour.

Le son [ɔ]

En bref :
1. J'entends et j'observe : Les mots définis
2. Je m'entraîne : Les mots à épeler
3. J'approfondis : Les mots intrus
4. J'écris : Les phrases à compléter
5. Je restitue : La dictée à trous

Les mots de la semaine : bol – sol – botte – sport – corps – pomme

1 • Les mots définis

Objectifs :	Trouver un mot à partir de sa définition. Identifier et discriminer le phonème [ɔ] dans un mot. Savoir qu'on le transcrit toujours avec la lettre *o*.
Matériel individuel :	Exercice 1 de la *fiche d'activités pour le son* [ɔ]. Les sons voyelles et semi-voyelles – Le son [ɔ]
Matériel collectif :	Une dizaine de haricots secs.

Déroulement

• Expliquer la règle du jeu : « Je vais vous lire une définition. Si vous avez trouvé le mot correspondant, tapez un léger coup sur votre table pour faire une proposition. » Donner un exemple : « *Mammifère marin des régions polaires, dont les pattes avant sont comme des palmes (phoque).* » Valider la bonne réponse et l'écrire au tableau. Préciser que chaque bonne réponse permet de remporter un haricot. Celui qui en aura le plus à la fin du jeu sera vainqueur.
• Commencer la partie, en s'appuyant sur ces définitions :
– *Ustensile de cuisine à fond plat, muni d'un manche (casserole).*
– *Fruit à pépins (pomme).*
– *Chaussure en cuir ou en caoutchouc qu'on utilise quand il pleut (botte).*
– *Mammifère marin des régions polaires, à pelage ras (phoque).*
– *Surface de la terre (sol).*
– *Ensemble d'exercices physiques (sport).*
– *Fruits que l'on a fait cuire avec du sucre (compote).*

– *Récipient dans lequel on verse un liquide, par exemple du lait (bol).*
– *Viennoiserie qui peut avoir un « chapeau » (brioche).*
– *Animal rongeur à queue plate et aux pattes palmées (castor).*
– *Bâtiment où nous nous trouvons actuellement (école).*
– *Mâle de la poule (coq).*
– *Ensemble des parties d'un organisme vivant (corps).*
– *Outil d'un élève permettant de fixer un document (colle).*

• Au fur et à mesure du jeu, écrire chaque mot au tableau, en colonne.

• Demander aux élèves de trouver d'autres mots comprenant le son [ɔ]. Noter les propositions correctes au tableau.

• Expliquer que le son [ɔ] (ouvert) se fait entendre quand la lettre *o* est suivie, généralement, de deux consonnes ; mais qu'on voit aussi d'autres cas de figures, tels que *bol*, *coq*, etc.

• Tracer deux colonnes au tableau, comme ci-dessous. Proposer aux élèves d'y placer les mots de la liste.

J'entends [ɔ].	
Je vois *o* + deux consonnes.	**Autres cas.**
pomme	école
botte	sol
brioche	casserole
corps	bol
colle	phoque
sport	coq
	compote
	castor

• Inviter un ou plusieurs enfants à relire la liste. Faire remarquer que chaque fois que l'on entend le son [ɔ], il s'écrit toujours avec la lettre *o*.

• Pour conclure l'activité, les élèves comptent le nombre de haricots remportés. Désigner le ou les vainqueurs.

Prolongement écrit

Écrire au tableau une série de deux mots, dont un seul comprend le son [ɔ]. Demander aux élèves de copier sur leur ardoise uniquement le mot dans lequel on entend [ɔ]. Vérifier collectivement. Puis procéder ainsi avec d'autres séries de mots.

Exemple :

abricot – <u>compote</u> *<u>ogre</u> – dévorer*
reposer – <u>dormir</u> *novembre – <u>octobre</u>*

Différenciation

Proposer l'exercice 1 dans la *fiche d'activités pour le son* [ɔ].

2 • Les mots à épeler

Objectif : Orthographier correctement les mots de la semaine.

Organisation : Les élèves travaillent en binôme.

Matériel individuel : Une ardoise et un feutre.
Le classeur d'écriture.
Les mots de la semaine.
➤ Les sons voyelles et semi-voyelles – Le son [ɔ]
Exercices 2 et 3 de la *fiche d'activités pour le son* [ɔ].
➤ Les sons voyelles et semi-voyelles – Le son [ɔ]

Préparation

Imprimer et dupliquer le document *Les mots de la semaine* afin que chaque élève en ait un exemplaire.

Déroulement

• Distribuer à chaque élève le document *Les mots de la semaine.*

• Expliquer aux élèves que l'activité qui va suivre s'effectue en binôme. L'un des membres doit choisir un mot parmi ceux de la liste, puis l'énoncer à son partenaire qui ne le voit pas. Celui-ci doit l'épeler correctement, sous le contrôle de son camarade qui valide la bonne réponse.

• Préciser que les rôles changent au sein du binôme après chaque mot épelé. Insister sur le fait que seul l'enfant qui fait deviner a les réponses sous les yeux. Conclure la consigne en précisant que chaque enfant doit épeler les six mots de la liste, puis lancer l'activité.

• Introduire le temps de correction en annonçant un mot, l'épeler collectivement puis le noter au tableau sous forme d'une dictée à l'adulte.

• Conclure l'activité en demandant aux élèves de recopier dans le classeur d'écriture chaque mot de la semaine à l'aide du document individuel utilisé pendant la séance.

Prolongement écrit

Écrire le mot *pomme* au tableau. Demander aux élèves de l'écrire sur leur ardoise, d'effacer la première lettre et de la remplacer par une ou plusieurs autres lettres, afin de trouver un nouveau mot. Laisser le temps de recherche nécessaire, puis lister les réponses au tableau. Par exemple : *homme, gomme, somme, nomme, assomme, bonhomme...*

Différenciation

Proposer les exercices 2 et 3 de la *fiche d'activités pour le son* [ɔ].

3 • Les mots intrus

Objectifs :	Connaître la dérivation des mots *sport* et *étoile*. Argumenter la présence d'une consonne muette à la fin de *sport*.
Organisation :	Les élèves travaillent en binôme.
Matériel individuel :	Une ardoise et un feutre. Exercice 4 de la *fiche d'activités pour le son* [ɔ]. ➤ Les sons voyelles et semi-voyelles – Le son [ɔ]

Déroulement

• Écrire au tableau les mots *sportif, spore, sport,* et *sportive.*

• Inviter un enfant à lire les mots, puis demander à tous d'écrire sur leur ardoise le mot intrus.

• Relever les réponses et faire valider la bonne réponse : *spore*.

• Faire remarquer que les mots *sportif, sportive* et *sport* possèdent le même radical (*sport*) et renvoient tous à la même idée. Inviter un élève à venir entourer chaque radical au tableau.

• Définir le terme *spore* : il s'agit de la base du champignon, qui peut être considérée comme la graine d'une plante.

• Renouveler l'exercice avec la liste suivante : *pomme, pommade, pommier* et *pommeraie.*

• Faire remarquer que ces quatre mots possèdent le même radical. Laisser un temps de réflexion puis solliciter les élèves pour qu'ils formulent une hypothèse. Après un court échange, valider la bonne réponse : *pommade*. Faire expliquer que ce nom n'évoque pas la même idée que les trois autres mots de la liste.

Différenciation

Proposer l'exercice 4 de la *fiche d'activités pour le son* [ɔ].

4 • Les phrases à compléter

Objectif :	Construire des phrases avec les mots *sport, pomme* et *bol.*
Organisation :	Les élèves travaillent collectivement.
Matériel individuel :	Une ardoise et un feutre. Exercice 5 de la *fiche d'activités pour le son* [ɔ]. Les sons voyelles et semi-voyelles – Le son [ɔ]

Déroulement

• Écrire les deux phrases suivantes au tableau :

– *Il faut faire du **sport**, car...*

– *Il coupe des **pommes** dans un **bol** pour...*

• Inviter un ou deux élèves à lire les phrases, puis inviter chacun à choisir un début de phrase et en imaginer mentalement la suite, avant de la rédiger sur son ardoise.

• Pendant le travail de recherche, circuler auprès des élèves et demander à chacun de prononcer sa phrase. Valider les réponses correctes et apporter les corrections nécessaires aux autres. Quand la proposition est validée, l'élève écrit sa phrase sur son ardoise.

• Faire lire les productions ainsi rédigées.

Prolongement écrit

Les élèves recopient leur phrase dans leur classeur d'écriture, avec étayage de l'enseignant au besoin.

Différenciation

Proposer l'exercice 5 de la *fiche d'activités pour le son* [ɔ].

5 Écris une phrase comprenant <u>au moins</u> deux mots de la semaine.

5 • La dictée à trous

Objectif : Restituer l'orthographe des mots de la semaine.

Organisation : Les élèves travaillent individuellement.

Matériel individuel : Le cahier du jour.
Le document *La dictée à trous.*
➤ Les sons voyelles et semi-voyelles – Le son [ɔ]

Préparation

• Imprimer et dupliquer le document *La dictée à trous* à raison d'un par élève.

• Le projeter sur le TBI ou écrire au tableau les mots tronqués :

un b _ _	le s _ _	une b _ t t _
le s _ _ r _	le _ _ _ ps	une _ _ mme

Déroulement

• Distribuer le document *La dictée à trous* et laisser un temps d'observation.

• Expliquer que chaque mot de la semaine, qui sera par ailleurs dicté, doit être complété avec les lettres manquantes.

• Lancer l'activité en lisant les mots un à un, et en laissant le temps nécessaire pour compléter les tirets vides.

• La correction, collective, est immédiate : demander à un élève d'écrire les lettres manquantes au tableau, puis valider ou corriger. Procéder ainsi pour tous les mots de la dictée.

• Faire coller le document dans le cahier du jour.

Le son [e]

En bref :

1. J'entends et j'observe : Les mots définis
2. Je m'entraîne : Les mots dans la grille
3. J'approfondis : Les mots intrus
4. J'écris : Les phrases à retrouver
5. Je restitue : La dictée à trous

Les mots de la semaine : télévision – aller – année – école – nez – marcher

1 • Les mots définis

Objectifs :	Trouver un mot à partir de sa définition. Repérer et discriminer le phonème [e] dans un mot. Identifier les différents graphèmes du phonème [e].
Matériel individuel :	Exercice 1 de la *fiche d'activités pour le son* [e]. Les sons voyelles et semi-voyelles – Le son [e]
Matériel collectif :	Une dizaine de haricots secs.

Préparation

Tracer quatre colonnes au tableau et écrire en tête de chacune : *J'écris...*

Déroulement

• Annoncer (ou rappeler) la règle du jeu aux élèves : « Je vais vous lire la définition de mots mot comprenant le son [e]. Vous devez les deviner le plus rapidement possible. Pour faire une proposition de réponse, vous taperez un léger coup sur la table. » Ajouter que chaque mot deviné fait remporter un haricot. Celui qui en aura le plus à la fin du jeu sera vainqueur.

• Donner un exemple : « *Contraire de gentil (méchant).* » Valider la bonne réponse et l'écrire au tableau.

• Répondre aux éventuelles questions et commencer le jeu, en s'appuyant sur ces définitions :

– *Personnage avec une baguette magique (fée).*

– *Astre qui brille dans le ciel (étoile).*
– *Outil qui permet de verrouiller une porte (clé).*
– *Appareil électronique qui permet de regarder des émissions ou des dessins animés (télévision).*
– *Partie du visage qui nous permet de respirer (nez).*
– *Moment compris entre le lever et le coucher du soleil (journée).*
– *Saison chaude (été).*
– *Se rendre d'un endroit à un autre (aller).*
– *Petit mot indiquant que l'on va dans une maison, un commerce... (chez).*
– *Sentiment d'affection entre deux personnes, deux copains (amitié).*
– *Mettre un pas devant l'autre (marcher).*
– *Personne qui fabrique le pain (boulanger).*

• Au fur et à mesure du jeu, écrire chaque mot au tableau.

• Inviter un élève à venir entourer le graphème [e] dans les mots notés au tableau, puis demander à la classe de trouver d'autres mots comprenant le son [e]. Exemple : *assez, les, des,* etc. Noter les propositions correctes au tableau.

• Écrire en tête de chacune des colonnes tracées au tableau une graphie du son [e], puis recopier chaque mot de la liste dans la bonne case.

J'entends [e].			
J'écris é ou *ée*.	**J'écris *er*.**	**J'écris *ez*.**	**J'écris *es*.**
fée	aller	nez	les
étoile	marcher	chez	des
clé	boulanger	assez	mes
journée			
été			
école			
amitié			
télévision			

• Pour chaque colonne, demander aux élèves de trouver d'autres exemples de mots et compléter le tableau. Entourer collectivement les graphèmes du son [e]. Expliquer l'on trouve les groupes de lettres *er*, *ez* ou *es* généralement à la fin des mots.

• Pour conclure l'activité, les élèves comptent le nombre de haricots remportés. Désigner le ou les vainqueurs.

Prolongement écrit

Dicter les mots de la semaine sur l'ardoise.

Différenciation

Proposer l'exercice 1 dans la *fiche d'activités pour le son* [e].

2 • Les mots dans la grille

Objectif : Repérer et orthographier correctement les mots de la semaine.

Organisation : Les élèves travaillent individuellement et font une vérification en binôme.

Matériel individuel : Une pochette de feutres et un stylo vert.
Le classeur d'écriture.
Les mots de la semaine.
➤ Les sons voyelles et semi-voyelles – Le son [e]
Les mots dans la grille.
➤ Les sons voyelles et semi-voyelles – Le son [e]
Exercices 2 et 3 de la *fiche d'activités pour le son* [e].
➤ Les sons voyelles et semi-voyelles – Le son [e]

Préparation

Imprimer et dupliquer les documents *Les mots dans la grille* et *Les mots de la semaine* à raison d'un par élève.

Déroulement

Je m'appelle : ....

nez	année	aller
téléphone	idée	allée
purée	marchand	pané
école	télévision	marcher
renne	écolier	poupée

Score : ○○○○○○

• Demander aux élèves de préparer des feutres bleu, orange, rouge, jaune, marron, rose et un stylo vert. Distribuer les grilles de mots, face retournée.

• Expliquer la consigne : « Vous allez être répartis par équipes de deux. Je vais vous donner des consignes qu'il faudra effectuer sur une grille ; chacun a sa grille. Pour gagner un point, les joueurs d'une même équipe doivent avoir effectué tous les deux la bonne action. » Ajouter que les deux enfants d'un même binôme ne peuvent pas échanger pendant l'activité. Éventuellement, placer une petite surface verticale au milieu de chaque table.

• Inviter les élèves à retourner leur document. Laisser un temps d'observation.

• Commencer l'activité en donnant la première consigne : « *Surlignez en jaune :* marcher. » S'assurer que les enfants ont tous répondu avant de passer à la consigne suivante.

• Procéder de même pour chaque consigne :

– *Surlignez en marron :* école.

– *Surlignez en rouge :* année.

– *Surlignez en bleu :* télévision.

– *Surlignez en orange :* aller.

– *Surlignez en rose :* nez *(celui qu'on a au milieu du visage).*

• Inviter les élèves à poser leurs feutres et à prendre un stylo vert.

• Laisser un moment à chaque binôme pour comparer les réponses, puis procéder à une correction collective, en relisant les consignes une à une. Expliquer que pour chaque bonne réponse, on colorie en vert une des pastilles figurant sous la grille, uniquement si son partenaire a également trouvé la bonne réponse. Désigner les gagnants à l'issue de la mise en commun.

• Faire coller la grille dans le classeur d'écriture. Demander également de copier les mots étudiés sur une autre feuille de leur classeur d'écriture, si besoin à l'aide du document *Les mots de la semaine*. Ou proposer aux élèves qui ont des difficultés de copie de coller seulement le document *Les mots de la semaine.*

Prolongement écrit

Écrire un mot de la semaine au tableau. Le faire observer pendant 10 secondes, puis l'effacer. Inviter ensuite les élèves à l'écrire sur leur ardoise. Vérifier, apporter les corrections nécessaires, puis renouveler la tâche pour chacun des mots.

Différenciation

Proposer les exercices 2 et 3 de la *fiche d'activités pour le son* [e].

3 • Les mots intrus

Objectif : Connaître les mots de la famille de *marcher* et *école*.

Organisation : Les élèves travaillent en binôme.

Matériel individuel : Une ardoise et un feutre.
Exercice 4 de la *fiche d'activités pour le son* [e].
➤ Les sons voyelles et semi-voyelles – Le son [e]

Déroulement

• Écrire au tableau les mots *marcher, marché, mare,* et *marche*.

• Demander aux élèves de lire silencieusement ces quatre mots, puis les inviter à écrire sur leur ardoise le mot intrus.

• Relever les propositions et faire valider la bonne réponse : *mare*. Faire expliquer que les mots *marcher, marché* et *marche* possèdent le même radical (*march-*) et qu'ils renvoient tous à la même idée, la marche (le marché permet en effet de faire ses courses à pied). Inviter un élève à venir les entourer au tableau.

• Procéder à l'identique pour la liste suivante : *école, écolière, éolienne, écolier, scolaire.*

• Laisser le temps de réflexion nécessaire puis organiser un temps d'échange. Faire valider la bonne réponse : *éolienne.* Faire expliquer que les quatre mots de la même famille possèdent le même radical (*-col-*) et qu'ils évoquent tous le contexte de l'école.

Différenciation

Proposer l'exercice 4 de la *fiche d'activités pour le son* [e].

4 • Les phrases à retrouver

Objectifs :	Remettre des mots dans l'ordre pour constituer une phrase. Utiliser les mots *année, école* et *marcher* dans une phrase.
Organisation :	Les élèves travaillent en binôme.
Matériel individuel :	Une ardoise et un feutre. Exercice 5 de la *fiche d'activités pour le son* [e]. ➤ Les sons voyelles et semi-voyelles – Le son [e]
Matériel par binôme :	*Les phases à retrouver.* ➤ Les sons voyelles et semi-voyelles – Le son [e]

Préparation

Imprimer le document *Les phrases à retrouver* à raison d'un par binôme. Découper et plastifier chaque étiquette-mot.

Déroulement

• Écrire au tableau le groupe de mots suivants (ou afficher au tableau les étiquettes du CD-Rom, ou encore les projeter) :

pour | année, | marche | je | l'école. | Cette | aller | à

• Expliquer la consigne : « Vous travaillez par deux. Chaque binôme doit retrouver la phrase correcte en remettant les mots dans l'ordre. Puis vous l'écrivez chacun sur votre ardoise. »
• Laisser le temps de travail nécessaire, puis noter les différentes réponses au tableau, en précisant que même les réponses erronées sont copiées.
• Recueillir les avis des enfants et barrer au fur et à mesure les propositions qui ne sont pas correctes. Faire remarquer que la majuscule à *Cette* et le point après *école* sont des indices qui permettent de trouver le premier et le dernier mot de la phrase.
• Placer les étiquettes dans le bon ordre au tableau : *Cette année, je marche pour aller à l'école*.

Prolongement écrit

Les élèves copient la phrase reconstituée dans leur classeur d'écriture, avec étayage de l'enseignant au besoin.

Différenciation

Proposer l'exercice 5 de la *fiche d'activités pour le son* [e].

5 • La dictée à trous

Objectif :	Restituer l'orthographe des mots de la semaine.
Organisation :	Les élèves travaillent individuellement.
Matériel individuel :	Le cahier du jour. Le document *La dictée à trous*. Les sons voyelles et semi-voyelles – Le son [e]

Préparation

• Imprimer et dupliquer le document *La dictée à trous* à raison d'un par élève.
• Le projeter sur le TBI ou écrire au tableau les mots tronqués :

une t _ l _ v _ _ ion	all _ _	une a _ _ _ _
l' _ co _ _	le n _ _	mar _ _ _ _

Déroulement

• Distribuer le document *La dictée à trous* et laisser un temps d'observation.

• Expliquer la consigne : il s'agit de compléter chaque mot de la semaine avec les lettres manquantes, sachant que chacun sera dicté.

• Lancer l'activité : lire les mots un à un, en laissant le temps nécessaire pour compléter les tirets vides.

• Effectuer la correction collective en demandant à un enfant d'écrire les lettres manquantes au tableau, puis valider ou corriger. Procéder ainsi pour tous les mots de la dictée.

• Faire coller le document dans le cahier du jour.

Le son [œ]

En bref :

1. J'entends et j'observe : Les mots définis
2. Je m'entraîne : Les mots à épeler
3. J'approfondis : Les mots mystères
4. J'écris : Les phrases à retrouver
5. Je restitue : La dictée mélangée

Les mots de la semaine : cœur – œuf – heure – chanteur – beurre – fleur

1 • Les mots définis

Objectifs :	Trouver un mot à partir de sa définition. Identifier et discriminer le phonème [œ] dans un mot. Repérer les différentes graphies du son [œ].
Organisation :	Les élèves travaillent individuellement.
Matériel individuel :	Exercice 1 de la *fiche d'activités pour le son* [œ]. Les sons voyelles et semi-voyelles – Le son [œ]
Matériel collectif :	Une dizaine de haricots secs.

Déroulement

• Expliquer la règle du jeu : « Je vais vous lire une définition. Si vous avez trouvé le mot correspondant, tapez un léger coup sur votre table pour prendre la parole. » Donner un exemple : « *Appareil servant à avaler la poussière.* » Valider la bonne réponse et écrire le mot *aspirateur* au tableau. Préciser que chaque gagnant va remporter un haricot. Celui qui en a le plus à la fin du jeu sera vainqueur.

• Commencer la partie, en s'appuyant sur ces définitions :

– *Une des quatre couleurs d'un jeu de cartes (cœur).*
– *Produit de la ponte de certains oiseaux (œuf).*
– *Appareil muni généralement d'un écran, d'un clavier et d'une souris (ordinateur).*
– *60 minutes (heure).*
– *Objet qui permet de ranger des affaires (meuble).*
– *Artiste qui interprète des textes sur une musique (chanteur).*

– *On en tartine sur le pain (beurre).*
– *Contraire de bonheur (malheur).*
– *Ensemble mécanique qui permet à une voiture de rouler (moteur).*
– *Type de plante, tels que rose, marguerite, pétunia... (fleur).*

• Au fur et à mesure du jeu, écrire chaque mot au tableau, en colonne.

• Faire remarquer que tous les mots comprennent le son [œ]. Demander aux élèves de trouver d'autres mots comprenant ce son. Valider collectivement et noter les propositions correctes au tableau, par exemple : *facteur, coiffeur, bœuf, neuf, peur, sœur,* etc.

• Tracer deux colonnes au tableau, comme ci-dessous. Proposer aux élèves d'y placer les mots de la liste.

J'entends [œ].	
Je vois *eu*.	**Je vois *œu*.**
ordinateur	cœur
heure	œuf
meuble	bœuf
chanteur	sœur
beurre	
malheur	
moteur	
fleur	
facteur	
coiffeur	
beurre	
peur	

• Inviter un ou plusieurs enfants à relire les mots des deux colonnes.

• Pour conclure l'activité, faire compter le nombre de haricots remportés. Désigner le ou les vainqueurs.

Prolongement écrit

Proposer aux enfants d'écrire sur leur ardoise le métier correspondant au verbe d'action donné. Exemple : écrire au tableau le verbe *chanter.* Faire trouver la bonne réponse : *chanteur*. Continuer ainsi avec d'autres verbes. Par exemple :

coiffer → coiffeur *danser → danseur* *inventer → inventeur*
chasser → chasseur *nager → nageur* *chercher → chercheur*

Différenciation

Proposer l'exercice 1 de la *fiche d'activités pour le son* [œ].

2 • Les mots à épeler

Objectif :	Orthographier correctement les mots de la semaine.
Organisation :	Les élèves travaillent en binôme.
Matériel individuel :	Une ardoise et un feutre. Le classeur d'écriture. *Les mots de la semaine.* ➤ Les sons voyelles et semi-voyelles – Le son [œ] Exercices 2 et 3 de la *fiche d'activités pour le son* [œ]. ➤ Les sons voyelles et semi-voyelles – Le son [œ]

Préparation

Imprimer et dupliquer le document *Les mots de la semaine* afin que chaque élève en ait un exemplaire.

Déroulement

• Distribuer à chaque élève le document *Les mots de la semaine.*

• Expliquer la consigne : « Vous allez travailler en binôme. Un élève choisit un mot parmi ceux de la liste et l'énonce à son camarade, qui doit l'épeler correctement, sans avoir la fiche sous les yeux. Sa réponse sera validée par son partenaire. »

• Ajouter que les rôles changent au sein de chaque groupe après chaque mot épelé. Insister sur le fait que seul l'enfant qui fait deviner a les réponses sous les yeux. Terminer en précisant que chaque enfant doit épeler les six mots de la liste, puis lancer l'activité.

• Procéder à la mise en commun : épeler collectivement chacun des mots et les écrire au tableau sous forme d'une dictée à l'adulte.

• Conclure l'activité en demandant aux élèves de recopier dans le classeur d'écriture chaque mot de la semaine à l'aide du document individuel utilisé pendant la séance.

Prolongement écrit

Écrire un mot de la semaine au tableau. Faire compter le nombre de syllabes, de lettres, puis le faire épeler. L'effacer du tableau et demander aux élèves de l'écrire sur leur ardoise. Valider collectivement et apporter les modifications nécessaires.

Différenciation

Proposer les exercices 2 et 3 de la *fiche d'activités pour le son* [œ].

3 • Les mots mystères

Objectif :	Connaître la dérivation des mots *chanteur, fleur* et *neuf*.
Organisation :	Les élèves travaillent individuellement.
Matériel individuel :	Une ardoise et un feutre. Exercice 4 de la *fiche d'activités pour le son* [œ]. Les sons voyelles et semi-voyelles – Le son [œ]
Matériel collectif :	3 affiches au format A2.

Préparation

Recopier sur chaque affiche une phrase :

– *Ils aiment ________________ ensemble des airs connus.*

– *Il s'occupe beaucoup des plantes. Plus tard, il aimerait être _________.*

– *À minuit, ce sera la ______________ année.*

Déroulement

• Écrire en ligne au tableau les mots *chanteur, fleur* et *neuf.* Faire lire la liste par un élève, puis demander à tous de donner oralement des mots de la même famille.

• Écrire toutes les propositions en colonne, sous chaque mot référent. Préciser que même les propositions erronées sont notées. Valider les bonnes réponses et effacer les mauvaises. Inviter un ou plusieurs enfants à relire les listes au tableau. Faire remarquer la lettre finale *-t* de *chant* qui « prépare » aux mots *chanter, chanteur*…

chanteur	**fleur**	**neuf**
chanson	fleuriste	neuve
chant	fleurir	nouveau
chansonnette	refleurir	nouveauté
chanter	effleurer	nouvelle
chanteuse		

• Fixer la première affiche et demander à un élève de lire la phrase. Vérifier sa compréhension, puis demander aux élèves d'écrire sur leur ardoise le mot manquant, en précisant qu'il se trouve au tableau, dans la famille du mot *chanteur.*

• Après un temps de réflexion, noter les propositions au tableau, inciter à l'échange et faire valider la bonne réponse : *chanter.*

• Procéder de la même manière pour les deux autres phrases. Valider les réponses *fleuriste* et *nouvelle*.

• Conclure en demandant à plusieurs enfants de proposer oralement des phrases comprenant l'un des mots notés au tableau.

Différenciation

Proposer l'exercice 4 de la *fiche d'activités pour le son* [œ].

4 • Les phrases à retrouver

Objectifs :	Remettre des mots dans l'ordre pour constituer une phrase. Utiliser les mot *chanteur, heure, cœur* et *fleur* dans des phrases.
Organisation :	Les élèves travaillent collectivement.
Matériel individuel :	Une ardoise et un feutre Le classeur d'écriture. Exercice 5 de la *fiche d'activités pour le son* [œ]. Les sons voyelles et semi-voyelles – Le son [œ]
Matériel collectif :	*Les phases à retrouver.* Les sons voyelles et semi-voyelles – Le son [œ]

Préparation

Si on ne possède pas de vidéoprojecteur, imprimer le document *Les phrases à retrouver*. Découper et plastifier chaque étiquette-mot.

Déroulement

• Au tableau, afficher les étiquettes-mots ou écrire les groupes de mots suivants (ou encore les projeter) :

| chanteur | heure. | son | spectacle | dans | commence | une | Le |

• Demander à chaque binôme de retrouver la phrase correcte en recopiant les mots dans l'ordre sur leur ardoise.

• Laisser le temps de travail nécessaire.

• Puis noter les différentes réponses au tableau, en précisant que même les réponses erronées sont copiées.

• Recueillir les avis des enfants et barrer au fur et à mesure les propositions qui ne sont pas correctes. Faire remarquer que la majuscule à *Le* et le point après *heure* sont des indices qui permettent de trouver le premier et le dernier mot de la phrase.

• Valider l'ordre correct en plaçant les étiquettes mots dans le bon ordre : *Le chanteur commence son spectacle dans une heure.*

• Renouveler la tâche avec ce groupe de mots :

maman, | je | Pour | un | et | fleurs. | des | cœur | dessine

• Après avoir fait repérer les étiquettes indices (*Pour* et *fleurs.*), faire valider la bonne réponse : *Pour maman, je dessine un cœur et des fleurs.*

Prolongement écrit

Les élèves copient une des phrases construites lors du rituel dans leur classeur d'écriture, avec étayage de l'enseignant au besoin.

Différenciation

Proposer l'exercice 5 de la *fiche d'activités pour le son* [œ].

5 • La dictée mélangée

Objectif :	Restituer l'orthographe des mots de la semaine.
Organisation :	Les élèves travaillent individuellement.
Matériel individuel :	Le cahier du jour. Le document *La dictée mélangée*. ➤ Les sons voyelles et semi-voyelles – Le son [œ]

Préparation

• Imprimer et dupliquer le document *La dictée mélangée* à raison d'un par élève.

• Le projeter sur le TBI ou écrire au tableau les mots mélangés :

uelfr œcur chnatrue

ebrreu uehre œfu

Déroulement

• Distribuer le document *La dictée mélangée* et laisser un temps d'observation.

• Faire expliquer la consigne par un élève : il s'agit de récrire chaque mot de la semaine en remettant les lettres dans l'ordre. S'assurer que chacun a compris.

• Lancer l'activité en laissant le temps de recherche nécessaire.

• La correction collective est immédiate : demander à un élève de venir au tableau écrire le mot. Valider collectivement.

• Procéder ainsi pour tous les mots de la dictée.

• Faire coller le document dans le cahier du jour.

Le son [ø]

En bref :

1. J'entends et j'observe : Les mots à écouter
2. Je m'entraîne : Les mots dans la grille
3. J'approfondis : Les mots à réunir
4. J'écris : Les phrases à associer
5. Je restitue : La dictée mélangée

Les mots de la semaine : cheveu – feu – jeu – pneu – heureux – bleu – nœud

1 • Les mots à écouter

Objectifs :	Identifier et discriminer le phonème [ø] dans un mot. Repérer les graphies du son [ø].
Organisation :	Les élèves travaillent individuellement.
Matériel individuel :	Une ardoise et un feutre. Exercice 1 de la *fiche d'activités pour le son* [ø]. ➤ Les sons voyelles et semi-voyelles – Le son [ø]
Matériel collectif :	Piste audio : le son [ø]. ➤ Les sons voyelles et semi-voyelles – Le son [ø]

Déroulement

• Expliquer la consigne : « Vous allez écouter une liste de mots. Dans certains d'entre eux, on entend le son [ø]. Lorsque vous entendez le son [ø], vous devez lever la main. »

• Diffuser le fichier audio *le son* [ø]. Voici la liste de mots : *des cheveux – le feu – un nœud – sonner – deux – un jeu – un hibou – des œufs – des bœufs – lundi – le milieu – un hibou – heureux – bleu – un vœu*. Profiter du moment d'écoute pour observer les réactions des élèves, et noter le nom de ceux qui commettent des erreurs ou confusions. Interroger ces élèves en premier pendant le temps de synthèse.

• Au terme de la diffusion, tracer deux colonnes au tableau, comme ci-dessous. Inviter les élèves à citer les mots dans lesquels ils ont entendu le son [ø]. Les noter au tableau dans la colonne correspondante.

- Reprendre ces mots un à un et ne conserver que la liste suivante : *cheveu – feu – nœud – deux – jeu – œufs – bœufs – milieu – heureux – bleu – vœu.*

J'entends [ø].	
Je vois *eu*.	**Je vois *œu*.**
cheveux feu deux jeu milieu heureux bleu	(des) œufs nœud (des) bœufs vœu

- Inviter un élève à venir entourer le graphème [ø] dans les mots notés au tableau, puis demander aux autres de trouver d'autres mots comprenant le son [ø]. Noter les propositions correctes au tableau. Par exemple : *yeux, adieu, queue, pleut, dangereux, courageux, peureux,* etc.
- Terminer le rituel en faisant relire la liste ainsi constituée.

Prolongement écrit

Écrire au tableau la phrase suivante :

Il y a des nuages. → Le temps est…

Souligner le mot *nuages* et demander aux élèves d'écrire sur leur ardoise, à la fin de la seconde phrase, l'adjectif dérivé : *Le temps est nuageux*. Faire lever les ardoises, vérifier et noter la bonne réponse au tableau.

Procéder ainsi avec les propositions de mots et de structures suivants :

– Il y a de la pluie. → Le temps est… (pluvieux).
– Il y a du vent. → Le temps est… (venteux).
– Il y a de l'orage. → Le temps est… (orageux).

Différenciation

Proposer l'exercice 1 dans la *fiche d'activités pour le son* [ø].

Le son [ø]

Fiche d'activités

1 Entoure le dessin si tu entends (EU) fermé.

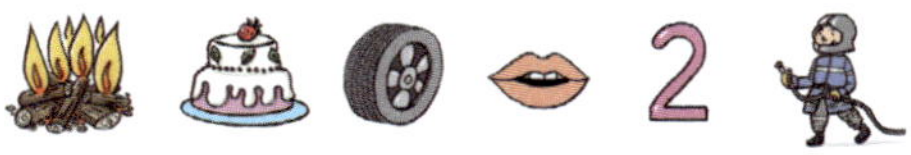

2 • Les mots dans la grille

Objectifs : Repérer et orthographier correctement les mots de la semaine. Rappeler le pluriel des mots en *-eu*.

Organisation : Les élèves travaillent individuellement et font une vérification en binôme.

Matériel individuel : Une pochette de feutres et un stylo vert.
Le classeur d'écriture.
Les mots dans la grille.
➤ Les sons voyelles et semi-voyelles – Le son [ø]
Les mots de la semaine.
➤ Les sons voyelles et semi-voyelles – Le son [ø]
Exercice 2 de la *fiche d'activités pour le son* [ø].
➤ Les sons voyelles et semi-voyelles – Le son [ø]

Préparation

Dupliquer les documents *Les mots dans la grille,* ainsi que *Les mots de la semaine*, à raison d'un par élève.

Déroulement

• Demander aux élèves de préparer des feutres gris, violet, bleu, orange, rouge, jaune, rose et un stylo vert. Distribuer les grilles de mots, face retournée.

Je m'appelle : ....

deux pneus	vieux	un nœud
des feux	peu	des cheveux
un feu	un pneu	heureuse
heureux	un jeu	des jeux
malheureux	rire	bleu

Score : ◯◯◯◯◯◯

• Expliquer aux élèves la consigne : « Vous serez répartis par équipes de deux. Je vais vous donner une série de consignes qu'il faudra effectuer sur une grille. Dans un premier temps, le travail est individuel. Mais pour gagner un point, les joueurs d'un même binôme doivent avoir effectué tous les deux correctement la tâche. » Préciser que les deux enfants d'un même binôme ne peuvent pas échanger pendant l'activité. Éventuellement, placer une petite surface verticale au milieu de chaque table.

• Inviter les élèves à retourner leur feuille. Laisser un temps d'observation.

• Commencer l'activité en donnant la première consigne : « *Surlignez en jaune :* des cheveux. »

S'assurer que les enfants ont tous répondu avant de passer à la consigne suivante.

• Procéder de même pour chaque consigne :

– *Surlignez en violet :* un feu.

– *Surlignez en rouge :* des jeux.

– *Surlignez en bleu :* deux pneus.

– *Surlignez en orange :* heureux.

– *Surlignez en rose :* bleu.

– *Surlignez en gris :* un nœud

• Inviter les élèves à poser leurs feutres et à se saisir de leur stylo vert.

• Laisser un temps aux enfants pour comparer leurs réponses au sein de chaque binôme, puis procéder à une correction collective, en reprenant une à une les consignes.

• Noter en colonne au tableau au fur et à mesure de la correction les mots : *cheveux, feu, jeux, pneus, heureux, bleu* et *nœud*.

• Expliquer que, pour chaque bonne réponse, on colorie en vert une des pastilles figurant sous la grille, uniquement si son équipier a également trouvé la bonne réponse.

• Solliciter les élèves pour qu'ils formulent des remarques sur l'orthographe de certains mots de la grille :

– la présence du *x* à la fin de *cheveux*, *jeux* et *heureux* ;

– la présence du *s* à la fin de *pneus*.

• Faire expliquer ou rappeler la règle : les mots terminés par *-eu* prennent un *-x* au pluriel, sauf *bleu* (utilisé en tant que nom commun ou adjectif) et *pneu* qui s'écrivent avec un *-s*.

• Désigner les gagnants à l'issue de la mise en commun, puis faire coller la grille dans le classeur d'écriture. Demander également de copier les mots étudiés sur une autre feuille de leur classeur d'écriture, si besoin à l'aide du document *Les mots de la semaine*. Ou proposer aux élèves qui ont des difficultés de copie de coller seulement le document *Les mots de la semaine.*

Prolongement écrit

Écrire au tableau la phrase suivante :

Il gonfle son pneu. → *Il gonfle ses...*

Souligner le mot *pneu* et demander aux élèves de compléter la seconde phrase sur leur ardoise, avec ce mot au pluriel : *Il gonfle ses pneus.* Faire lever les

ardoises, vérifier et noter la bonne réponse au tableau. Procéder ainsi avec les propositions suivantes :
– *Elle fait un vœu. → Elle fait trois... (vœux).*
– *Il joue avec son neveu. → Il joue avec ses... (neveux).*
– *Il a un bleu au genou. → Il a des (bleus) au genou.*

Différenciation

Proposer l'exercice 2 de la *fiche d'activités pour la fiche* [ø].

3 • Les mots à réunir

Objectif :	Connaître la dérivation des mots *jeu, cheveu, feu, nœud, vieux, heureux* et *bleu.*
Organisation :	Les élèves travaillent collectivement (dans la salle d'évolution ou le préau).
Matériel individuel :	Exercice 3 de la *fiche d'activités pour le son* [ø]. ➤ Les sons voyelles et semi-voyelles – Le son [ø]
Matériel collectif :	Le document *Les mots à réunir*. ➤ Les sons voyelles et semi-voyelles – Le son [ø] Un panier.

Préparation

• Imprimer et découper la planche d'étiquettes *Les mots à réunir*, ainsi que la planche *Les mots intrus* (proposée dans le même document).

• Déposer les étiquettes dans un panier. Faire en sorte qu'il y ait une étiquette par élève, en augmentant ou en réduisant le nombre de cartes *intrus*.

Déroulement

• Tendre à chaque élève le panier et demander à chacun de choisir une étiquette, sans la regarder.

• Expliquer la consigne : « À mon signal, vous allez regarder votre étiquette, puis circuler librement dans cette salle à la recherche de deux partenaires qui possèdent un mot pouvant s'associer au vôtre. Une fois réunis par trois, vous viendrez me voir pour que je valide votre association. Si le résultat est correct, vous serez désignés gagnants. Si ce n'est pas le cas, vous repartirez à la recherche d'un autre groupe. » Préciser que certains enfants ont en leur possession une carte intrus et ne peuvent pas intégrer un trio.

• Démarrer l'activité et laisser un temps de recherche. Vérifier auprès de chacun la bonne compréhension de son mot-étiquette.

• Au bout de trois minutes environ, si les élèves n'ont pas trouvé, les réunir et leur demander quelle est, selon eux, la règle pour s'associer. Faire émerger qu'il s'agit de réunir des familles de mots, puis relancer la phase de recherche.

• Au fur et à mesure de la partie, valider les bonnes réponses.

– Trio 1 : *cheveu, chevelu, chevelure.*
– Trio 2 : *jeu, jouet, joueur.*
– Trio 3 : *nœud, nouer, dénouer.*
– Trio 4 : *vieux, vieille, vieillesse.*
– Trio 5 : *bleu, bleuir, bleuté.*
– Trio 6 : *bonheur, heureux, malheur.*

Le son [ø]

Les mots à réunir

chevelu	cheveu	chevelure
jouet	jeu	joueur
nœud	nouer	dénouer
vieux	vieille	vieillesse
bleuir	bleuté	bleu
bonheur	heureux	malheur

Les mots « intrus »

barbu	coiffeur	cheval
ballon	lacet	rouge
joie	âgé	ancien

• Une fois l'ensemble des trios associés, procéder ensuite à une synthèse. Demander à chaque groupe de présenter ses étiquettes, l'un après l'autre. Écrire les mots au tableau en colonne, en séparant les familles d'un trait vertical. Entourer les radicaux de chaque famille.

• Inviter plusieurs élèves à lire les groupes de mots, puis faire relever les mots intrus. Demander de justifier en quoi ce sont des intrus, en rappelant éventuellement la différence entre mots de la même famille (qui ont un radical commun) et mots du même champ lexical.

– Trio 1 : *barbu, coiffeur* sont du même champ lexical que *cheveu*, mais pas de la même famille ; *cheval* a la même syllabe de départ.
– Trio 2 : *ballon* appartient lui aussi au champ lexical des activités ludiques.
– Trio 3 : *lacet* appartient au même champ lexical que *nœud.*
– Trio 4 : *âgé, ancien* sont du même champ lexical que *vieux*, mais pas de la même famille.
– Trio 5 : *rouge,* comme *bleu,* est une couleur.
– Trio 6 : *joie* appartient au même champ lexical que *bonheur,* celui des sentiments.

• Apporter au besoin des explications sur certains mots, puis conclure l'activité en demandant à des élèves de lire les listes de mots.

Différenciation

Proposer l'exercice 3 de la *fiche d'activités pour le son* [ø].

4 • Les phrases à associer

Objectif :	Regrouper avec cohérence des morceaux de phrases comprenant les mots de la semaine.
Organisation :	Les élèves travaillent individuellement.
Matériel individuel :	Le classeur d'écriture. *Les phrases à associer.* Les sons voyelles et semi-voyelles – Le son [ø] Exercice 4 de la *fiche d'activités pour le son* [ø]. Les sons voyelles et semi-voyelles – Le son [ø]
Matériel collectif :	*Les phrases à associer* (format agrandi ou étiquettes projetées).

Préparation

• Imprimer le document *Les phrases à associer* à raison d'un par élève.

• Écrire (ou imprimer ou encore projeter) au tableau les débuts et fins de phrases contenus dans le document *Les phrases à associer* :

j'ai les cheveux courts.	L'artiste a peint
un jeu.	les pneus en bleu.
Je suis heureux depuis que	S'approcher du feu n'est pas

Déroulement

• Distribuer le document *Les phrases à associer* à chaque élève, et leur demander de découper les six étiquettes.

• Laisser un temps d'observation, puis faire remarquer qu'il s'agit de six morceaux de phrases. Inviter chaque élève à assembler les six étiquettes de façon à retrouver les trois phrases correctes.

• Répondre aux questions éventuelles puis lancer l'activité. Apporter les aides nécessaires auprès de certains élèves, puis annoncer le moment de synthèse.

• Lors de la mise en commun, demander à un élève d'énoncer une phrase qu'il a reconstituée. Utiliser les étiquettes agrandies au tableau pour matérialiser les propositions. Faire valider et argumenter la bonne réponse : *S'approcher d'un feu n'est pas un jeu.*

• Procéder à l'identique pour les deux phrases suivantes. Valider les réponses :

– *L'artiste a peint les pneus en bleu.*

– *Je suis heureux depuis que j'ai les cheveux courts.*

• Faire remarquer que les majuscules et les points constituent un indice pour réunir des groupes.

• Demander à un enfant de lire les phrases reconstituées au tableau.

• Terminer la séance en rappelant les règles relatives à la construction de la phrase : la présence de la majuscule et du point, ainsi que la notion de sens.

Variante

Si les élèves n'ont pas de difficulté de copie, on peut se passer des étiquettes et faire rechercher puis recopier les phrases directement sur leur ardoise.

Prolongement écrit

Les élèves choisissent et copient, dans leur classeur d'écriture, une phrase de leur choix.

Différenciation

Proposer l'exercice 4 de la *fiche d'activités pour le son* [ø].

4 Complète les phrases avec les mots de la semaine.

Aujourd'hui, il est chauve, mais avant il avait beaucoup de ....

Allumons un .... pour nous réchauffer.

Jo et Mila jouent au .... des sept familles.

Samir a fait un .... à son lacet.

Vérifie que tes .... de vélo sont gonflés.

Le soleil brille et la mer est .... Nous avons tout pour être .... !

5 • La dictée mélangée

Objectif : Restituer l'orthographe des mots de la semaine en remettant leurs lettres dans l'ordre.

Organisation : Les élèves travaillent individuellement.

Matériel individuel : Le cahier du jour.
Le document *La dictée mélangée*.
➤ Les sons voyelles et semi-voyelles – Le son [ø]

Préparation

• Imprimer et dupliquer le document *La dictée mélangée* à raison d'un par élève.

• Le projeter sur le TBI ou écrire au tableau les mots mélangés (ou encore afficher les étiquettes agrandies) :

vueche	uef	jue	
npeu	eurhuex	uelb	doeun

Déroulement

• Distribuer le document *La dictée mélangée* et laisser un temps d'observation.

• Faire expliquer la consigne par un élève : il s'agit de récrire chaque mot de la semaine en remettant les lettres dans l'ordre. S'assurer que chacun a compris.

• Lancer l'activité en laissant le temps nécessaire.

• La correction est collective et immédiate : demander à un élève de venir au tableau écrire le premier mot. Valider collectivement.

• Procéder ainsi pour les autres mots de la dictée.

• Faire coller le document dans le cahier du jour.

Les sons [ɛ̃] et [œ̃]

En bref :

1. J'entends et j'observe : Les mots à écouter
2. Je m'entraîne : Les mots dans la grille
3. J'approfondis : Les mots intrus
4. J'écris : Les phrases à associer
5. Je restitue : La dictée mélangée

Les mots de la semaine : impossible – peindre – main – faim – malin – parfum – lundi

1 • Les mots à écouter

Objectifs :	Identifier et discriminer les phonèmes [ɛ̃] ou [œ̃] dans un mot. Identifier les différents graphèmes des phonèmes [ɛ̃] ou [œ̃]. Savoir que la lettre *n* devient *m* devant *b*, *m* et *p* (sauf exceptions).
Organisation :	Les élèves travaillent individuellement.
Matériel individuel :	Une ardoise et un feutre. Exercice 1 de la *fiche d'activités pour les sons* [ɛ̃] et [œ̃]. ➤ Les sons voyelles et semi-voyelles – Les sons [ɛ̃] et [œ̃]
Matériel collectif :	Piste audio : les sons [ɛ̃] et [œ̃]. ➤ Les sons voyelles et semi-voyelles – Les sons [ɛ̃] et [œ̃]

• Préparation

Tracer quatre colonnes au tableau et écrire en tête de chacune : *J'écris...*

• Déroulement

• Expliquer la consigne : « Vous allez écouter une liste de mots. Dans certains d'entre eux, on entend les sons [ɛ̃] (ou [œ̃]). Lorsque vous entendez ces sons, vous devez lever la main. » Prendre un peu de temps, au besoin, pour faire distinguer ces sons très proches, en expliquant que beaucoup ne font pas la différence.

• Diffuser le fichier audio. Voici la liste de mots : *cinq – peindre – le géant – une main – la faim – malin – le vent – le parfum – lundi – mon chapeau – un chameau – impossible – le refrain – demain – le carton*. Pendant le temps d'écoute, observer les réactions des élèves. Repérer ceux qui font des erreurs ou confusions, afin de leur donner la parole en premier par la suite.

• Au terme de la diffusion, inviter les élèves à citer les mots dans lesquels ils ont entendu le son [ɛ̃] ou [œ̃] ; les écrire en colonne au tableau. Reprendre ces mots un à un et ne conserver que la liste suivante : *cinq – peindre – main – faim – malin – parfum – lundi – impossible – refrain – demain.*

• Inviter un élève à venir entourer les graphèmes [ɛ̃] et [œ̃] dans les mots notés au tableau, puis demander aux autres de trouver d'autres mots comprenant ces sons. Faire en sorte que différentes graphies soient représentées. Noter les propositions correctes au tableau.

Exemple :

chemin, magasin, timbre, train, empreinte, maintenant, daim, un, etc.

• Écrire en tête de chacune des colonnes tracées au tableau une graphie des sons [ɛ̃] et [œ̃], puis recopier chaque mot de la liste dans la bonne case, avec l'aide des élèves.

J'entends [œ̃].	**J'entends** [ɛ̃].		
J'écris *un* ou *um*.	**J'écris *in* ou *im*.**	**J'écris *ain* ou *aim*.**	**J'écris *ein*.**
lundi parfum	cinq malin impossible chemin magasin timbre	main refrain demain train maintenant faim daim	peindre empreinte

• Demander au groupe classe de trouver d'autres exemples de mots et compléter le tableau. Pour certains mots, faire expliquer que la lettre *n* devient *m* devant *b*, *m* et *p*. Conclure en entourant collectivement les graphèmes des sons [ɛ̃] et [œ̃].

Prolongements écrits

• Écrire au tableau une série de trois mots, dont un seul comprend le son [ɛ̃]. Demander aux élèves de copier sur leur ardoise uniquement le mot dans lequel on entend [ɛ̃]. Vérifier collectivement. Procéder ainsi avec plusieurs séries de mots.

Exemple :

renard – <u>lapin</u> – sanglier
âne – <u>poulain</u> – cheval
jardiner – <u>jardin</u> – râteau

boulangerie – croissant – <u>pain</u>
<u>ceinture</u> – pantalon – boucle
<u>vilain</u> – vilaine – village

• Choisir un mot parmi ceux notés au tableau dans l'activité *Les mots à écouter.* Entourer la syllabe dans laquelle on entend [ɛ̃] ou [œ̃]. La faire épeler oralement, puis la faire écrire sur l'ardoise. Renouveler avec quatre ou cinq graphèmes différents.
• Écrire au tableau : _ _ *vention*. Demander aux élèves d'écrire sur leur ardoise le graphème *in* ou *im*. Faire lever les ardoises et valider la réponse *in*. Faire rappeler la règle et poursuivre avec les mots suivants :

gr _ _ per	*ép _ _ gle*	*p _ _ ce*	*_ _ primer*
_ _ poli	*m _ _ ce*	_ _ *juste*	_ _ *perméable*

Différenciation

Proposer l'exercice 1 dans la *fiche d'activités pour les sons* [ɛ̃] et [œ̃].

2 • Les mots dans la grille

Objectif :	Reconnaître et orthographier correctement les mots de la semaine.
Organisation :	Les élèves travaillent individuellement et font une vérification par binôme.
Matériel individuel :	Une pochette de feutres et un stylo feutre vert. Le classeur d'écriture. *Les mots dans la grille.* Les sons voyelles et semi-voyelles – Les sons [ɛ̃] et [œ̃] *Les mots de la semaine.* Les sons voyelles et semi-voyelles – Les sons [ɛ̃] et [œ̃] Exercices 2 et 3 de la *fiche d'activités pour le son* [ɛ̃]. Les sons voyelles et semi-voyelles – Les sons [ɛ̃] et [œ̃]

Préparation

Dupliquer les documents *Les mots dans la grille,* ainsi que *Les mots de la semaine*, à raison d'un par élève.

Déroulement

• Demander aux élèves de préparer des feutres gris, violet, bleu, orange, rouge, jaune, rose et un stylo vert. Distribuer les grilles de mots, face retournée.
• Expliquer la consigne : « Vous allez être répartis par équipe de deux. Je vais vous donner des

Je m'appelle : ....

parfum	parfumer	main
faim	impossible	malin
possible	nain	faire
peigne	maline	peindre
lune	lundi	teindre

Score :

consignes qu'il faudra effectuer sur une grille ; chacun a sa grille. Pour gagner un point, les joueurs d'une même équipe doivent avoir effectué tous les deux la bonne action. » Ajouter que les deux enfants d'un même binôme ne peuvent pas échanger pendant l'activité. Éventuellement, placer une petite surface verticale au milieu de chaque table.

• Inviter les élèves à retourner. Laisser un temps d'observation.

• Commencer l'activité en donnant la première consigne : « *Surlignez en jaune :* impossible. »

S'assurer que les enfants ont tous répondu avant de passer à la consigne suivante.

• Procéder de même pour chaque consigne :

– *Surlignez en violet :* peindre.
– *Surlignez en rouge :* main.
– *Surlignez en bleu :* faim.
– *Surlignez en orange :* malin.
– *Surlignez en rose :* parfum.
– *Surlignez en gris :* lundi.

• Faire poser les feutres, puis demander à chaque enfant de prendre son stylo vert.

• Laisser un temps de comparaison des réponses au sein de chaque binôme, puis procéder à une correction collective, en relisant les consignes une à une. Expliquer que, pour chaque bonne réponse, on colorie en vert une des pastilles figurant sous la grille, uniquement si son équipier a également trouvé la bonne réponse. Désigner les gagnants à l'issue de la mise en commun.

• Noter les mots en colonne au tableau, au fur et à mesure de la correction : *impossible, peindre, main, faim, malin, parfum* et *lundi*. Désigner les gagnants à l'issue de la mise en commun.

• Faire coller la grille dans le classeur d'écriture. Demander également de copier les mots étudiés sur une autre feuille de leur classeur d'écriture, si besoin à l'aide du document *Les mots de la semaine*. Ou proposer aux élèves qui ont des difficultés de copie de coller seulement le document *Les mots de la semaine.*

Prolongement écrit

Écrire un mot de la semaine au tableau. Faire compter le nombre de syllabes, de lettres, puis le faire épeler. L'effacer du tableau et demander à un élève de l'écrire sur son ardoise et de le montrer à la classe. Apporter collectivement les corrections nécessaires.

Différenciation

Proposer les exercices 2 et 3 de la *fiche d'activités pour les sons* [ɛ̃] et [œ̃].

3 • Les mots intrus

Objectifs : Repérer l'intrus dans une liste de mots.
Connaître la dérivation des mots *faim, malin* et *peindre*.

Organisation : Les élèves travaillent en binôme.

Matériel par binôme : Une ardoise et un feutre.

Matériel individuel : Exercice 4 de la *fiche d'activités pour les sons* [ɛ̃] et [œ̃].
➤ Les sons voyelles et semi-voyelles – Les sons [ɛ̃] et [œ̃]

Déroulement

- Écrire au tableau les mots *faim, affamé, fin* et *famine.*
- Laisser un temps d'observation, puis demander aux élèves d'écrire sur leur ardoise le mot intrus.
- Relever les propositions, faire valider et barrer la bonne réponse : *fin*. Faire justifier ce choix : les mots *faim, affamé* et *famine* possèdent le même radical (*-fa-*). De plus, ils évoquent tous l'idée de *faim*. Le mot *fin*, lui, est un homonyme de *faim*. Un élève vient entourer au tableau le radical dans chaque mot.
- Inviter ensuite la classe à proposer oralement une phrase comprenant l'un des mots notés au tableau.
- Renouveler l'exercice avec la liste suivante : *mal, malin, maline* et *mâle.*
- Laisser un temps de réflexion puis relever les réponses. Organiser un court échange à partir des hypothèses formulées, puis faire valider et barrer la bonne réponse : *mâle*. Préciser que l'accent circonflexe était un indice : le radical commun aux trois autres mots est *mal-* (non *mâl-*). De plus, ce terme n'évoque pas la même idée.
- Inviter certains enfants à proposer oralement une phrase comprenant l'un des mots de cette liste.
- Procéder à l'identique pour la liste : *peintre, peindre, pain* et *peinture*. Faire remarquer que l'intrus est *pain*, parce qu'il n'a pas le même radical (*pein-*) et qu'il ne renvoie pas à la même idée.

Différenciation

Proposer l'exercice 4 de la *fiche d'activités pour les sons* [ɛ̃] et [œ̃].

4 • Les phrases à associer

Objectif : Regrouper avec cohérence des morceaux de phrases comprenant les mots de la semaine.

Organisation : Les élèves travaillent individuellement.

Matériel individuel : Le classeur d'écriture.
Une ardoise et un feutre.
Les phrases à associer.
➤ Les sons voyelles et semi-voyelles – Les sons [ɛ̃] et [œ̃]
Exercice 5 de la *fiche d'activités pour les sons* [ɛ̃] et [œ̃].
➤ Les sons voyelles et semi-voyelles – Les sons [ɛ̃] et [œ̃]

Matériel collectif : *Les phrases à associer* (format agrandi ou étiquettes projetées).

Préparation

• Imprimer le document *Les phrases à associer* à raison d'un par élève.

• Écrire (ou imprimer ou encore projeter) au tableau les débuts et fins de phrases contenues dans le document *Les phrases à associer* :

C'est impossible de peindre	un parfum de fraise.
avec cette chaleur !	sa main dans la bouche.
Sa glace a	Le bébé a faim : il a

Déroulement

• Distribuer le document *Les phrases à associer* à chaque élève, et leur demander de découper les six étiquettes.

• Laisser un temps d'observation, puis faire remarquer qu'il s'agit de six morceaux de phrases. Inviter chaque élève à assembler les six étiquettes de telle sorte à retrouver les trois phrases correctes.

• Répondre aux questions éventuelles puis lancer l'activité. Apporter les aides nécessaires auprès de certains élèves, puis annoncer le moment de synthèse.

• Lors de la mise en commun, demander à un élève d'énoncer une phrase qu'il a reconstituée. Utiliser les étiquettes agrandies au tableau pour matérialiser les propositions. Faire valider et argumenter la bonne réponse : *C'est impossible de peindre avec cette chaleur !*

• Procéder à l'identique pour les deux phrases suivantes. Valider les réponses :
– *Sa glace a un parfum de fraise.*
– *Le bébé a faim : il a sa main dans la bouche.*

• Faire remarquer que les majuscules et les points constituent un indice pour réunir des groupes.

• Demander à un enfant de lire les phrases notées au tableau.

• Terminer la séance en rappelant les règles relatives à la construction de la phrase : la présence de la majuscule et du point, ainsi que la notion de sens.

Variante

Si les élèves n'ont pas de difficulté de copie, on peut se passer des étiquettes et faire rechercher puis recopier les phrases directement sur leur ardoise.

Prolongement écrit

Les élèves choisissent et copient, dans leur classeur d'écriture, une phrase de leur choix.

Différenciation

Proposer l'exercice 5 de la *fiche d'activités pour les sons* [ɛ̃] *et* [œ̃].

5 • La dictée mélangée

Objectif :	Restituer l'orthographe des mots de la semaine.
Organisation :	Les élèves travaillent individuellement.
Matériel individuel :	Le cahier du jour. *La dictée mélangée.* Les sons voyelles et semi-voyelles – Le son [ɛ̃] et [œ̃]

Préparation

• Imprimer et dupliquer le document *La dictée mélangée* à raison d'un par élève.
• Le projeter sur le TBI ou écrire les mots mélangés au tableau :

dreinep	poiblemiss	niam	diunl
miaf	mlain	prafmu	

Déroulement

• Distribuer le document *La dictée mélangée* et laisser un temps d'observation.
• Expliquer ou faire expliquer la consigne : il s'agit de récrire chaque mot de la semaine en remettant les lettres dans l'ordre. S'assurer que chacun a compris.
• Lancer l'activité et laisser le temps de recherche nécessaire.
• Procéder à une correction collective immédiate en demandant à un enfant d'écrire le premier mot au tableau, puis valider ou corriger. Procéder ainsi pour tous les mots de la dictée.
• Faire coller le document dans le cahier du jour.

Le son [j] (1)

En bref :

1. J'entends et j'observe : Les mots dans l'image
2. Je m'entraîne : Les mots dans la grille
3. J'approfondis : Les mots intrus
4. J'écris : Les phrases à compléter
5. Je restitue : La dictée mélangée

Les mots de la semaine : joyeux – cahier – rayure – pied – fermier – payer

1 • Les mots dans l'image

Objectifs :	Identifier et discriminer le phonème [j] dans un mot. Connaître les graphèmes *i* et *y* du phonème [j].
Organisation :	Les élèves travaillent en binôme.
Matériel individuel :	Le classeur d'écriture Exercice 1 de la *fiche d'activités pour le son* [j] (1). Les sons voyelles et semi-voyelles – Le son [j] (1)
Matériel par binôme :	*Les mots dans l'image.* Les sons voyelles et semi-voyelles – Le son [j] (1)
Matériel collectif :	Le document *Les mots dans l'image* agrandi au format A3 (ou à projeter).

Préparation

• Imprimer et dupliquer le document *Les mots dans l'image* à raison d'un par binôme. Le diviser en deux : l'image A d'un côté, l'image B de l'autre.

• Prévoir pour chaque dessin un exemplaire au format A3 à afficher au tableau. Il est aussi possible de projeter les documents sur un tableau blanc interactif (TBI) et de mener la mise en commun sur ce support.

• Tracer un tableau à deux colonnes ayant chacune pour en-tête : *J'écris…*

Déroulement

• Distribuer à chaque binôme la partie A du document *Les mots dans l'image.*

Les mots dans l'image

Ⓐ

• Laisser un temps d'observation, puis introduire (ou présenter à nouveau) les personnages : « Sur ces illustrations, vous allez découvrir Bachir, un garçon de 7 ans environ, et Zoé sa petite sœur, ainsi que son papa et sa maman. Vous verrez également une petite souris du nom de Charly, que vous devez retrouver dans l'image. » Annoncer ensuite la tâche : « Vous allez travailler en binôme. Vous devez repérer, à deux, les éléments de l'image où l'on entend le son [j]. Puis vous les entourerez au crayon à papier sur votre document. »

• Répondre aux questions de compréhension, puis lancer l'activité. Au besoin, orienter la recherche des élèves en posant les questions suivantes :

– *Où se déroule cette scène ? (dans la cour de <u>récréation</u>)*

– *Quelle est l'humeur de Bachir ? (joyeux)*

– *Que portent les copains de Bachir dans la main ? (un cahier et un crayon)*

– *Que montre Bachir ? (son pied)*

– *Sous quel objet est coincé le pied de la souris ? (un tuyau)*

• Lors de la mise en commun, demander à plusieurs élèves de venir entourer sur l'affiche A3 (ou sur le TBI) les éléments comprenant le son [j]. Noter chaque mot au tableau, après l'avoir fait valider collectivement.

Demander à un ou plusieurs enfants de lire la liste obtenue :
récréation, joyeux, pied, cahier, tuyau et *crayon.*

• Distribuer la seconde partie du document, puis procéder selon le même déroulement.

Ⓑ **Les mots dans l'image**

• Selon les réactions des élèves, diriger leurs observations en posant les questions suivantes :

– *Où le papa de Bachir a-t-il posé ses œufs ? (dans le panier)*
– *Que fait son papa ? (Il paye.)*
– *Qui a vendu les œufs au papa ? (le fermier)*
– *Quel animal se trouve à côté du fermier ? (un chien)*
– *Quels sont les motifs du pull du papa ? (des rayures)*
– *Quel véhicule est dans la cour de la ferme ? (un camion)*
– *Que mange la souris ? (du gruyère)*

• Au terme de la mise en commun, écrire et faire lire les mots suivants au tableau : *panier, payer, fermier, chien, rayure, gruyère* et *camion.*

• Entourer collectivement chaque son [j] dans les deux listes écrites au tableau à partir des documents A et B.

• Proposer ensuite de classer ces mots en fonction de leur graphème dans les colonnes tracées au tableau. Compléter le titre de chacune puis recopier les mots au bon endroit, sous forme de dictée à l'adulte.

J'entends [j].	
J'écris *i*.	**J'écris *y*.**
récréation	joyeux
pied	crayon
cahier	payer
panier	rayure
fermier	gruyère
chien	
camion	
tuyau	

• Inviter ensuite le groupe classe à trouver d'autres mots avec le son [j], contenant les lettres *i* ou *y*. À chaque proposition, demander dans quelle colonne il convient de la noter.

Exemple :

J'écris *i*.	J'écris *y*.
papier	Yanis
lion	kayak
ciel	mayonnaise
dernier	

• Demander à des élèves de relire les listes de mots.

• Proposer ensuite à chaque binôme de se répartir les deux illustrations pour que chacun puisse en coller une dans son classeur d'écriture.

Prolongement écrit

Écrire au tableau une série de deux mots avec la lettre *y*. Demander aux élèves de copier sur leur ardoise le mot comprenant le son [j]. Vérifier collectivement, puis procéder ainsi pour les autres séries de mots.

Exemple :

<u>yaourt</u> – lycée | *typhon – <u>yoga</u>* | *moyen – <u>poney</u>*

<u>gruyère</u> – pyramide | *<u>balayer</u> – dynamite* | *pyjama – <u>voyelle</u>*

Différenciation

Proposer l'exercice 1 de la *fiche d'activités pour le son* [j] (1).

2 • Les mots dans la grille

Objectif :	Repérer et orthographier correctement les mots de la semaine.
Organisation :	Les élèves travaillent individuellement (la vérification s'effectue en binôme).
Matériel individuel :	Une pochette de feutres et un stylo vert. Le classeur d'écriture. *Les mots de la semaine.* ➤ Les sons voyelles et semi-voyelles – Le son [j] (1) *Les mots dans la grille.* ➤ Les sons voyelles et semi-voyelles – Le son [j] (1) Exercice 2 de la *fiche d'activités pour le son* [j] (1). ➤ Les sons voyelles et semi-voyelles – Le son [j] (1)

Préparation

Dupliquer le document *Les mots dans la grille* à raison d'un par élève.

Déroulement

Je m'appelle : ....

rayer	pierre	rayure
soyeux	hier	joyeux
papier	rayon	papaye
pied	cahier	fermier
fermer	raie	payer

Score :

• Demander aux élèves de préparer des feutres bleu, orange, rouge, jaune, gris, rose et un stylo vert. Distribuer les grilles de mots, face retournée.

• Expliquer la consigne : « Vous allez être répartis par équipe de deux. Je vais vous donner des consignes qu'il faudra effectuer sur une grille ; chacun a sa grille. Pour gagner un point, les joueurs d'une même équipe doivent avoir effectué tous les deux la bonne action. » Ajouter que les deux enfants d'un même binôme ne peuvent pas échanger pendant l'activité. Éventuellement, placer une petite surface verticale au milieu de chaque table.

• Commencer l'activité en donnant la première consigne : « *Surlignez en jaune :* joyeux. »

S'assurer que les enfants ont tous répondu avant de passer à la consigne suivante.

• Procéder de même pour chaque consigne :

– *Surlignez en gris :* cahier.

– *Surlignez en rouge :* rayure.

– *Surlignez en bleu :* pied.

– *Surlignez en orange :* fermier.

– *Surlignez en rose :* payer.

• Faire poser les feutres, puis demander à chaque enfant de prendre son stylo vert.

• Laisser un temps de comparaison des réponses au sein de chaque binôme, puis procéder à une correction collective, en relisant les consignes une à une. Expliquer que, pour chaque bonne réponse, on colorie en vert une des pastilles figurant sous la grille, uniquement si son équipier a également trouvé la bonne réponse.

• Noter les mots en colonne au tableau, au fur et à mesure de la correction : *joyeux, cahier, rayure, pied, fermier* et *payer*. Désigner les gagnants à l'issue de la mise en commun.

• Faire coller la grille dans le classeur d'écriture. Demander également de copier les mots étudiés sur une autre feuille de leur classeur d'écriture, si besoin à l'aide du document *Les mots de la semaine*. Ou proposer aux élèves qui ont des difficultés de copie de coller seulement le document *Les mots de la semaine.*

Prolongement écrit

Écrire un mot de la semaine au tableau. Faire compter le nombre de syllabes, de lettres, puis le faire épeler. L'effacer du tableau et demander à un élève de l'écrire sur son ardoise et de le montrer à la classe. Apporter collectivement les corrections nécessaires.

Différenciation

Proposer l'exercice 2 de la *fiche d'activités pour le son* [j] (1).

3 • Les mots intrus

Objectifs :	Repérer l'intrus d'une liste de mots de la même famille. Connaître la dérivation des mots *fermier* et *rayure*.
Organisation :	Les élèves travaillent en binôme.
Matériel par binôme :	Une ardoise et un feutre.
Matériel individuel :	Exercice 3 de la *fiche d'activités pour le son* [j] (1). ➤ Les sons voyelles et semi-voyelles – Le son [j] (1)

Déroulement

• Écrire au tableau les mots : *fermier, ferme, fermer* et *fermière.*

• Laisser un temps d'observation, puis demander aux élèves d'écrire sur leur ardoise le mot intrus.

• Relever les propositions, faire valider la bonne réponse, puis barrer le mot : *fermer*. Faire justifier la réponse : tous les mots ont un radical commun (*ferm-)* mais seulement trois d'entre eux évoquent la même idée. Le mot *fermer* ressemble au mot *fermier,* on pouvait donc les confondre, mais il n'appartient pas au même champ lexical. Faire entourer le radical sur la liste de mots.

• Renouveler l'exercice avec la liste suivante : *rayon, crayon, rayure* et *rayer.*

• Après le temps de réflexion nécessaire, initier un court échange où les enfants peuvent argumenter leur réponse. Valider le mot intrus : *crayon*. Faire entourer le radical commun : *ray-*.

• Demander ensuite au groupe-classe de proposer oralement une phrase comprenant l'un des mots notés au tableau, puis conclure en demandant à un élève de lire les listes de mots au tableau.

Différenciation

Proposer l'exercice 3 de la *fiche d'activités pour le son* [j] (1).

4 • Les phrases à compléter

Objectif :	Imaginer des fins de phrases comportant les mots de la semaine.
Organisation :	Les élèves travaillent individuellement.
Matériel individuel :	Le classeur d'écriture. Une ardoise et un feutre. Exercice 4 de la *fiche d'activités pour le son* [j] (1). Les sons voyelles et semi-voyelles – Le son [j] (1)

Préparation

Écrire le début des phrases suivantes au tableau :

– *J'ouvre le* ***cahier*** *magique, et je lis…*
– *Zoé est* ***joyeuse*** *car…*
– *Il s'est cassé le* ***pied*** *en…*

Déroulement

• Inviter un élève à lire les trois débuts de phrase.

• Demander à chaque élève d'en choisir une, afin d'en imaginer la suite, et de l'écrire sur son ardoise.

• Laisser un temps de réflexion, puis inviter des enfants ayant complété la première phrase à lire leur production. En noter certaines au tableau sous forme d'une dictée à l'adulte. Faire reformuler au besoin, apporter des corrections éventuelles.

• Faire remarquer la majuscule présente au début de chaque phrase, ainsi que le point final. Faire rappeler qu'une phrase est une suite de mots ordonnés qui a un sens.

• Procéder de la même manière pour les deux autres phrases.

• Conclure en rappelant les trois règles concernant la phrase : la présence de la majuscule et du point, ainsi que la notion de sens.

Prolongements écrits

• Les élèves copient une ou plusieurs phrase(s) produite(s) lors de la séquence dans le classeur d'écriture, avec étayage de l'enseignant au besoin.

• Proposer à certains élèves autonomes de rédiger une autre phrase dans leur cahier d'essai.

Différenciation

Proposer l'exercice 4 de la *fiche d'activités pour le son* [j] (1).

4 Complète avec les mots de la semaine.

Ouvrez vos .... et prenez vos stylos.

Il n'est jamais triste. Il est toujours ....

Les .... de son pull sont bleues.

Il va à .... à l'école.

Nous allons .... directement à la caisse.

Le .... traie ses vaches.

5 • La dictée mélangée

Objectif : Restituer l'orthographe des mots de la semaine en remettant leurs lettres dans l'ordre.

Organisation : Les élèves travaillent individuellement.

Matériel individuel : Le cahier du jour.
Le document *La dictée mélangée*.
➤ Les sons voyelles et semi-voyelles – Le son [j] (1)

Préparation

• Imprimer et dupliquer le document *La dictée mélangée* à raison d'un par élève.

• Le projeter sur le TBI ou écrire au tableau les mots mélangés :

yeujox	acheir	reyura
deip	fremrei	reypa

Déroulement

• Distribuer le document *La dictée mélangée* et laisser un temps d'observation.

• Expliquer ou faire expliquer la consigne : il s'agit de récrire chaque mot de la semaine en remettant les lettres dans l'ordre. S'assurer que chacun a compris.

• Lancer l'activité et laisser le temps de recherche nécessaire.

• Procéder à une correction collective immédiate : demander à un enfant d'écrire le premier mot au tableau, le faire valider ou le corriger.

• Procéder ainsi pour tous les mots de la dictée.

• Faire coller le document dans le cahier du jour.

Le son [j] (2)

En bref :

1. J'entends et j'observe : Les mots dans l'image
2. Je m'entraîne : Les mots dans la grille
3. J'approfondis : Les mots mystères
4. J'écris : Les phrases à corriger
5. Je restitue : La dictée mélangée

Les mots de la semaine : feuille – grenouille – bouteille – habiller – fauteuil – médaille

1 • Les mots dans l'image

Objectifs :	Identifier et discriminer le phonème [j] dans un mot. Connaître les graphèmes *il(l)*, *ail(le)*, *eil(le)*, *euil(le)* et *ouil(le)* du phonème [j].
Organisation :	Les élèves travaillent en binôme.
Matériel individuel :	Le classeur d'écriture. Exercice 1 de la *fiche d'activités pour le son* [j] (2). ➤ Les sons voyelles et semi-voyelles – Le son [j] (2)
Matériel par binôme :	*Les mots dans l'image.* ➤ Les sons voyelles et semi-voyelles – Le son [j] (2)
Matériel collectif :	Le document *Les mots dans l'image* agrandi au format A3 (ou à projeter).

Préparation

• Imprimer et dupliquer le document *Les mots dans l'image* à raison d'un par binôme. Le diviser en deux : l'image A d'un côté, l'image B de l'autre.

• Prévoir pour chaque dessin un exemplaire au format A3 à afficher au tableau. Il est aussi possible de projeter les documents sur un tableau blanc interactif (TBI) et de mener la mise en commun sur ce support.

• Tracer un tableau à quatre colonnes ayant chacune pour en-tête : *J'écris…*

Déroulement

• Distribuer à chaque binôme la partie A du document *Les mots dans l'image.*

Les mots dans l'image

Ⓐ

• Laisser un temps d'observation, puis introduire (ou présenter à nouveau) les personnages : « Sur ces illustrations, vous allez découvrir Bachir, un garçon de 7 ans environ, et Zoé sa petite sœur, ainsi que son papa et sa maman. Vous verrez également une petite souris du nom de Charly, que vous devez retrouver dans l'image. » Annoncer ensuite la tâche : « Vous allez travailler en binôme. Vous devez repérer, à deux, les éléments de l'image où l'on entend le son [j]. Puis vous les entourerez au crayon à papier sur votre document. »

• Répondre aux questions de compréhension, puis lancer l'activité. Au besoin, orienter la recherche des élèves en posant les questions suivantes :

– *Comment s'appelle l'insecte devant Zoé ? (abeille)*

– *Qu'est-ce que ramasse Bachir ? (une feuille)*

– *Quel est l'animal sur le nénuphar ? (une grenouille)*

– *Pour Papa et Maman, qui est Zoé ? (leur fille)*

– *Que porte la souris autour du cou ? (une médaille)*

• Procéder au moment de synthèse en demandant à plusieurs élèves de venir entourer sur l'affiche A3 (ou sur le TBI) les éléments comprenant le son [j]. Noter chaque mot au tableau, après l'avoir fait valider collectivement. Faire lire la liste obtenue : *abeille, feuille, grenouille* et *médaille*.

• Distribuer la seconde partie du document (voir ci-après), et procéder selon le même déroulement.

Les mots dans l'image

Ⓑ

• Diriger au besoin les rédactions des élèves avec les questions suivantes :
– *Que fait Bachir ? (Il s'habille.)*
– *Qu'est-ce qui est accroché au mur ? (un éventail)*
– *Où est Zoé ? (sur le fauteuil)*
– *Que fait-elle ? (Elle bâille.)*
– *Pourquoi bâille Zoé ? (Elle a encore sommeil.)*
– *Que tient la petite souris dans ses mains ? (une bouteille)*

• Au terme du moment de synthèse, écrire et faire lire les mots suivants au tableau : *habiller, fille, bâiller, éventail, fauteuil, sommeil* et *bouteille.*

• Entourer collectivement chaque son [j] dans la liste au tableau.

• Proposer ensuite de classer ces mots en fonction de leur graphème dans les colonnes tracées au tableau. Compléter le titre de chacune puis recopier les mots au bon endroit, sous forme de dictée à l'adulte.

J'entends [j].				
J'écris *ill.*	**J'écris *ail* ou *aille.***	**J'écris *eil* ou *eille.***	**J'écris *euil* ou *euille.***	**J'écris *ouil* ou *ouille.***
habiller fille	éventail médaille bâiller	abeille oreille bouteille sommeil	fauteuil feuille	grenouille

• Inviter ensuite le groupe-classe à trouver d'autres mots avec le son [j] contenant les graphies notées au tableau. À chaque proposition, demander dans quelle colonne il convient de la noter et compléter ainsi le tableau. Préciser au besoin que, dans cette séquence, on met de côté les mots dont le son [j] s'écrit *i* ou *y*.

Exemple :

J'entends [j].				
J'écris *ill.*	**J'écris *ail* ou *aille.***	**J'écris *eil* ou *eille.***	**J'écris *euil* ou *euille.***	**J'écris *ouil* ou *ouille.***
famille *papillon* *chenille* *coquillage*	*ail* *épouvantail* *maillot* *paillasson* *ferraille*	*réveil* *appareil* *soleil*	*écureuil* *chevreuil* *cerfeuil*	*fenouil* *fouiller* *ratatouille*

• Demander à un ou plusieurs élèves de lire les listes de mots. Inviter ensuite les binômes à se répartir les deux images pour que chacun puisse en coller une dans son classeur d'écriture.

Prolongement écrit

Écrire au tableau une série de trois mots, dont un seul comprend le son [j]. Demander aux élèves de copier ce dernier sur leur ardoise. Vérifier collectivement, puis procéder ainsi pour les autres séries de mots.

Exemple :

fauteuil – faute – flûte　*seuil – sel – lime*　*greloter – grenouille – gris*
réveil – rêve – rive　*porter – portail – portique*　*boule – bille – ballon*

Différenciation

Proposer l'exercice 1 de la *fiche d'activités pour le son* [j] (2).

2 • Les mots dans la grille

Objectif : Repérer et orthographier correctement les mots de la semaine.

Organisation : Les élèves travaillent individuellement (la vérification s'effectue en binôme).

Matériel individuel : Une pochette de feutres et un stylo vert.
Le classeur d'écriture.
Les mots dans la grille.
➤ Les sons voyelles et semi-voyelles – Le son [j] (2)
Les mots de la semaine.
➤ Les sons voyelles et semi-voyelles – Le son [j] (2)
Exercice 2 de la *fiche d'activités pour le son* [j] (2).
➤ Les sons voyelles et semi-voyelles – Le son [j] (2)

Préparation

Imprimer et dupliquer le document *Les mots dans la grille* à raison d'un par élève.

Déroulement

• Demander aux élèves de préparer des feutres bleu, orange, rouge, jaune, gris, rose et un stylo vert. Distribuer les grilles de mots, face retournée.

Je m'appelle : ....

sommeil	grenouillère	oseille
fautes	médaillon	fauteuil
grenouille	vieux	feuille
embouteillage	bouteille	fille
médaille	seuil	habiller

Score : ○○○○○○

• Après avoir réparti les élèves par groupes de deux et remis à chacun le document *Les mots dans la grille*, donner la consigne : « Vous devrez effectuer sur cette grille les consignes que je vais vous donner ; chacun a sa grille. Pour gagner un point, les joueurs d'un même binôme doivent avoir effectué tous les deux la bonne action sur leur grille. » Préciser qu'il n'est pas possible de communiquer pendant l'activité. Faire placer au besoin une petite surface verticale au milieu de chaque table.

• Commencer l'activité en donnant la première consigne : « *Surlignez en jaune :* feuille. »

S'assurer que les enfants ont tous répondu avant de passer à la consigne suivante.

• Procéder de même pour chaque consigne :

– *Surlignez en gris :* grenouille.

– *Surlignez en rouge :* bouteille.

– *Surlignez en bleu :* habiller.

– *Surlignez en orange :* fauteuil.

– *Surlignez en rose :* médaille.

• Faire poser les feutres, puis demander à chaque enfant de prendre son stylo vert.

• Laisser un temps de comparaison des réponses au sein de chaque binôme, puis procéder à une correction collective, en relisant les consignes une à une. Expliquer que, pour chaque bonne réponse, on colorie en vert une des pastilles figurant sous la grille, uniquement si son équipier a également trouvé la bonne réponse.

• Noter les mots en colonne au tableau, au fur et à mesure de la correction : *feuille, grenouille, bouteille, habiller, fauteuil* et *médaille*. Désigner les gagnants à l'issue de la mise en commun.

• Faire coller la grille dans le classeur d'écriture. Demander également de copier les mots étudiés sur une autre feuille de leur classeur d'écriture, si besoin à l'aide du document *Les mots de la semaine*. Ou proposer aux élèves qui ont des difficultés de copie de coller seulement le document *Les mots de la semaine.*

Prolongement écrit

Écrire un mot de la semaine au tableau. Faire observer le mot pendant 10 secondes, puis effacer la syllabe comprenant le son [j]. Demander aux élèves d'écrire ce mot sur l'ardoise en retrouvant la graphie du son [j]. Vérifier et apporter collectivement les corrections nécessaires.

Différenciation

Proposer l'exercice 2 de la *fiche d'activités pour le son* [j] (2).

2 Récris les mots en remettant les groupes de lettres dans l'ordre.

ta	ba	ille	se	gro	ille	ve	ré	iller	ta	ra	ille	tou
....			....			....			....			

3 • Les mots mystères

Objectif :	Connaître la dérivation des mots *habiller, éventail* et *oreille.*
Organisation :	Les élèves travaillent individuellement.
Matériel individuel :	Une ardoise et un feutre. Exercice 3 de la *fiche d'activités pour le son* [j]. Les sons voyelles et semi-voyelles – Le son [j] (2)
Matériel collectif :	3 affiches au format A2.

Préparation

Écrire sur chaque affiche A2 une phrase contenant un des mots étudiés (mais effacé) :

– *Il est tard. Va te ________________ et mettre ton pyjama.*

– *Aujourd'hui, le temps est pluvieux et _________.*

– *Elle téléphone en utilisant son ______________.*

Déroulement

• Au tableau, écrire en ligne les mots *habiller, éventail* et *oreille.* Demander aux élèves de donner oralement des mots de la même famille de chacun de ces trois mots.

• Écrire toutes les propositions en colonne, sous chaque mot référent. Préciser que même les propositions erronées sont notées. Valider les bonnes réponses et effacer les mauvaises. Inviter un ou plusieurs enfants à relire les listes au tableau.

habiller	éventail	oreille
habit	vent	oreillette
déshabiller	ventilateur	oreiller
habillage	venteux	oreillon
habillement	ventilation	

• Fixer la première affiche et demander à un élève de lire la phrase ; vérifier que tout le groupe-classe la comprend. Puis demander aux élèves d'écrire sur leur ardoise le mot manquant, en précisant qu'il se trouve au tableau, dans la famille du mot *habiller*.

• Laisser un petit temps de réponse, puis faire lever les ardoises et reprendre les propositions une à une. Organiser un court débat puis valider la bonne réponse : *déshabiller*.

• Procéder de la même manière pour les deux autres phrases. Valider les réponses *venteux* et *oreillette*.

• Conclure en demandant à plusieurs enfants de proposer oralement des phrases comprenant l'un des mots notés au tableau.

Différenciation

Proposer l'exercice 3 de la *fiche d'activités pour le son* [j] (2).

4 • Les phrases à corriger

Objectifs : Repérer des incohérences dans des phrases.
Réinvestir les mots de la semaine dans des phrases.

Organisation : Les élèves travaillent en binôme.

Matériel individuel : Exercice 4 de la *fiche d'activités pour le son* [j] (2).
Les sons voyelles et semi-voyelles – Le son [j] (2)

Matériel par binôme : *Les phrases à corriger.*
Les sons voyelles et semi-voyelles – Le son [j] (2)

Préparation

• Imprimer et dupliquer le document *Les phrases à corriger* à raison d'une série par binôme.

• Recopier les quatre phrases à corriger au tableau (ou utiliser le TBI pour les projeter).

Déroulement

• Distribuer à chaque binôme le document *Les phrases à corriger* et inviter chaque groupe à lire les quatre phrases et à repérer dans chacune les incohérences, appelées « les pannes ».

Le son [j] (2)

Les phrases à corriger

C'est en panne…	… alors je dépanne.
Le jardinier ramasse les feuilletés.	
Il a gagné une métal au tournoi de basket.	
Mamie se repose dans le fossé.	
Les deux genoux coassent dans la mare.	

• Annoncer aux élèves qu'une panne est une erreur introduite dans la phrase : il convient de la rectifier pour qu'elle retrouve tout son sens. Demander à tous d'écrire chaque phrase corrigée dans la colonne de droite du tableau, sur la ligne d'écriture.

• Répondre aux questions des élèves. Insister sur le fait que les « pannes » ne concernent pas l'orthographe, mais le sens. Préciser que les mots ont été vus précédemment. Puis lancer l'activité.

• Commencer la mise en commun, en demandant à différents groupes quelle est leur correction pour la première phrase. Valider collectivement les propositions. Procéder à l'identique pour les trois phrases suivantes. Au fur et à mesure, apporter les corrections sur les phrases écrites (ou projetées) au tableau.

• Terminer la séance en rappelant les règles relatives à la construction de la phrase : la présence de la majuscule et du point, ainsi que la notion de sens.

Prolongement écrit

Les élèves choisissent et copient, dans leur classeur d'écriture, une des phrases erronées de la séquence, puis recopient dessous la phrase corrigée.

Différenciation

Proposer l'exercice 4 de la *fiche d'activités pour le son* [j] (2).

5 • La dictée mélangée

Objectif :	Restituer l'orthographe des mots de la semaine en remettant leurs lettres dans l'ordre.
Organisation :	Les élèves travaillent individuellement.
Matériel individuel :	Le cahier du jour. Le document *La dictée mélangée*. Les sons voyelles et semi-voyelles – Le son [j] (2)

Préparation

• Imprimer et dupliquer le document *La dictée mélangée* à raison d'un par élève.

• Le projeter sur le TBI ou écrire au tableau les mots mélangés :

llefuie	nouilgrele	outbellei
llerhabi	fauuilte	lldaiemé

Déroulement

• Distribuer le document *La dictée mélangée* et laisser un temps d'observation.

• Expliquer ou faire expliquer la consigne : il s'agit de récrire chaque mot de la semaine en remettant les lettres dans l'ordre. S'assurer que chacun a compris.

• Lancer l'activité et laisser le temps de recherche nécessaire.

• Procéder à une correction collective immédiate en demandant à un enfant d'écrire le premier mot au tableau, puis valider ou corriger. Procéder ainsi pour tous les mots de la dictée.

• Faire coller le document dans le cahier du jour.

Les sons consonnes

Le son [r]

En bref :

1. J'entends et j'observe : Les mots à écouter
2. Je m'entraîne : Les mots à épeler
3. J'approfondis : Les mots mystères
4. J'écris : Les phrases à associer
5. Je restitue : La dictée flash

Les mots de la semaine : porter – sœur – jour – radis – fort – voir

1 • Les mots à écouter

Objectifs :	Identifier et discriminer le phonème [r] dans un mot. Connaître le graphème *r*.
Organisation :	Les élèves travaillent individuellement.
Matériel individuel :	Le classeur d'écriture. Exercice 1 de la *fiche d'activités pour le son* [r]. Les sons consonnes – Le son [r]
Matériel collectif :	Piste audio : le son [r]. Les sons consonnes – Le son [r]

Déroulement

• Annoncer aux élèves qu'ils vont faire un exercice sonore : ils vont écouter une liste de mots ; dans certains d'entre eux, on entend le son [r]. Expliquer qu'à l'écoute du son [r], ils doivent lever la main.

• Diffuser le fichier *le son* [r]. Voici la liste : *porter – ma sœur – un légume – un jour – un radis – une tomate – fort – voir – un chou – un poireau.* Pendant son écoute, noter les réactions des élèves qui commettent des erreurs ou confusions. Leur donner la parole en premier dans le moment de synthèse.

• Après l'activité, recueillir les remarques des élèves. Puis leur demander de citer les mots dans lesquels ils ont entendu le son [r] (leur donner des indices pour les retrouver, au besoin) ; les écrire en colonne au tableau. Reprendre ces mots un à un pour ne conserver que la liste suivante : *porter – sœur – jour – radis – fort – voir.*

• Convier un ou plusieurs enfants à entourer le graphème [r] dans les mots notés au tableau.

• Demander aux élèves de trouver d'autres mots comprenant le son [r]. Noter les propositions correctes au tableau.

• Conclure en invitant un ou plusieurs enfants à relire la liste.

Prolongement écrit

Écrire au tableau les syllabes suivantes : *par, for* et *tor.* Demander aux élèves de donner oralement des mots comprenant ces syllabes. Une fois validées, les propositions sont notées au tableau.

Exemple :

– *par : partir, parchemin, partager, appartement ;*

– *for : fort, uniforme, informatique ;*

– *tor : tortue, torchon, tordre, torpille, castor.*

Différenciation

Proposer l'exercice 1 dans la *fiche d'activités pour le son* [r].

2 • Les mots à épeler

Objectif :	Orthographier correctement les mots de la semaine.
Organisation :	Les élèves travaillent en binôme.
Matériel individuel :	Une ardoise et un feutre. Le classeur d'écriture. *Les mots de la semaine.* ➤ Les sons consonnes – Le son [r] Exercices 2 et 3 de la *fiche d'activités pour le son* [r]. ➤ Les sons consonnes – Le son [r]

Préparation

Imprimer et dupliquer le document *Les mots de la semaine* afin que chaque élève en ait un exemplaire.

Déroulement

• Distribuer à chaque élève le document *Les mots de la semaine.*

• Expliquer que l'activité s'effectue par deux selon l'organisation suivante : un élève choisit un mot parmi ceux de la liste et l'énonce à son camarade, qui doit l'épeler correctement. Préciser que celui qui doit trouver la bonne orthographe du mot ne peut pas avoir la fiche sous les yeux. La réponse sera validée par son partenaire.

• Demander que les rôles changent au sein de chaque binôme après chaque mot épelé. Préciser enfin que chaque enfant doit épeler les six mots de la liste, puis démarrer le travail en binôme.

• Procéder à la mise en commun : épeler collectivement chacun des mots et les écrire au tableau sous forme d'une dictée à l'adulte.

• Conclure l'activité en demandant aux élèves de recopier sur une nouvelle feuille dans le classeur d'écriture chaque mot de la semaine à l'aide du document individuel utilisé pendant la séance.

Prolongement écrit

Écrire le mot *voir* au tableau. Demander aux élèves de l'écrire sur leur ardoise, d'effacer la première lettre et de la remplacer par une autre consonne, afin d'obtenir un ou plusieurs nouveaux mots. Laisser le temps de recherche nécessaire, puis valider les réponses. Exemple : *soir, noir, loir.*

Procéder de même avec les mots suivants : *poire (foire, Loire, noire) ; porte (forte, morte, sorte) ; sœur (cœur) ; jour (tour, four) ; fort (tort, port, dort).*

Différenciation

Proposer les exercices 2 et 3 dans *la fiche d'activités pour le son* [r].

3 • Les mots mystères

Objectifs :	Connaître la dérivation des mots *porter, jour* et *fort.* Argumenter la présence de la consonne muette à la fin de *fort.*
Organisation :	Les élèves travaillent individuellement.
Matériel individuel :	Une ardoise et un feutre. Exercice 4 de la *fiche d'activités pour le son* [r]. Les sons consonnes – Le son [r]
Matériel collectif :	3 affiches au format A2.

Préparation

Recopier sur chaque affiche une phrase :

Une urgence, peux-tu me prêter ton ________________ ?

Nous avons lu ensemble le ________________.

Le chevalier se réfugie dans la ________________.

Déroulement

• Au tableau, écrire en ligne les mots *porter, jour* et *fort.* Demander aux élèves de donner oralement des mots de la même famille de chacun de ces trois mots.

• Écrire toutes les propositions en colonne, sous chaque mot référent. Préciser que même les propositions erronées sont notées, et qu'elles seront débattues par la suite.

• Valider les bonnes réponses et effacer les mauvaises. Inviter un ou plusieurs élèves à relire les listes au tableau.

porter	**jour**	**fort**
portable	journée	force
apporter	journal	forteresse
portefeuille	aujourd'hui	renfort
transport	abat-jour	fortement

• Fixer la première affiche et demander à un élève de lire la phrase ; en vérifier la compréhension auprès du groupe classe. Puis demander aux élèves d'écrire sur leur ardoise le mot manquant, en précisant qu'il se trouve au tableau, dans la famille du mot *porter*.

• Faire lever les ardoises et reprendre les propositions une à une. Organiser un court débat puis valider la bonne réponse : *portable*. Faire expliquer que le *-t* à la fin de *transport* « prépare » le verbe *transporter.*

• Procéder de la même manière pour les deux autres phrases. Valider les réponses *journal* et *forteresse*.

• Conclure en demandant à plusieurs enfants de proposer oralement des phrases comprenant l'un des mots notés au tableau.

Différenciation

Proposer l'exercice 4 de la *fiche d'activités pour le son* [r].

4 • Les phrases à associer

Objectif : Regrouper avec cohérence des morceaux de phrases comprenant les mots de la semaine.

Organisation : Les élèves travaillent individuellement.

Matériel individuel : Le classeur d'écriture.
Les phrases à associer.
Les sons consonnes – Le son [r]
Exercice 5 de la *fiche d'activités pour le son* [r].
Les sons consonnes – Le son [r]

Matériel collectif : *Les phrases à associer* (format agrandi ou étiquettes projetées).

Préparation

• Imprimer le document *Les phrases à associer* à raison d'un par élève.

• Écrire (ou imprimer ou encore projeter) au tableau les débuts et fins de phrases contenues dans le document *Les phrases à associer* :

Elle est forte	car elle ne voit rien.
Il porte sa sœur	Il mange des radis
car il est au régime.	car elle fait du sport tous les jours.

Déroulement

• Distribuer le document *Les phrases à associer* à chaque élève, et leur demander de découper les six étiquettes.

• Laisser un temps d'observation, puis faire remarquer qu'il s'agit de six morceaux de phrases. Inviter chaque élève à assembler les six étiquettes de manière à retrouver les trois phrases correctes.

• Répondre aux questions éventuelles puis lancer l'activité. Apporter les aides nécessaires auprès de certains élèves, puis annoncer le moment de synthèse.

• Lors de la mise en commun, demander à un élève d'énoncer une phrase qu'il a reconstituée. Utiliser les étiquettes agrandies au tableau pour matérialiser les propositions. Faire valider et argumenter la bonne réponse : *Elle est forte car elle fait du sport tous les jours.*

• Procéder à l'identique pour les deux phrases suivantes. Valider les réponses :

– *Il mange des radis car il est au régime.*

– *Il porte sa sœur car elle ne voit rien.*

• Faire remarquer que les pronoms personnels *il* et *elle*, ainsi que les majuscules et les points, constituent des indices pour réunir les groupes. Demander à un enfant de lire les phrases notées au tableau.

• Terminer la séance en rappelant les règles relatives à la construction de la phrase : la présence de la majuscule et du point, ainsi que la notion de sens.

Variante

Si les élèves n'ont pas de difficulté de copie, on peut se passer des étiquettes et faire rechercher puis recopier les phrases directement sur leur ardoise.

Prolongement écrit

Les élèves choisissent et copient, dans leur classeur d'écriture, une phrase de leur choix.

Différenciation

Proposer l'exercice 5 de la *fiche d'activités pour le son* [r].

5 • La dictée flash

Objectif :	Restituer l'orthographe des mots de la semaine.
Organisation :	Les élèves travaillent individuellement.
Matériel individuel :	Le cahier du jour.

Déroulement

• Copier un mot de la liste au tableau en gros caractères.

• Laisser un temps d'observation silencieuse de 10 secondes, puis effacer le mot.

• Faire copier ce mot dans le cahier du jour.

• La correction collective est immédiate : demander à un élève de venir écrire le mot au tableau. Valider collectivement.

• Procéder ainsi pour les autres mots de la dictée.

Le son [l]

En bref :

1. **J'entends et j'observe :** Les mots contre la montre
2. **Je m'entraîne :** Les mots de l'enquête
3. **J'approfondis :** Les mots intrus
4. **J'écris :** Les phrases à compléter
5. **Je restitue :** La dictée flash

Les mots de la semaine : lait – livre – coller – laver – sel – lapin

1. Les mots contre la montre

Objectifs : Identifier et discriminer le phonème [l] dans un mot. Connaître la graphie *l*.

Organisation : Les élèves travaillent collectivement.

Matériel individuel : Une ardoise et un feutre.
Exercice 1 de la *fiche d'activités pour le son* [l].
➤ Les sons consonnes – Le son [l]

Matériel collectif : Piste audio : le chronomètre.
➤ Les sons consonnes – Le son [l]

Matériel pour l'enseignant : Une feuille et un stylo.

Préparation

Tracer trois colonnes au tableau.

Déroulement

• Lire à la classe la liste de mots suivante : *loup – lune – lentement – éléphant – légume – Lucile*. Demander aux élèves quel son est commun à ces six mots. Au besoin, répéter la liste, faire décomposer les mots en syllabes afin d'aider à l'identification du phonème et valider la bonne réponse : le son [l].

• Expliquer ensuite la consigne : « Je vais vous dire une syllabe. Vous devrez dans un temps limité de 30 secondes me donner oralement un maximum de mots comprenant cette syllabe. La recherche s'effectue tous ensemble, tout le monde peut me donner un ou plusieurs mots. » Expliquer que toutes les propositions données seront notées sur une feuille, même les fausses. Chacune sera ensuite reprise et vérifiée. Donner éventuellement un exemple, puis poursuivre : « Les propositions seront vérifiées collectivement. Chaque mot correct permet de faire gagner un point à toute la classe. »

Ajouter que l'activité s'effectue en trois étapes, à raison d'une syllabe différente par étape. Terminer la consigne en donnant le critère de réussite : « À la fin du jeu, nous additionnerons l'ensemble des points remportés au cours des trois manches. Le but est d'en avoir un maximum. » Répondre aux questions de compréhension, puis démarrer l'activité.

• Préparer la feuille de papier pour noter les réponses données. Énoncer la première syllabe *la* puis activer la piste audio. Écrire au fur et à mesure toutes les réponses sur la feuille.

• Renouveler la tâche avec les syllabes *li* et *plu.*

• Lors de la mise en commun, écrire la syllabe *la* dans la première colonne du tableau. Reprendre les propositions notées sur la feuille, les valider collectivement et écrire les bonnes réponses. Écrire en bas de la colonne le nombre de points remportés avec cette série.

Exemple : lapin, lavabo, laver, chocolat, koala, matelas.

• Procéder de la même manière pour les syllabes suivantes en recopiant les mots corrects dans les deux colonnes suivantes, par exemple :

– *li : livre, lire, limonade, tulipe, liberté, ligne, politesse ;*

– *plu : plume, pluriel, pluvieux, Pluton, éplucher, pluriel.*

• Faire remarquer que le son [l] s'écrit *l*. Inviter un ou plusieurs enfants à venir entourer cette lettre dans chaque mot.

• Conclure l'activité en additionnant les trois scores. Consigner le résultat afin qu'il constitue un record à battre pour une future partie.

Prolongement écrit

Écrire au tableau les syllabes suivantes en les séparant d'un trait vertical, par exemple : *la* | *sa* | *de*. Demander aux élèves de remettre ces syllabes dans l'ordre pour retrouver le bon mot, et le copier ensuite sur leur ardoise. Vérifier collectivement et écrire au tableau la réponse, *salade*.

Procéder ainsi pour d'autres séries de syllabes, par exemple :

ne | pho | lé | té : téléphone

phant | lé | é : éléphant

va | la | bo : lavabo

se | va | li : valise

lat | cho | co : chocolat

co | di | cro | le : crocodile

Différenciation

Proposer l'exercice 1 dans la *fiche d'activités pour le son* [l].

2. Les mots de l'enquête

Objectif : Orthographier correctement les mots de la semaine.

Organisation : Les élèves travaillent en binôme.

Matériel individuel : Un surligneur ou un feutre.
Le classeur d'écriture.
Les mots de l'enquête.
Les sons consonnes – Le son [l]
Les mots de la semaine.
Les sons consonnes – Le son [l]
Exercices 2 et 3 de la *fiche d'activités pour le son* [l].
Les sons consonnes – Le son [l]

Matériel collectif : Le document *Les mots de l'enquête* agrandi au format A3 (ou à projeter).

Préparation

• Imprimer et dupliquer le document *Les mots de l'enquête* à raison d'un par élève.

• Photocopier un exemplaire de ce document au format A3 pour un affichage collectif. Il est aussi possible de projeter le document sur un tableau blanc interactif (TBI) et de mener la mise en commun sur ce support.

Déroulement

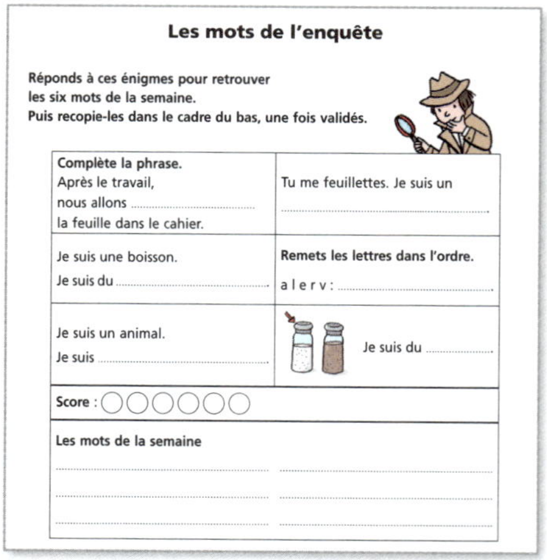
Les mots de l'enquête

Réponds à ces énigmes pour retrouver les six mots de la semaine.
Puis recopie-les dans le cadre du bas, une fois validés.

Complète la phrase. Après le travail, nous allons .... la feuille dans le cahier.	Tu me feuillettes. Je suis un ....
Je suis une boisson. Je suis du	Remets les lettres dans l'ordre. a l e r v : ....
Je suis un animal. Je suis	Je suis du ....

Score : ○○○○○○

Les mots de la semaine

• Distribuer à chaque élève le document *Les mots de l'enquête* et laisser un temps d'observation du document.

• Distribuer ensuite à chacun le document *Les mots de la semaine.*

• Donner la consigne : « Par deux, vous allez répondre aux six énigmes que présente le document *Les mots de l'enquête*. Chacune d'entre elles consiste à retrouver et à écrire un mot de la semaine. » Préciser qu'ils peuvent utiliser le deuxième document comme une aide et que chaque bonne réponse permettra de cocher une pastille de la case score. Ajouter que, au sein des binômes, chacun doit écrire les réponses sur sa feuille, mais coopère avec son voisin.

• Répondre aux éventuelles questions de compréhension, puis lancer l'activité.

• Lors de la mise en commun, reprendre les énigmes une à une et demander à un élève d'y répondre sur l'affiche A3 au tableau. Au besoin, récrire chaque mot au tableau pour qu'il soit visible de tous. Les élèves corrigent leur document et récrivent proprement les six mots de la semaine dans la dernière case du document, prévue à cet effet.

• Au fur et à mesure de la correction, à chaque bonne réponse, les élèves cochent une pastille dans la case score. En fin de partie, chaque binôme compte ses points ; désigner les vainqueurs.

• Chaque élève colle son document *Les mots de l'enquête* dans son classeur d'écriture.

Prolongement écrit

Écrire un mot de la semaine au tableau. Faire compter le nombre de syllabes, de lettres, puis le faire épeler. L'effacer du tableau et demander aux élèves de l'écrire sur l'ardoise et de le montrer à la classe. Apporter collectivement les corrections nécessaires.

Différenciation

Proposer les exercices 2 et 3 de la *fiche d'activités pour le son* [l].

3. Les mots intrus

Objectifs :	Connaître la dérivation des mots *lait* et *laver*. Argumenter la présence d'une consonne muette à la fin de *lait*.
Organisation :	Les élèves travaillent individuellement.
Matériel individuel :	Une ardoise et un feutre. Exercice 4 de la *fiche d'activités pour le son* [l]. Les sons consonnes – Le son [l]

Déroulement

• Écrire au tableau les mots *lait, laitue, laitier, laiterie,* et *allaiter.*

• Inviter un enfant à lire les mots, puis demander à tous d'écrire sur leur ardoise le mot intrus.

• Relever les réponses et faire donner la bonne réponse : *laitue*. Faire justifier la réponse : les cinq mots possèdent le même radical (*lait*), mais le mot *laitue* n'appartient pas au même champ lexical (il s'agit d'une salade).

Préciser que la lettre *-t* à la fin de *lait* « prépare » les mots *laitier, laiterie, allaiter*, mais aussi *allaitement, laitage* et *laiteux*.

• Renouveler l'exercice avec la liste suivante : *laver, laveur, laverie, larve* et *lavoir.*

• Après un court échange, valider la bonne réponse : *larve*. Faire émerger que seuls quatre mots possèdent le même radical *lav-*.

Différenciation

Proposer l'exercice 4 de la *fiche d'activités pour le son* [l].

4. Les phrases à compléter

Objectif : Construire des phrases avec les mots *coller, sel* et *lait.*

Organisation : Les élèves travaillent individuellement.

Matériel individuel : Le cahier d'essai.
Exercice 5 de la *fiche d'activités pour le son* [l].
Les sons consonnes – Le son [l]

Préparation

Écrire le début des phrases suivantes au tableau :
– *Pour bien* ***coller*** *sa feuille, il faut...*
– *Sur la plage, j'ai le goût du* ***sel*** *parce que...*
– *Il faut boire du* ***lait*** *car...*

Déroulement

• Inviter un élève à lire les trois débuts de phrase. Recueillir les remarques, puis proposer à chacun d'en choisir un et d'imaginer la suite sur son cahier d'essai.

• Laisser le temps de travail nécessaire.

• Inviter des élèves ayant complété la première phrase à lire leur production. En noter certaines au tableau sous forme d'une dictée à l'adulte. Faire reformuler au besoin.

• Faire remarquer la majuscule présente au début de chaque phrase, ainsi que le point final. Demander à un élève d'expliquer qu'une phrase est une suite de mots ordonnés qui a un sens.

• Procéder de la même manière pour les deux autres phrases.

• Conclure en rappelant les trois règles concernant la phrase : la présence de la majuscule et du point, ainsi que la notion de sens.

Prolongements écrits

• Les élèves copient une ou plusieurs phrase(s) produite(s) lors de la séquence dans le classeur d'écriture, avec étayage de l'enseignant au besoin.

• Proposer à certains élèves autonomes de rédiger leur propre phrase dans leur cahier d'essai.

Différenciation

Proposer l'exercice 5 de la *fiche d'activités pour le son* [l].

5. La dictée flash

Objectif :	Restituer l'orthographe des mots de la semaine.
Organisation :	Les élèves travaillent individuellement.
Matériel individuel :	Le cahier du jour.

Déroulement

• Copier un mot de la liste au tableau en gros caractères.

• Laisser un temps d'observation silencieuse de 10 secondes, puis effacer le mot.

• Faire copier ce mot dans le cahier du jour.

• La correction collective est immédiate : demander à un élève de venir écrire le mot au tableau. Valider collectivement.

• Procéder ainsi pour les autres mots de la dictée.

Le son [p]

En bref :

1. J'entends et j'observe : Les mots dans l'image
2. Je m'entraîne : Les mots à épeler
3. J'approfondis : Les mots mystères
4. J'écris : Les phrases à associer
5. Je restitue : La dictée flash

Les mots de la semaine : papa – penser – sapin – pain – pull – pelle

1. Les mots dans l'image

Objectifs :	Identifier et discriminer le phonème [p] dans un mot. Connaître la graphie *p*.
Organisation :	Les élèves travaillent en binôme.
Matériel individuel :	Le classeur d'écriture. *Les mots dans l'image.* ➤ Les sons consonnes – Le son [p] Exercice 1 de la *fiche d'activités pour le son* [p]. ➤ Les sons consonnes – Le son [p]
Matériel collectif :	Le document *Les mots dans l'image* agrandi au format A3 (ou à projeter).

Préparation

• Imprimer et dupliquer le document *Les mots dans l'image* à raison d'un par élève (à distribuer en deux fois).

• Prévoir pour chaque dessin un exemplaire au format A3 à afficher au tableau. Il est aussi possible de projeter les documents sur un tableau blanc interactif (TBI) et de mener la mise en commun sur ce support.

Déroulement

• Distribuer à chaque binôme le document *Les mots dans l'image.*

Les mots dans l'image

• Laisser un temps d'observation, puis introduire (ou présenter à nouveau) les personnages : « Sur ces illustrations, vous allez découvrir Bachir, un garçon de 7 ans environ, et Zoé sa petite sœur, ainsi que son papa et sa maman. Vous verrez également une petite souris du nom de Charly, que vous devez retrouvez dans l'image. » Annoncer ensuite la tâche : « Vous allez travailler en binôme. Vous devez repérer, à deux, les éléments de l'image où l'on entend le son [j]. Puis vous les entourerez au crayon à papier sur votre document. »

• Répondre aux questions de compréhension, puis lancer l'activité. Au besoin, orienter la recherche des élèves en posant les questions suivantes :

– *Qui est à droite de l'image ? (Papa)*
– *Comment est vêtu Papa ? (Il porte un pull et un pantalon.)*
– *Qu'y a-t-il au pied de la chaise de Zoé ? (une poupée)*
– *Que sont en train de prendre Papa, Maman, Bachir et Zoé ? (le repas)*
– *Quel aliment voit-on sur la table ? (du pain)*
– *Qu'est-ce qui permet d'éclairer la pièce ? (une ampoule)*
– *Où est accrochée l'écharpe ? (sur le porte-manteau)*
– *Que fait Bachir ? (Il pense.)*
– *Que voit-on sur le porte-manteau ? (une écharpe)*
– *Quel est le symbole de Noël dans cette pièce ? (le sapin)*
– *Qu'est-ce qui traîne au pied du porte-manteau ? (la paire de patins)*
– *Que tient la souris ? (une pelle)*

• Procéder au moment de synthèse en demandant à plusieurs élèves de venir entourer sur l'affiche A3 (ou sur le TBI) les éléments comprenant le son [p]. Noter chaque mot au tableau, après l'avoir fait valider collectivement. Faire lire par un élève la liste obtenue : *papa, pull, pantalon, poupée, repas, ampoule, pain, porte-manteau, penser, écharpe, sapin, (paire de) patins* et *pelle.* On peut préciser que le mot *porte-manteau* est un nom composé.

• Faire remarquer que le son [p] s'écrit *p*. Entourer collectivement la lettre *p* dans la liste notée au tableau.

• Inviter les élèves à trouver d'autres mots avec le son [p] qui pourraient avoir un lien avec cette scène. Les faire valider et les noter au tableau.

Exemple : pomme, jupe, canapé, pyjama, tapis, etc.

• Conclure la séance en distribuant une deuxième copie du document *Les mots dans l'image* à chaque binôme. Demander aux élèves de la coller dans le classeur d'écriture.

Prolongement écrit

Écrire au tableau les syllabes suivantes en les séparant d'un trait vertical : *ra | pa | te | chu.* Demander aux élèves de recopier ce mot sur l'ardoise, en replaçant les syllabes dans l'ordre. Vérifier collectivement, écrire la réponse : *parachute*. Puis procéder ainsi avec d'autres séries de syllabes.

Exemple :

ra | pa | pluie : parapluie
pi | tro | cal : tropical
ge | ta | re | por : reportage
li | tu | pe : tulipe
nai | pu | se : punaise
pé | le | da : pédale

Différenciation

Proposer l'exercice 1 dans la *fiche d'activités pour le son* [p].

2. Les mots à épeler

Objectif :	Orthographier correctement les mots de la semaine.
Organisation :	Les élèves travaillent en binôme.
Matériel individuel :	Une ardoise et un feutre. Le classeur d'écriture. *Les mots de la semaine.* ➤ Les sons consonnes – Le son [p] Exercice 2 de la *fiche d'activités pour le son* [p]. ➤ Les sons consonnes – Le son [p]

Préparation

Imprimer et dupliquer le document *Les mots de la semaine* afin que chaque élève en ait un exemplaire.

Déroulement

• Distribuer à chaque élève le document *Les mots de la semaine.*

• Expliquer la consigne : « Vous allez travailler par deux. Un enfant choisit un mot parmi ceux de la liste et l'énonce à son partenaire, qui a retourné sa fiche. Ce dernier doit l'épeler correctement, sous le contrôle de son camarade qui valide la bonne réponse. » Les rôles changent au sein de chaque binôme après chaque mot épelé. Insister sur le fait que seul l'enfant qui fait deviner a les réponses sous les yeux. Conclure la consigne en précisant que chaque enfant doit épeler les six mots de la liste, puis lancer l'activité.

• Procéder à la mise en commun : épeler collectivement chacun des mots et les écrire au tableau sous forme d'une dictée à l'adulte.

• Conclure l'activité en demandant aux élèves de recopier sur une nouvelle feuille dans le classeur d'écriture chaque mot de la semaine à l'aide du document individuel utilisé pendant la séance.

Prolongement écrit

Écrire le mot *pain* au tableau. Demander aux élèves de l'écrire sur leur ardoise, d'effacer la première lettre et de la remplacer par une autre consonne, afin d'obtenir un nouveau mot. Laisser le temps de recherche nécessaire, puis valider les réponses.

Exemple : bain, main et *nain*.

Procéder de même avec les mots *sapin (lapin)*, et *pelle (belle, selle)*.

Différenciation

Proposer l'exercice 2 de la *fiche d'activités pour le son* [p].

3. Les mots mystères

Objectif : Connaître la dérivation des mots *papa, penser* et *sapin*.

Organisation : Les élèves travaillent individuellement.

Matériel individuel : Une ardoise et un feutre.
Exercice 3 de la *fiche d'activités pour le son* [p].
➤ Les sons consonnes – Le son [p]

Matériel collectif : 3 affiches au format A2.

Préparation

Écrire sur chaque affiche A2 une phrase contenant un des mots étudiés (mais effacé), par exemple :

C'est mon oncle du côté ________________.

Bachir rêve : il est perdu dans ses ________________ .

Après le réveillon, il a perdu toutes ses ________________.

Déroulement

• Au tableau, écrire en ligne les mots *papa, penser* et *sapin.* Demander aux élèves de donner oralement des mots de la même famille de chacun de ces trois mots.

• Écrire toutes les propositions en colonne, sous chaque mot référent. Préciser que même les propositions erronées sont notées. Valider les bonnes réponses et effacer les mauvaises. Inviter un ou plusieurs enfants à relire les listes au tableau.

papa	**penser**	**sapin**
père	penseur	pin
grand-père	pensif	pinède
paternel	pensée	épine

• Fixer la première affiche et demander à un élève de lire la phrase ; en vérifier la compréhension auprès du groupe classe. Puis demander aux élèves d'écrire sur leur ardoise le mot manquant, en précisant qu'il se trouve au tableau, dans la famille du mot *papa*.

• Faire lever les ardoises et reprendre les propositions une à une. Favoriser les échanges entre les élèves, puis valider la bonne réponse : *paternel*.

• Procéder de la même manière pour les deux autres phrases. Valider les réponse : *pensées* et *épines*. Faire remarque que dans ces deux cas, il convient d'écrire la marque du pluriel *-s* à la fin du mot.

• Conclure en demandant à plusieurs enfants de proposer oralement des phrases comprenant l'un des mots notés au tableau.

Différenciation

Proposer l'exercice 3 de la *fiche d'activités pour le son* [p].

3 Relie seulement les mots de la même famille.

papa •	• penseur
sapin •	• pin
pain •	• père
pull •	• baguette
penser •	• manteau
pelle •	• râteau

4. Les phrases à associer

Objectif :	Rédiger une phrase décrivant une image et comprenant un ou plusieurs mots de la semaine.
Organisation :	Les élèves travaillent individuellement.
Matériel individuel :	Le cahier d'essai. Le classeur d'écriture. *Les mots dans l'image* (voir rituel 1). Exercice 4 de la *fiche d'activités pour le son* [p]. Les sons consonnes – Le son [p]
Matériel collectif :	Le document *Les mots dans l'image* agrandi au format A3 (ou à projeter).

Préparation

Fixer au tableau l'affiche au format A3 du document *Les mots dans l'image* utilisé lors du rituel 1. Il est aussi possible de projeter le document sur un tableau blanc interactif (TBI).

Déroulement

• Demander aux élèves de reprendre la feuille de leur classeur où est collé le document *Les mots dans l'image*.

• Inviter chaque élève à écrire sur son cahier d'essai une phrase expliquant un détail de l'image ; préciser qu'il faut utiliser au moins un des mots de la semaine. Demander de « mentaliser » sa phrase avant de l'écrire. Au besoin, faire rappeler qu'une phrase doit avoir du sens, et raconter quelque chose.

• Désigner trois enfants qui seront « les capitaines ». Leur attribuer à chacun un groupe d'élèves (une rangée de tables, par exemple). Les capitaines doivent valider les productions de leur groupe avant de les faire écrire. Ainsi, chaque élève doit donner oralement sa phrase à son capitaine (en la murmurant à l'oreille) : si elle lui semble correcte, le capitaine lui permet de l'écrire dans son cahier d'essai ; si elle ne l'est pas, il l'invite à aller demander l'aide de l'enseignant.

• Lors de la mise en commun, chaque élève énonce sa phrase. Pour chacune, faire valider ou corriger par la classe en demandant si les consignes sont respectées : présence d'un ou de plusieurs mots de la semaine, sens de la phrase.

Prolongement écrit

Faire recopier sa phrase validée dans le classeur d'écriture.

Différenciation

Proposer l'exercice 4 de la *fiche d'activités pour le son* [p].

5. La dictée flash

Objectif : Restituer l'orthographe des mots de la semaine.
Organisation : Les élèves travaillent individuellement.
Matériel individuel : Le cahier du jour.

Déroulement

• Copier un mot de la liste au tableau en gros caractères.
• Laisser un temps d'observation silencieuse de 10 secondes, puis effacer le mot.
• Faire copier ce mot dans le cahier du jour.
• La correction collective est immédiate : demander à un élève de venir écrire le mot au tableau. Valider collectivement.
• Procéder ainsi pour les autres mots de la dictée.

Le son [b]

En bref :

1. J'entends et j'observe : Les mots dans l'image
2. Je m'entraîne : Les mots à écrire
3. J'approfondis : Les mots à trier
4. J'écris : Les phrases à écrire
5. Je restitue : La dictée flash

Les mots de la semaine : ballon – bord – tomber – bonnet – bonbon – bouée

1. Les mots dans l'image

Objectifs :	Identifier et discriminer le phonème [b] dans un mot. Connaître la graphie *b*.
Organisation :	Les élèves travaillent en binôme.
Matériel individuel :	Le classeur d'écriture. Un stylo vert. *Les mots dans l'image.* Les sons consonnes – Le son [b] Exercice 1 de la *fiche d'activités pour le son* [b]. Les sons consonnes – Le son [b]
Matériel collectif :	Le document *Les mots dans l'image* agrandi au format A3 (ou à projeter).

Préparation

• Imprimer et dupliquer le document *Les mots dans l'image* à raison d'un par élève (distribution en deux temps).
• Prévoir un exemplaire au format A3 à afficher au tableau. Il est aussi possible de projeter les documents sur un tableau blanc interactif (TBI) et de mener la mise en commun sur ce support.

Déroulement

• Distribuer à chaque binôme le document *Les mots dans l'image* et laisser un temps aux élèves pour observer l'image.

Les mots dans l'image

- Expliquer ensuite que, en binôme, ils vont devoir entourer au crayon à papier tous les éléments de cette image où l'on entend le son [b].
- Répondre aux questions de compréhension, puis lancer l'activité. Au besoin, orienter la recherche des élèves en posant les questions suivantes :

– *Que portent Bachir et Zoé ? (un bonnet de bain)*
– *Comment se trouve Bachir ? (beau)*
– *Qu'arrive-t-il à Zoé ? (Elle tombe.)*
– *Sur quoi tombe-t-elle ? (de l'herbe)*
– *Pourquoi Zoé tombe-t-elle ? (Elle a glissé sur un ballon.)*
– *Que distingue-t-on au pied du parasol ? (une bouée et des bonbons)*
– *Où se trouve la souris ? (sur le bord de la piscine)*
– *Que voit-on au pied de la souris ? (une bouteille)*
– *Qu'est-ce qui fait peur à la souris ? (un scarabée)*

- Pour la mise en commun, distribuer à chaque binôme une nouvelle copie du document *Les mots dans l'image*. Expliquer que, dans chaque binôme, un élève va utiliser cette nouvelle feuille pour entourer les bonnes réponses, tandis que son camarade va corriger au stylo vert sur le premier document.
- Demander à un ou plusieurs élèves de venir entourer sur l'affiche A3 (ou sur le TBI) les éléments comprenant le son [b]. Valider chaque réponse et noter les mots au tableau. Faire lire par un élève la liste obtenue : *bonnet, bain, beau, bord, tomber, ballon, bouée, bonbon, scarabée, herbe* et *bouteille*.
- Demander à deux élèves de venir entourer chaque son [b] dans la liste au tableau.
- Inviter ensuite la classe à imaginer d'autres éléments qui pourraient évoquer la baignade, et qui comprennent le son [b]. Les écrire au tableau.

Exemple : toboggan, bateau, tuba, tube (de crème), etc.

- Conclure la séance en faisant coller le document dans le classeur d'écriture.

Prolongement écrit

Écrire au tableau les syllabes suivantes en les séparant d'un trait vertical : *be | bi | ron.*

Demander aux élèves de recopier ce mot sur l'ardoise, en replaçant les syllabes dans l'ordre. Vérifier collectivement, écrire la réponse *biberon*, puis procéder de la sorte pour d'autres séries de syllabes.

Exemple :

ne | na | ba : banane
bi | ro | net : robinet
a | cot | bri : abricot
bi | ne | bo : bobine
var | ba | der : bavarder
car | ble | ta : cartable

Différenciation

Proposer l'exercice 1 dans la *fiche d'activités pour le son* [b].

2. Les mots à écrire

Objectif :	Orthographier correctement les mots de la semaine.
Organisation :	Les élèves travaillent en binôme.
Matériel individuel :	Une ardoise et un feutre. Le classeur d'écriture. *Les mots de la semaine.* Les sons consonnes – Le son [b] Exercices 2 et 3 de la *fiche d'activités pour le son* [b]. Les sons consonnes – Le son [b]
Matériel par binôme :	*Les mots à écrire.* Les sons consonnes – Le son [b] Une enveloppe contenant les étiquettes ci-dessus.

Préparation

• Imprimer et dupliquer le document *Les mots à écrire* à raison d'une série de cartes par binôme. Découper les cartes et, si possible, les plastifier. Ranger chaque série dans une enveloppe.

• Imprimer et dupliquer le document *Les mots de la semaine* afin que chaque élève en ait un exemplaire.

Déroulement

• Distribuer à chaque binôme une enveloppe contenant la série de cartes *Les mots à écrire*. Remettre ensuite à chaque élève le document *Les mots de la semaine*.

Les mots à écrire

• Expliquer qu'au sein de chaque binôme, un enfant doit piocher une carte dans l'enveloppe et la présenter à son partenaire. Celui-ci doit orthographier correctement sur son ardoise le mot représenté. Préciser que l'élève qui a pioché la carte vérifie la réponse de son partenaire à l'aide du document *Les mots de la semaine*, puis devient à son tour celui qui doit écrire le mot. Ajouter enfin que chaque enfant doit écrire trois mots sur son ardoise et ne doit pas les effacer.

• Répondre aux éventuelles questions de compréhension, puis lancer l'activité.

• Lors de la mise en commun, reprendre les cartes une à une et écrire les mots au tableau. Chaque élève corrige, au besoin, les mots rédigés sur son ardoise pendant le jeu.

• Demander ensuite aux enfants de recopier sur une nouvelle feuille de leur classeur d'écriture les mots étudiés, à l'aide du document *Les mots de la semaine.*

Prolongement écrit

Écrire le mot *beau* au tableau. Demander aux élèves de l'écrire sur leur ardoise, d'effacer la première lettre et de la remplacer par une autre consonne, afin d'obtenir un nouveau mot. Laisser le temps de recherche nécessaire, puis valider les réponses : *seau, peau* et *veau*.

Procéder de la même manière avec d'autres listes, par exemple : *poisson (moisson, boisson), pain (bain, sain, vain), port (sort, tort), bord (nord, tord), poule (boule, moule, roule)* et *pelle (belle, selle).*

Différenciation

Proposer l'exercice 2 de la *fiche d'activités pour le son* [b].

3. Les mots à trier

Objectifs :	Connaître la dérivation des mots *bord* et *bond*. Argumenter la lettre finale muette *d* dans ces deux mots.
Organisation :	Les élèves travaillent individuellement.
Matériel individuel :	Des surligneurs bleu, jaune. *Les mots à trier*. Les sons consonnes – Le son [b] Exercices 3 et 4 de la *fiche d'activités pour le son* [b]. Les sons consonnes – Le son [b]

Préparation

Imprimer et dupliquer le document *Les mots à trier* à raison d'un par élève.

Déroulement

• Distribuer à chaque élève le document *Les mots à trier*.

Les mots à trier

bondir	rebond	bordure
border	bond	port
saut	pont	bord
débordement	rebondir	porter

• Après un temps d'observation, demander aux élèves de surligner le mot *bord* en jaune et le mot *bond* en bleu.

• Expliquer la consigne : « Vous devez surligner en jaune les mots de la même famille que *bord*, et en bleu ceux de la même famille que *bond*. » Ajouter que trois mots sont des intrus et ne doivent pas être surlignés.

• Répondre aux éventuelles questions, puis lancer le travail de recherche. Ce travail sur les mots de la même famille permet de renforcer l'apprentissage de l'orthographe des mots étudiés.

• Pour commencer la mise en commun, demander aux élèves de lire les mots qu'ils ont surlignés en jaune dans leur grille. Écrire toutes les réponses données sous le mot *bord*, en précisant que même les propositions incorrectes seront notées.

• Valider collectivement les bonnes réponses : *bord, border, bordure, débordement*. Faire remarquer que la consonne muette à la fin de *bord* « prépare » les mots *border, débordement,* etc.

• Suivre la même démarche avec le mot *bond* : lister au tableau les mots surlignés en bleu dans les grilles, puis valider collectivement les propositions : *bondir, rebondir* et *rebond*. Faire entourer le radical commun, *bond-*. Faire remarquer que la consonne muette à la fin de *bond* « prépare » les mots *bondir, rebondir, bondissant,* etc.

• Conclure en relevant les intrus et en expliquant les confusions possibles :
– le mot *saut* fait partie du champ lexical du mouvement, mais il n'appartient pas à la même famille ;
– le mot *pont* était un piège car il ressemble au mot *bond* ;
– le mot *port* était un piège car il ressemble au mot *bord* ;
– le mot *porter* était un piège car il ressemble au mot *border*.

Différenciation

Proposer l'exercice 3 de la *fiche d'activités pour le son* [b].

4. Les phrases à écrire

Objectif :	Rédiger une phrase décrivant une image et comprenant les mots de la semaine.
Organisation :	Les élèves travaillent individuellement.
Matériel individuel :	Le cahier d'essai. Le classeur d'écriture. *Les mots dans l'image* (voir rituel 1). Exercice 4 de la *fiche d'activités pour le son* [b]. Les sons consonnes – Le son [b]
Matériel collectif :	Le document *Les mots dans l'image* agrandi au format A3 (ou à projeter).

Préparation

Fixer au tableau l'affiche au format A3 du document *Les mots dans l'image* utilisé lors du rituel 1. Il est aussi possible de projeter les documents sur un tableau blanc interactif (TBI).

Déroulement

• Demander aux élèves de reprendre la feuille de leur classeur d'écriture où est collé le document *Les mots dans l'image*.

• Inviter chaque élève à écrire sur son cahier d'essai une phrase expliquant un détail de l'image ; préciser qu'il faut utiliser au moins un des mots de la semaine. Demander de « mentaliser » sa phrase avant de l'écrire. Au besoin, faire rappeler qu'une phrase doit avoir du sens, et raconter quelque chose.

• Laisser un temps de recherche, puis demander à chaque enfant de dire sa phrase. Valider ou faire corriger individuellement chaque proposition, avant de faire écrire la production dans le cahier d'essai.

• Lors de la mise en commun, chaque élève énonce sa phrase. Pour chacune, faire valider ou corriger par la classe en demandant si les consignes sont respectées : présence d'un ou plusieurs mots de la semaine, sens de la phrase.

Prolongement écrit

Faire recopier la phrase produite dans le classeur d'écriture.

Différenciation

Proposer l'exercice 4 de la *fiche d'activités pour le son* [b].

5. La dictée flash

Objectif :	Restituer l'orthographe des mots de la semaine.
Organisation :	Les élèves travaillent individuellement.
Matériel individuel :	Le cahier du jour.

Déroulement

• Copier un mot de la liste au tableau en gros caractères.

• Laisser un temps d'observation silencieuse de 10 secondes, puis effacer le mot.

• Faire copier ce mot dans le cahier du jour.

• La correction collective est immédiate : demander à un élève de venir écrire le mot au tableau. Valider collectivement.

• Procéder ainsi pour les autres mots de la dictée.

Le son [m]

En bref :

1. J'entends et j'observe : Les mots dans l'image
2. Je m'entraîne : Les mots de l'enquête
3. J'approfondis : Les mots intrus
4. J'écris : Les phrases à écrire
5. Je restitue : La dictée flash

Les mots de la semaine : image – femme – pomme – Mamie – monde – timide

1. Les mots dans l'image

Objectifs : Identifier et discriminer le phonème [m] dans un mot. Connaître la graphie *m*.

Organisation : Les élèves travaillent en binôme.

Matériel individuel : Le classeur d'écriture.
Exercice 1 de la *fiche d'activités pour le son* [m].
➤ Les sons consonnes – Le son [m]

Matériel par binôme : *Les mots dans l'image.*
➤ Les sons consonnes – Le son [m]

Matériel collectif : Le document *Les mots dans l'image* agrandi au format A3 (ou à projeter).

Préparation

• Imprimer et dupliquer le document *Les mots dans l'image* à raison d'un par binôme. Le diviser en deux.

• Prévoir, pour chaque dessin, un exemplaire au format A3 à afficher au tableau. Il est aussi possible de projeter les documents sur un tableau blanc interactif (TBI) et de mener la mise en commun sur ce support.

Déroulement

• Distribuer à chaque binôme la partie A du document *Les mots dans l'image.*

Ⓐ **Les mots dans l'image**

• Laisser un temps d'observation de l'image, puis donner la consigne : « Vous devez, par deux, repérer les éléments de cette image où l'on entend le son [m], puis les entourer au crayon à papier sur votre document. »

• Répondre aux questions de compréhension, puis lancer l'activité. Au besoin, orienter la recherche des élèves en posant les questions suivantes :

– *Qui est la dame ? (la mamie de Zoé)*

– *Que fait Mamie ? (Elle épluche des pommes.)*

– *Que tient Zoé dans sa main ? (des images)*

– *Où Zoé tient-elle ses images ? (dans sa main)*

– *Quel aliment voit-on sur la table ? (des tomates)*

– *Comment s'appelle le meuble derrière Zoé et mamie ? (une armoire)*

– *À quoi joue la souris ? (aux dominos)*

• Procéder au moment de synthèse en demandant à plusieurs élèves de venir entourer sur l'affiche A3 (ou sur le TBI) les éléments comprenant le son [m]. Noter chaque mot au tableau, après l'avoir fait valider collectivement : *mamie, pomme, image, tomate, armoire, main, domino*.

• Distribuer la seconde partie du document, puis procéder selon le même déroulement (voir ci-après).

• Selon les réactions des élèves, diriger leurs observations en posant les questions suivantes :

– *Qui offre des fleurs ? (un homme)*
– *À qui offre-t-il des fleurs ? (une femme)*
– *L'homme ne semble pas à l'aise, il rougit : on dit qu'il est… ? (Il est timide.)*
– *Que voit-on dans la vitrine ? (une carte du monde)*
– *Qui regarde la scène avec Zoé ? (Maman)*
– *Quelle fleur la souris tient-elle dans la main ? (du muguet)*

• À l'issue de la correction collective, demander à un ou plusieurs élèves de lire la seconde liste ainsi obtenue : *homme, femme, timide, monde, Maman, muguet*. Faire préciser que le son [m] s'écrit avec la lettre *m*. La faire entourer collectivement dans les mots notés au tableau. Faire remarquer également le doublement de la lettre *m* dans *femme* et *homme* (ainsi que *pomme* dans la première liste).

• Conclure la séance en invitant les binômes à se répartir les deux illustrations pour que chaque enfant puisse en coller une dans son classeur d'écriture.

Prolongement écrit

Écrire le mot *monde* au tableau. Demander aux élèves de l'écrire sur leur ardoise, d'effacer la première lettre et de la remplacer par une autre consonne, afin d'obtenir un nouveau mot. Après le moment de recherche, faire valider les réponses : *ronde* et *sonde*.

Procéder de même avec le mot *pomme (gomme, homme, comme)*.

Différenciation

Proposer l'exercice 1 dans la *fiche d'activités pour le son* [m].

2. Les mots de l'enquête

Objectif :	Orthographier correctement les mots de la semaine.
Organisation :	Les élèves travaillent en binôme.
Matériel individuel :	Un surligneur ou un feutre. Le classeur d'écriture. *Les mots de l'enquête.* ➤ Les sons consonnes – Le son [m] *Les mots de la semaine.* ➤ Les sons consonnes – Le son [m] Exercice 2 de la *fiche d'activités pour le son* [m]. ➤ Les sons consonnes – Le son [m]
Matériel collectif :	Le document *Les mots de l'enquête* agrandi au format A3 pour un affichage (ou à projeter).

Préparation

• Imprimer et dupliquer le document *Les mots de l'enquête* à raison d'un par élève.

• Photocopier un exemplaire de ce document au format A3 pour un affichage collectif. Il est aussi possible de projeter le document sur un tableau blanc interactif (TBI) et de mener la mise en commun sur ce support.

Déroulement

• Distribuer à chaque élève le document *Les mots de l'enquête* et laisser un temps d'observation.

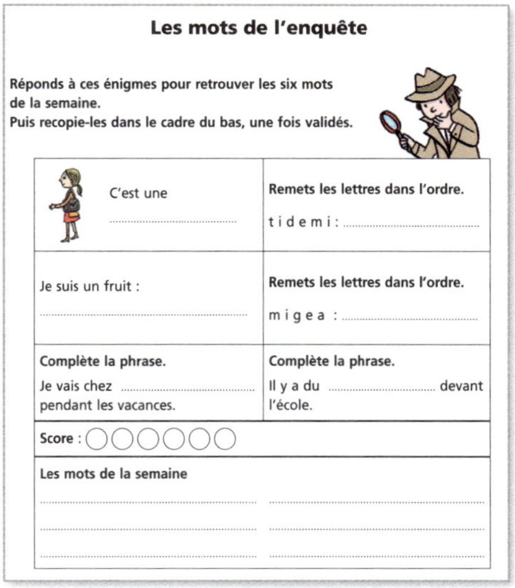
Les mots de l'enquête

Réponds à ces énigmes pour retrouver les six mots de la semaine.
Puis recopie-les dans le cadre du bas, une fois validés.

C'est une	Remets les lettres dans l'ordre. t i d e m i : ....
Je suis un fruit :	Remets les lettres dans l'ordre. m i g e a : ....
Complète la phrase. Je vais chez .... pendant les vacances.	Complète la phrase. Il y a du .... devant l'école.
Score : ◯◯◯◯◯◯	
Les mots de la semaine	

• Distribuer ensuite à chacun le document *Les mots de la semaine.*

• Donner la consigne : « Par deux, vous allez répondre aux six énigmes que présente le document *Les mots de l'enquête*. Chacune d'entre elles consiste à retrouver et à écrire un mot de la semaine. » Préciser qu'ils peuvent utiliser le deuxième document comme une aide et que chaque bonne réponse permettra de cocher une pastille de la case score.

• Répondre aux éventuelles questions de compréhension, puis lancer l'activité.

• Préciser l'organisation du travail en binôme : chacun doit écrire les réponses sur sa feuille, mais coopère avec son voisin.

• Lors de la mise en commun, reprendre les énigmes une à une et demander à un élève d'y répondre sur l'affiche A3 au tableau (ou projetée). Au besoin, récrire chaque mot au tableau pour qu'il soit visible pour tous. Les élèves corrigent leur document et récrivent proprement les six mots de la semaine dans la dernière case du document, prévue à cet effet.

• Au fur et à mesure de la correction, à chaque bonne réponse, les élèves cochent une pastille dans la case score. En fin de partie, chaque binôme compte ses points ; désigner les vainqueurs.

• Chaque élève colle son document *Les mots de l'enquête* dans son classeur d'écriture.

Prolongement écrit

Écrire un mot de la semaine au tableau. Faire compter le nombre de syllabes, de lettres, puis le faire épeler. L'effacer du tableau et demander à un élève de l'écrire sur son ardoise et de le montrer à la classe. Apporter collectivement les corrections nécessaires.

Différenciation

Proposer l'exercice 2 de la *fiche d'activités pour le son* [m].

3. Les mots intrus

Objectif :	Connaître la dérivation des mots *pomme* et *femme*.
Organisation :	Les élèves travaillent individuellement.
Matériel individuel :	Une ardoise et un feutre. Exercice 3 de la *fiche d'activités pour le son* [m]. ➤ Les sons consonnes – Le son [m]

Déroulement

• Écrire au tableau les mots *pomme, pommier, pommade, pommeraie.*

• Inviter un enfant à lire les mots, puis demander à tous d'écrire sur leur ardoise le mot intrus.

• Relever les réponses et faire donner la bonne réponse : *pommade*. Faire remarquer que ces quatre mots possèdent le même radical (*pomm-*), mais que le mot *pommade* ne correspond pas au champ lexical de ce fruit à pépins.

• Procéder de même avec la liste suivante : *femme, femelle, flamme, féminin* et *féminité.*

• Organiser un court échange puis valider la bonne réponse : *flamme*. Faire entourer le radical commun, *fem-*.

Différenciation

Proposer l'exercice 3 de la *fiche d'activités pour le son* [m].

4. Les phrases à écrire

Objectif :	Rédiger une ou plusieurs phrases comprenant les mots de la semaine.
Organisation :	Les élèves travaillent individuellement.
Matériel individuel :	Le cahier d'essai. Le classeur d'écriture. *Les mots dans l'image* (voir rituel 1). Exercice 4 de la *fiche d'activités pour le son* [m]. Les sons consonnes – Le son [m]
Matériel collectif :	Le document *Les mots dans l'image*, utilisé lors du rituel 1, agrandi au format A3 (ou à projeter).

Préparation

Fixer au tableau les deux affiches au format A3 du document *Les mots dans l'image* (voir rituel 1). Il est aussi possible de projeter les documents sur un TBI.

Déroulement

• Demander aux élèves de reprendre la feuille de leur classeur où est collé le document *Les mots dans l'image*. Éventuellement, demander aux enfants possédant l'image A d'en rappeler les éléments essentiels ; procéder de même pour ceux qui ont l'image B.

• Demander à chaque élève de rédiger sur son cahier d'essai une phrase expliquant un détail de l'image qu'il a sous les yeux, en utilisant au moins un des mots de la semaine.

• Faire rappeler qu'une phrase doit avoir du sens et raconter quelque chose. Circuler au sein de la classe pour apporter de l'aide sur la structure de la phrase ou sur les mots difficiles à écrire.

• Lors de la mise en commun, inviter chaque enfant ayant travaillé sur l'image A à lire sa production. Faire de même avec les élèves possédant l'image B. Faire valider ou corriger chaque phrase par la classe, au fur et à mesure, en demandant si les consignes sont respectées : présence d'un ou de plusieurs mots de la semaine, sens de la phrase.

Prolongement écrit

Faire recopier sa phrase validée dans le classeur d'écriture.

Différenciation

Proposer l'exercice 4 de la *fiche d'activités pour le son* [m].

5. La dictée flash

Objectif : Restituer l'orthographe des mots de la semaine.

Organisation : Les élèves travaillent individuellement.

Matériel individuel : Le cahier du jour.

Déroulement

• Copier un mot de la liste au tableau en gros caractères.
• Laisser un temps d'observation silencieuse de 10 secondes, puis effacer le mot.
• Faire copier ce mot dans le cahier du jour.
• La correction collective est immédiate : demander à un élève de venir écrire le mot au tableau. Valider collectivement.
• Procéder ainsi pour les autres mots de la dictée.

Le son [n]

En bref :

1. J'entends et j'observe : Les mots dans l'image
2. Je m'entraîne : Les mots à épeler
3. J'approfondis : Les mots intrus
4. J'écris : Les phrases à écrire
5. Je restitue : La dictée flash

Les mots de la semaine : nombre – nuit – farine – tourner – lune – personnage

1. Les mots dans l'image

Objectifs :	Identifier et discriminer le phonème [n] dans un mot. Connaître la graphie *n*.
Organisation :	Les élèves travaillent en binôme.
Matériel individuel :	Le classeur d'écriture. Un stylo vert. *Les mots dans l'image.* Les sons consonnes – Le son [n] Exercice 1 de la *fiche d'activités pour le son* [n]. Les sons consonnes – Le son [n]
Matériel collectif :	Le document *Les mots dans l'image* agrandi au format A3 (ou à projeter).

Préparation

• Imprimer et dupliquer le document *Les mots dans l'image* à raison d'un par élève (à distribuer en deux temps).

• Prévoir un exemplaire au format A3 à afficher au tableau. Il est aussi possible de projeter le document sur un tableau blanc interactif (TBI) et de mener la mise en commun sur ce support.

Déroulement

• Distribuer à chaque binôme le document *Les mots dans l'image.*

Les mots dans l'image

• Laisser un temps d'observation de l'image, puis annoncer la tâche : « Vous devez, par deux, repérer les éléments de cette image où l'on entend le son [n], puis les entourer au crayon de papier sur votre document. »

• Répondre aux questions de compréhension, puis lancer l'activité. Au besoin, orienter la recherche des élèves en posant les questions suivantes :

– *Que contiennent les sacs ? (de la farine)*
– *Que porte le boulanger sur le visage ? (des lunettes)*
– *Que voit-on sur les sacs de farine ? (des nombres)*
– *À quel moment se passe la scène ? (la nuit)*
– *Qu'est-ce qui est fermé ? (la fenêtre)*
– *Que voit-on à travers la fenêtre ? (la lune)*
– *Que fait la petite aiguille de l'horloge ? (Elle tourne.)*
– *Dans l'image, on voit le chat botté. Dans ce conte, il s'agit du… principal. (personnage).*
– *Que mange la souris ? (une tartine)*

• Pour la synthèse, distribuer de nouveau à chaque binôme le même document. Expliquer que, dans chaque groupe, un élève doit corriger à l'aide de son stylo vert sur le support qui a été utilisé pendant la phase de recherche, tandis que le second entoure à son tour les dessins des mots validés.

• Inviter un ou plusieurs élèves à venir entourer sur l'affiche A3 (ou sur le TBI) les éléments comprenant le son [n]. Valider chaque réponse et noter les mots au tableau. Faire lire par un élève la liste obtenue : *farine, lunettes, fenêtre, tourner, nuit, lune, personnage, tartine* et *nombre*.

• Faire remarquer que le son [n] s'écrit avec la lettre *n*. Entourer collectivement la lettre dans les mots notés au tableau. Faire remarquer que le mot *personnage* s'écrit avec la double consonne *–n*, comme dans *consonne*.

• Inviter les élèves à trouver d'autres mots avec le son [n] que l'on pourrait trouver dans cette scène. Les faire valider et les noter au tableau.

Exemple : nappe, noir, neuf, etc.

• Conclure la séance en faisant coller le document dans le classeur d'écriture.

Prolongement écrit

Écrire au tableau les syllabes suivantes : *na, ne, ni, no* et *nu.* Inviter les enfants à donner oralement des mots comprenant ces syllabes. Valider collectivement et noter les propositions au tableau. Par exemple :

– *na : canapé, nature, navire ;*
– *ne : machine, cuisine, caneton ;*
– *ni : nid, animal, univers ;*
– *no : note, anorak, piano ;*
– *nu : numéro, nuque, minute.*

Différenciation

Proposer l'exercice 1 dans la *fiche d'activités pour le son* [n].

2. Les mots à épeler

Objectif :	Orthographier correctement les mots de la semaine.
Organisation :	Les élèves travaillent en binôme.
Matériel individuel :	Une ardoise et un feutre. Le classeur d'écriture. *Les mots de la semaine.* ➤ Les sons consonnes – Le son [n] Exercices 2 et 3 de la *fiche d'activités pour le son* [n]. ➤ Les sons consonnes – Le son [n]

Préparation

Imprimer et dupliquer le document *Les mots de la semaine* afin que chaque élève en ait un exemplaire.

Déroulement

• Distribuer à chaque élève le document *Les mots de la semaine.*

• Expliquer la consigne : « Vous allez travailler en binôme. Un élève choisit un mot parmi ceux de la liste. Il le dit à son camarade, qui doit l'épeler correctement, sans regarder la fiche. Sa réponse est validée par son partenaire qui, lui, peut vérifier avec le document sous les yeux. »

Ajouter que les rôles changent au sein de chaque binôme après chaque mot épelé. Insister sur le fait que seul l'enfant qui fait deviner a les réponses sous les yeux. Conclure la consigne en précisant que chaque enfant doit épeler les six mots de la liste.

• Puis lancer l'activité, et vérifier au besoin le travail des groupes.

• Procéder à la mise en commun : épeler collectivement chacun des mots et les écrire au tableau sous forme d'une dictée à l'adulte.

• Conclure l'activité en demandant aux élèves de recopier sur une nouvelle feuille de leur classeur d'écriture chaque mot de la semaine, à l'aide du document individuel utilisé pendant la séance.

Prolongement écrit

Écrire le mot *nombre* au tableau. Demander aux élèves de l'écrire sur leur ardoise, d'effacer la première lettre et de la remplacer par une autre consonne, afin d'obtenir un nouveau mot. Après le moment de recherche, faire valider la réponse : *sombre*.

Procéder de même avec les mots *nuit (fuit, luit, suit)* et *lune (dune)*.

Différenciation

Proposer les exercices 2 et 3 de la *fiche d'activités pour le son* [n].

3. Les mots intrus

Objectif :	Connaître la dérivation des mots *tourner* et *personnage*.
Organisation :	Les élèves travaillent individuellement.
Matériel individuel :	Une ardoise et un feutre. Exercice 4 de la *fiche d'activités pour le son* [n]. Les sons consonnes – Le son [n]

Déroulement

• Écrire au tableau les mots *tournage, tourterelle, tournesol, tournevis, tourniquet, tourbillon.*

• Inviter un enfant à lire les mots, puis demander à tous d'écrire sur leur ardoise le mot intrus.

• Relever les réponses et faire donner la bonne réponse : *tourterelle*. Faire remarquer que ces mots possèdent le même radical (*tour-*), mais que le mot *tourterelle* ne correspond pas au champ lexical de la rotation.

• Procéder de même avec la liste suivante : *personnage, personne, personnel persil* et *personnalité.*

• Organiser un court échange puis valider la bonne réponse : *persil*. Faire entourer le radical commun, *personn-*.

Différenciation

Proposer l'exercice 4 de la *fiche d'activités pour le son* [n].

4. Les phrases à écrire

Objectif :	Rédiger une ou plusieurs phrases comprenant les mots de la semaine.
Organisation :	Les élèves travaillent individuellement.
Matériel individuel :	Le cahier d'essai. Le classeur d'écriture. *Les mots dans l'image* (voir rituel 1). Exercice 5 de la *fiche d'activités pour le son* [n]. ➤ Les sons consonnes – Le son [n]
Matériel collectif :	Le document *Les mots dans l'image* agrandi au format A3 (ou à projeter).

Préparation

Fixer au tableau l'affiche au format A3 du document *Les mots dans l'image* utilisé lors du rituel 1. Il est aussi possible de projeter les documents sur un TBI.

Déroulement

• Demander aux élèves de reprendre la feuille de leur classeur où est collé le document *Les mots dans l'image*.

• Inviter chaque élève à écrire sur son cahier d'essai une phrase expliquant un détail de l'image ; préciser qu'il faut utiliser au moins un des mots de la semaine. Demander de « mentaliser » sa phrase avant de l'écrire. Au besoin, faire rappeler qu'une phrase doit avoir du sens, et raconter quelque chose.

• Circuler auprès de chaque élève pour que chacun puisse donner oralement sa phrase (en la murmurant à l'oreille). Valider ou apporter les corrections nécessaires.

• Au terme du temps de travail, inviter chaque enfant à énoncer la phrase qu'il a écrite dans son cahier. Pour chacune, faire valider ou corriger par la classe en demandant si les consignes sont respectées : présence d'un ou de plusieurs mots de la semaine, sens de la phrase.

Prolongement écrit

Faire recopier la phrase validée dans le classeur d'écriture.

Différenciation

Proposer l'exercice 5 de la *fiche d'activités pour le son* [n].

5. La dictée flash

Objectif : Restituer l'orthographe des mots de la semaine.
Organisation : Les élèves travaillent individuellement.
Matériel individuel : Le cahier du jour.

Déroulement

• Copier un mot de la liste au tableau en gros caractères.
• Laisser un temps d'observation silencieuse de 10 secondes, puis effacer le mot.
• Faire copier ce mot dans le cahier du jour.
• La correction collective est immédiate : demander à un élève de venir écrire le mot au tableau. Valider collectivement.
• Procéder ainsi pour les autres mots de la dictée.

Le son [s]

En bref :

1. J'entends et j'observe : Les mots dans l'image
2. Je m'entraîne : Les mots dans la grille
3. J'approfondis : Les mots à réunir
4. J'écris : Les phrases à écrire
5. Je restitue : La dictée à deux

Les mots de la semaine : souris – ceinture – addition – garçon – dix – casser

1. Les mots dans l'image

Objectifs :	Identifier et discriminer le phonème [s] dans un mot. Connaître les différentes graphies du son [s] : *s/ss, c/ç, t, x*. Repérer qu'entre deux voyelles, il faut doubler la lettre *s* pour entendre le son [s]. Repérer qu'il faut ajouter une cédille à la lettre *c* placée devant *o, a* et *u*, pour entendre [s].
Organisation :	Les élèves travaillent en binôme.
Matériel individuel :	Le classeur d'écriture. Un stylo vert. *Les mots dans l'image.* ➤ Les sons consonnes – Le son [s] Exercices 1 et 2 de la *fiche d'activités pour le son* [s]. ➤ Les sons consonnes – Le son [s]
Matériel collectif :	Le document *Les mots dans l'image* agrandi au format A3 (ou à projeter).

Préparation

• Imprimer et dupliquer le document *Les mots dans l'image* à raison d'un par élève (à distribuer en deux temps).

• Prévoir un exemplaire au format A3 à afficher au tableau. Il est aussi possible de projeter les documents sur un tableau blanc interactif (TBI) et de mener la mise en commun sur ce support.

• Tracer six colonnes au tableau et écrire en tête de chacune : *J'écris...*

Déroulement

• Distribuer à chaque binôme le document *Les mots dans l'image.*

Les mots dans l'image

• Laisser un temps d'observation de l'image, puis annoncer la tâche : « Vous devez, par deux, repérer les éléments de cette image où l'on entend le son [s], puis les entourer au crayon à papier sur votre document. »

• Répondre aux questions de compréhension, puis lancer l'activité. Au besoin, orienter la recherche des élèves en posant les questions suivantes :

– *Quel sport pratiquent ces enfants ? (du basket)*
– *Que portent ces enfants ? (des chaussures)*
– *Que porte à sa taille l'enfant qui a un t-shirt trop grand ? (une ceinture)*
– *Zoé est une fille, Bachir est... ? (un garçon)*
– *Quel est le drapeau au mur ? (le drapeau français)*
– *Qui sont les enfants installés sur le banc ? (les remplaçants)*
– *Qu'indique le panneau ? (le score)*
– *Quel est le score actuel ? (dix / cinquante)*
– *Qu'a remarqué l'enfant de droite ? (Une lame du parquet est cassée.)*
– *Quel est l'animal en bas à gauche de l'image ? (une souris)*
– *Que fait la souris sur son tableau ? (une addition / une opération)*

• Pour la synthèse, distribuer de nouveau à chaque binôme le même document. Expliquer que, dans chaque groupe, un élève doit corriger à l'aide de son stylo vert sur le support qui a été utilisé pendant la phase de recherche, tandis que le second entoure à son tour les dessins des mots validés.

• Inviter un ou plusieurs élèves à venir entourer sur l'affiche A3 (ou sur le TBI) les éléments comprenant le son [s]. Valider chaque réponse et noter les mots au tableau. Faire lire par un élève la liste obtenue : *basket, chaussures, ceinture, garçon, score, addition, opération, cinquante, dix, souris, cassé, français, souris, remplaçants.*

• Entourer collectivement chaque son [s] dans la liste au tableau. Faire émerger les différentes graphies du son [s].

• Écrire en tête de chacune des colonnes tracées au tableau une graphie du son [s], puis recopier chaque mot de la liste dans la bonne case.

J'entends [s]**.**					
J'écris *s*.	**J'écris *ss*.**	**J'écris *c*.**	**J'écris *ç*.**	**J'écris *t*.**	**J'écris *x*.**
basket souris score	chaussures cassé	cinquante ceinture	garçon français rempla- çant	addition opération	dix

• Inviter les élèves à trouver d'autres mots dans lesquels on entend le son [s] et qui pourraient avoir un rapport avec la scène ou le sport en général. Faire valider ces mots et les noter dans la colonne correspondante au tableau, avec l'aide des élèves.

Exemple : chaussettes, sac, sport, sifflet, spectateur, danse, natation, gymnastique, course, escalade, muscle…

• Dans les colonnes « J'écris *s*. » et J'écris *ss*. », souligner collectivement les lettres qui précèdent et suivent les lettres *s* et *c*. Exemples : *basket ; chaussures.*

• Faire rappeler que la lettre *s* fait entendre le son [s] en début de mot ou quand elle entourée d'une voyelle et d'une consonne ; mais quand elle est entourée de voyelles, on met deux *ss* pour entendre [s].

• Dans les colonnes « J'écris *c*. » et « J'écris *ç*. » souligner collectivement les lettres qui suivent la lettre *c*. Exemples : *cinquante ; garçon*.

• Faire rappeler que la lettre c fait entendre le son [s] devant les voyelles *e* et *i* ; mais devant les voyelles *a*, *o* et *u*, il faut écrire ç pour entendre [s].

• Conclure la séance en faisant coller le document dans le classeur d'écriture.

Prolongements écrits

• Écrire au tableau : *une cai□e*.

Faire deviner le mot ; faire constater qu'il faut écrire le son [s] pour le compléter. Inviter les élèves à se demander s'il faut un ou deux *s* avant de le recopier sur leur ardoise. Après un court temps de réflexion, faire valider la réponse : *une caisse*.

Renouveler la tâche avec d'autres mots, par exemple : *une lai□e, un dan□eur, une cour□e, une bro□e, re□pirer.*

• Écrire au tableau : *un pou□e*.

Demander aux enfants de recopier ce mot sur leur ardoise, en complétant le son [s] manquant par la lettre *c* ou ç. Après un court temps de réflexion, faire valider la réponse : *un pouce.*

Renouveler la tâche avec d'autres mots, par exemple : *une le□on, une re□ette, de la gla□e, un gla□on, une balan□oire, la Fran□e, un rempla□ant.*

Différenciation

Proposer les exercices 1 et 2 dans la *fiche d'activités pour le son* [s].

2. Les mots dans la grille

Objectif :	Repérer et orthographier correctement les mots de la semaine.
Organisation :	Les élèves travaillent individuellement (avec une vérification en binôme).
Matériel individuel :	Une pochette de feutres et un stylo vert. Le classeur d'écriture. *Les mots de la semaine.* Les sons consonnes – Le son [s] *Les mots dans la grille.* Les sons consonnes – Le son [s] Exercice 3 de la *fiche d'activités pour le son* [s]. Les sons consonnes – Le son [s]

Préparation

Imprimer et dupliquer le document *Les mots dans la grille* à raison d'un par élève.

Déroulement

• Demander aux élèves de préparer des feutres bleu, orange, rouge, jaune, gris, rose et un stylo vert. Distribuer les grilles de mots, face retournée.

Je m'appelle : ....

souris	dix	additionner
gare	peinture	addition
case	sourd	ceinture
garçon	bis	glaçon
lisse	lasser	casser

Score : ○○○○○○

• Après avoir réparti les élèves par groupes de deux et remis à chacun le document *Les mots dans la grille*, donner la consigne : « Vous devrez effectuer sur cette grille les consignes que je vais vous donner ; chacun a sa grille. Pour gagner un point, les joueurs d'un même binôme doivent avoir effectué tous les deux la bonne action sur leur grille. » Préciser qu'il n'est pas possible de communiquer pendant l'activité. Faire placer au besoin une petite surface verticale au milieu de chaque table.

• Commencer l'activité en donnant la première consigne : « *Surlignez en jaune :* souris. »

S'assurer que les enfants ont tous répondu avant de passer à la consigne suivante.

• Procéder de même pour chaque consigne :

– *Surlignez en gris :* ceinture.

– *Surlignez en rouge :* addition.

– *Surlignez en bleu :* garçon.

– *Surlignez en orange :* dix.

– *Surlignez en rose :* casser.

• Faire poser les feutres, puis demander à chaque enfant de prendre son stylo vert.

• Laisser un temps de comparaison des réponses au sein de chaque binôme, puis procéder à une correction collective, en relisant les consignes une à une. Expliquer que, pour chaque bonne réponse, on colorie en vert une des pastilles figurant sous la grille, uniquement si son équipier a également trouvé la bonne réponse.

• Noter les mots en colonne au tableau, au fur et à mesure de la correction : *souris, ceinture, addition, garçon, dix* et *casser.*

• Organiser la mise en commun puis désigner les gagnants.

• Faire coller la grille dans le classeur d'écriture.

• Demander aux élèves de recopier les mots notés en colonne au tableau sur une autre feuille de leur classeur d'écriture. Proposer à certains enfants ayant des difficultés de copie de coller le document *Les mots de la semaine.*

Prolongement écrit

Écrire au tableau ce début de phrase :

Les personnes qui viennent de France sont des…

Demander aux enfants de compléter la phrase en écrivant la réponse sur leur ardoise. Préciser que le mot attendu est un mot de la même famille que celui souligné. Laisser un temps de recherche et valider la bonne réponse : *Français.*

Faire rappeler la nécessité d'utiliser le ç devant la lettre *a* pour entendre le son [s].

Procéder de même avec d'autres phrases, en demandant de compléter avec des mots contenant c ou ç.

Exemple :

– *Je suis une limace. Mon petit est le… (limaçon).*

– *Les glaçons sont dans la… (glace).*

– *Ils se fiancent samedi. Nous sommes invités à leurs… (fiançailles).*

– *Tu peux effacer avec un feutre… (effaçable).*

– *Il se balance sur la… (balançoire).*

– *Il y a une remplaçante pour… (remplacer) le maître.*

Différenciation

Proposer l'exercice 3 de la *fiche d'activités pour le son* [s].

3. Les mots à réunir

Objectif :	Connaître la dérivation des mots *souris, casser, glaçon, saut, ceinture* et *chasseur.*
Organisation :	Les élèves travaillent collectivement (dans la salle d'évolution ou le préau).
Matériel individuel :	Exercice 4 de la *fiche d'activités pour le son* [s]. ➤ Les sons consonnes – Le son [s]
Matériel collectif :	Le document *Les mots à réunir*. ➤ Les sons consonnes – Le son [s] Un panier.

Préparation

• Imprimer et découper la planche d'étiquettes *Les mots à réunir*, ainsi que la planche *Les mots intrus* (proposée dans le même document).

• Déposer les étiquettes dans un panier. Faire en sorte qu'il y ait une étiquette par élève, en augmentant ou en réduisant le nombre de cartes *intrus*.

Déroulement

• Tendre à chaque élève le panier et demander de choisir une étiquette, sans la regarder.

• Expliquer la consigne : « À mon signal, vous allez regarder votre étiquette, puis circuler librement dans cette salle à la recherche de deux partenaires qui possèdent un mot pouvant s'associer au vôtre. Une fois réunis par trois, vous viendrez me voir pour que je valide votre association. Si le résultat est correct, vous serez désignés gagnants. Si ce n'est pas le cas, vous repartirez à la recherche d'un autre groupe. » Préciser que certains enfants ont en leur possession une carte intrus et ne peuvent pas intégrer un trio.

• Démarrer l'activité et laisser un temps de recherche. Vérifier auprès de chacun la bonne compréhension de son mot-étiquette.

Le son [s]

Les mots à réunir

souris	souriceau	souricière
casser	casse	cassure
glacière	glaçon	glace
ceinture	ceinturer	ceinturon
sauteur	saut	sautiller
chasser	chasseur	chasse

Les mots « intrus »

rat	senteur	froid
garçon	peinture	rature
haut	fracture	pêcher

• Au bout de quelques minutes, et en fonction de l'avancée de l'activité, réunir les élèves et leur demander quelle est, selon eux, la règle pour « s'associer ». Faire émerger qu'il s'agit de réunir des familles de mots, puis relancer la phase de recherche.

• Au fur et à mesure de la partie, valider les bonnes réponses.

– Trio 1 : *souris, souriceau, souricière.*
– Trio 2 : *casser, casse, cassure.*
– Trio 3 : *chasser, chasseur, chasse.*
– Trio 4 : *glaçon, glacière, glace.*
– Trio 5 : *saut, sauteur, sautiller.*
– Trio 6 : *ceinture, ceinturon, ceinturer.*

• Une fois l'ensemble des trios associés, procéder ensuite à une synthèse. Demander à chaque groupe de présenter ses étiquettes, l'un après l'autre. Écrire les mots au tableau en colonne, en séparant les familles d'un trait vertical. Entourer les radicaux de chaque famille.

• Inviter plusieurs élèves à lire les groupes de mots, puis faire expliquer quels étaient les mots intrus. Faire argumenter les réponses :

– Trio 1 : *rat* est du même champ lexical que *souris*, mais pas de la même famille ;
– Trio 2 : *fracture* appartient au même champ lexical que *casser.*
– Trio 3 : *pêcher* appartient au même champ lexical que *chasser.*
– Trio 4 : *froid* relève aussi du champ lexical du gel ; *garçon* est un mot proche de *glaçon*.
– Trio 5 : *haut* est un mot proche de *saut, senteur* est proche de *sauteur.*
– Trio 6 : *peinture* et *rature* sont des mots proches de *ceinture.*

• Apporter au besoin des explications sur certains mots, puis conclure l'activité en demandant à des élèves de lire les listes de mots.

Différenciation

Proposer l'exercice 4 de la *fiche d'activités pour le son* [s].

4 Dans chaque série, barre le mot intrus.

• souris – souriceau – sourire
• casse – casser – détruire
• addition – calcul – additionner
• cent – sans – centaine

4. Les phrases à écrire

Objectif :	Rédiger une ou plusieurs phrases comprenant les mots de la semaine.
Organisation :	Les élèves travaillent individuellement.
Matériel individuel :	Le cahier d'essai. Le classeur d'écriture. *Les mots dans l'image* (voir rituel 1). Exercice 5 de la *fiche d'activités pour le son* [s]. Les sons consonnes – Le son [s]
Matériel collectif :	Le document *Les mots dans l'image* agrandi au format A3 (ou à projeter).

Préparation

Fixer au tableau l'affiche au format A3 du document *Les mots dans l'image* utilisé lors du rituel 1. Il est aussi possible de projeter les documents sur un TBI.

Déroulement

• Demander aux élèves de reprendre la feuille de leur classeur où est collé le document *Les mots dans l'image*.

• Inviter chaque élève à écrire sur son cahier d'essai une phrase expliquant un détail de l'image ; préciser qu'il faut utiliser au moins un des mots de la semaine. Demander de « mentaliser » sa phrase avant de l'écrire. Au besoin, faire rappeler qu'une phrase doit avoir du sens, et raconter quelque chose.

• Désigner trois enfants qui seront « les capitaines ». Leur attribuer à chacun un groupe d'élèves (une rangée de tables, par exemple). Les capitaines doivent valider les productions de leur groupe avant de les faire écrire. Ainsi, chaque élève doit donner oralement sa phrase à son capitaine (en la murmurant à l'oreille) : si elle lui semble correcte, le capitaine lui permet de l'écrire dans son cahier d'essai ; si elle ne l'est pas, il l'invite à aller demander l'aide de l'enseignant.

• Lors de la mise en commun, chaque élève énonce sa phrase. Pour chacune, faire valider ou corriger par la classe en demandant si les consignes sont respectées : présence d'un ou plusieurs mots de la semaine, sens de la phrase.

Prolongement écrit

Faire recopier sa phrase validée dans le classeur d'écriture.

Différenciation

Proposer l'exercice 5 de la *fiche d'activités pour le son* [s].

5. La dictée à deux

Objectif : Restituer l'orthographe des mots de la semaine.

Organisation : Les élèves travaillent en binôme.

Matériel individuel : Une ardoise et un feutre.
Le cahier du jour.

Déroulement

• Expliquer aux élèves que le travail s'effectuera, pour chaque mot, en deux temps : d'abord sur l'ardoise, puis sur le cahier du jour.

• Faire écrire sur l'ardoise un mot de la semaine : par exemple, *souris*. Laisser un temps de travail nécessaire, puis demander au sein de chaque groupe de comparer les propositions et d'apporter au besoin des changements éventuels dans l'écriture du mot.

• Inviter ensuite chaque élève à recopier ce mot sur le cahier du jour.

• Procéder ainsi pour les autres mots de la dictée, puis organiser une correction collective.

Le son [z]

En bref :

1. J'entends et j'observe : Les mots dans l'image
2. Je m'entraîne : Les mots dans la grille
3. J'approfondis : Les mots mystères
4. J'écris : Les phrases à écrire
5. Je restitue : La dictée à deux

Les mots de la semaine : cuisine – maison – cerise – zéro – onze – seize

1. Les mots dans l'image

Objectifs :	Identifier et discriminer le phonème [z] dans un mot. Connaître les graphies *s* et *z* du son [z].
Organisation :	Les élèves travaillent en binôme.
Matériel individuel :	Le classeur d'écriture. Un stylo vert. *Les mots dans l'image.* ➤ Les sons consonnes – Le son [z] Exercice 1 de la *fiche d'activités pour le son* [z]. ➤ Les sons consonnes – Le son [z]
Matériel collectif :	Le document *Les mots dans l'image* agrandi au format A3 (ou à projeter).

Préparation

• Imprimer et dupliquer le document *Les mots dans l'image* à raison d'un par élève.

• Prévoir un exemplaire au format A3 à afficher au tableau. Il est aussi possible de projeter les documents sur un tableau blanc interactif (TBI) et de mener la mise en commun sur ce support.

• Tracer deux colonnes au tableau et écrire en tête de chacune : *J'écris...*

Déroulement

• Distribuer à chaque binôme le document *Les mots dans l'image.*

• Distribuer le document et laisser un temps aux élèves pour observer l'image. Expliquer ensuite que, en binôme, ils vont devoir entourer au crayon à papier tous les éléments de cette image faisant entendre le son [z].

• Répondre aux éventuelles questions, faire reformuler la consigner, puis démarrer le travail de recherche. En fonction des réactions des élèves, apporter des indices en posant les questions suivantes :

– *Comment s'appelle la petite fille ? (Zoé)*
– *Dans quelle pièce de la maison se trouvent Papa et Zoé ? (la cuisine)*
– *Que voit-on sur le tablier de Zoé ? (un zèbre)*
– *Quels fruits voit-on sur la table ? (des cerises et des fraises)*
– *Combien y a-t-il de cerises ? (seize)*
– *Combien y a-t-il de fraises ? (douze)*
– *Quelle heure est-il ? (onze heures)*
– *Quel est le chiffre contenu dans l'opération du tableau ? (un zéro)*
– *Que voit-on par la fenêtre ? (une maison)*
– *Qu'a cassé la petite souris ? (un vase)*

• Pour la synthèse, distribuer de nouveau à chaque binôme le même document. Expliquer que, dans chaque groupe, un élève doit corriger à l'aide de son stylo vert sur le support qui a été utilisé pendant la phase de recherche, tandis que le second entoure à son tour les dessins des mots validés.

• Inviter un ou plusieurs élèves à venir entourer sur l'affiche A3 (ou sur le TBI) les éléments comprenant le son [z]. Valider chaque réponse et noter les mots au tableau. Faire lire par un élève la liste obtenue : *Zoé, cuisine, seize, onze, zéro, maison, cerise, douze, fraise, vase* et *zèbre*.

• Entourer collectivement chaque son [z] dans la liste au tableau. Faire émerger que le son [z] peut s'écrire avec un *s* ou un *z*.

• Écrire en tête de chacune des colonnes tracées au tableau une graphie du son [z], puis recopier chaque mot de la liste dans la bonne case. Faire remarquer que le mot *seize* comprend également un *s*, mais qu'il se prononce [s] et non [z].

J'entends [z].	
J'écris *s*.	**J'écris *z*.**
cuisine maison vase	Zoé onze bazar seize

• Faire souligner les lettres qui entourent chaque *s*, par exemple : *cuisine*. Faire remarquer que cette lettre se prononce [z] quand elle figure entre deux voyelles.

• Demander aux élèves de trouver d'autres exemples de mots. Les faire valider et les noter dans le tableau. Puis faire entourer les graphies du son [z].

Exemple : bazar, trapèze, case, bisou, etc.

• Conclure la séance en faisant coller le document dans le classeur d'écriture.

Prolongement écrit

Écrire au tableau une série de deux mots, dont un seul comprend le son [z]. Demander aux élèves de copier sur leur ardoise seulement ce dernier. Vérifier collectivement, puis procéder ainsi pour les autres séries de mots.

poison – poisson　　*dix – dizaine*　　*douce – douze*

dessert – désert　　*épouse – pousse*　　*bazar – brassard*

Différenciation

Proposer l'exercice 1 dans la *fiche d'activités pour le son* [z].

2. Les mots dans la grille

Objectif : Repérer et orthographier correctement les mots de la semaine.

Organisation : Les élèves travaillent individuellement (vérification en binôme).

Matériel individuel : Une pochette de feutres et un stylo vert.
Le classeur d'écriture.
Les mots de la semaine.
Les sons consonnes – Le son [z]
Les mots dans la grille.
Les sons consonnes – Le son [z]
Exercices 2 et 3 de la *fiche d'activités pour le son* [z].
Les sons consonnes – Le son [z]

Préparation

Dupliquer le document *Les mots dans la grille* à raison d'un par élève.

Déroulement

Je m'appelle :		
raison	maison	treize
cerise	cousine	seize
zébu	cuisiner	cuisine
zéro	sixième	bonze
zèbre	cousin	onze

Score : ○○○○○○

• Demander aux élèves de préparer des feutres bleu, orange, rouge, jaune, gris, rose et un stylo vert. Distribuer les grilles de mots, face retournée.

• Répartir les élèves par groupes de deux et faire retourner le document *Les mots dans la grille.* Annoncer la tâche : « Vous devrez effectuer sur cette grille les consignes que je vais vous donner ; chacun a sa grille. Pour gagner un point, les joueurs d'un même binôme doivent avoir effectué tous les deux la bonne action sur leur grille. » Préciser qu'il n'est pas possible de communiquer pendant l'activité. Faire placer au besoin une petite surface verticale au milieu de chaque table.

• Commencer l'activité en donnant la première consigne : « *Surlignez en jaune :* cuisine. » S'assurer que les enfants ont tous répondu avant de passer à la consigne suivante.

• Procéder de même pour chaque consigne :

– *Surlignez en gris :* maison.

– *Surlignez en rouge :* zéro.

– *Surlignez en bleu :* seize.

– *Surlignez en orange :* cerise.

– *Surlignez en rose :* onze.

• Faire poser les feutres, puis demander à chaque enfant de prendre son stylo vert.

• Laisser un temps de comparaison des réponses au sein de chaque binôme, puis procéder à une correction collective, en relisant les consignes une à une. Expliquer que, pour chaque bonne réponse, on colorie en vert une des pastilles figurant sous la grille, uniquement si son équipier a également trouvé la bonne réponse.

• Noter les mots en colonne au tableau, au fur et à mesure de la correction : *cuisine, maison, zéro, cerise* et *onze.*

• Organiser la mise en commun puis désigner les gagnants.

• Faire coller la grille dans le classeur d'écriture.

• Demander aux élèves de recopier les mots notés en colonne au tableau sur une autre feuille de leur classeur d'écriture. Proposer à certains enfants ayant des difficultés de copie de coller seulement le document *Les mots de la semaine.*

Prolongements écrits

• Écrire un mot de la semaine au tableau. Faire compter le nombre de syllabes, de lettres, puis le faire épeler. L'effacer, demander à un élève de l'écrire sur son ardoise et de le montrer à la classe. Apporter collectivement les corrections nécessaires.

• Écrire le mot *deux* au tableau, puis écrire le morceau de phrase suivant :
Je suis ____________ à la course.
Demander aux enfants de la recopier sur l'ardoise en la complétant avec le mot *deuxième*. Faire lire la phrase obtenue et faire remarquer que *x* se prononce [z].
Renouveler avec les phrases suivantes :
(six) *Mon frère est au collège, en classe de ____________ .*
(dix) *Octobre est le ____________ mois de l'année.*

Différenciation

Proposer les exercices 2 et 3 de la *fiche d'activités pour le son* [z].

3. Les mots mystères

Objectif :	Connaître la dérivation du mot *cuisine* et *cerise*.
Organisation :	Les élèves travaillent individuellement.
Matériel individuel :	Une ardoise et un feutre. Exercice 4 de la *fiche d'activités pour le son* [z]. ➤ Les sons consonnes – Le son [z]
Matériel collectif :	3 affiches au format A2.

Préparation

Écrire une phrase sur chaque affiche :
– *Quand il sera grand, il veut devenir ______________.*
– *Pour une tarte aux ________, il faut compter 30 minutes de ________ environ.*
– *Le rôti est trop ________, il est dur à manger.*

Déroulement

• Au tableau, écrire en ligne les mots *cuisine* et *cerise*. Demander aux élèves de donner oralement pour chacun des mots de la même famille.
• Écrire toutes les propositions au tableau. Préciser que même les propositions erronées sont notées, et qu'elles seront débattues par la suite.
• Valider les bonnes réponses et effacer les mauvaises. Au besoin, compléter la liste et expliquer les mots (par exemple, *cerisette* : boisson à base de cerises). Inviter un ou plusieurs élèves à relire la liste au tableau.

cuisine	**cerise**
cuisiner	cerisier
cuisinier	cerisaie
cuire	cerisette
cuisson	
cuit	

• Fixer la première affiche et demander à un élève de lire la phrase ; en vérifier la compréhension auprès du groupe classe. Puis demander aux élèves d'écrire sur leur ardoise le mot manquant, en précisant qu'il se trouve au tableau.

• Faire lever les ardoises et reprendre les propositions une à une. Organiser un court débat puis valider la bonne réponse : *cuisinier*.

• Procéder de la même manière pour la deuxième phrase. Valider les réponses *cerises* et *cuisson*. Faire remarquer que *cerises* est à écrire au pluriel.

• Poursuivre avec la troisième phrase et valider la réponse *cuit*. Conclure en demandant à plusieurs enfants de proposer oralement des phrases comprenant l'un des mots notés au tableau.

Différenciation

Proposer l'exercice 4 de la *fiche d'activités pour le son* [z].

4. Les phrases à écrire

Objectif :	Rédiger une phrase décrivant une image et comprenant un ou plusieurs mots de la semaine.
Organisation :	Les élèves travaillent individuellement.
Matériel individuel :	Le cahier d'essai Le classeur d'écriture. *Les mots dans l'image* (voir rituel 1). Exercice 5 de la *fiche d'activités pour le son* [z]. Les sons consonnes – Le son [z]
Matériel collectif :	Le document *Les mots dans l'image* agrandi au format A3 (ou à projeter).

Préparation

Fixer au tableau l'affiche au format A3 du document *Les mots dans l'image* utilisé lors du rituel 1. Il est aussi possible de projeter le document sur un TBI.

Déroulement

• Demander aux élèves de reprendre la feuille de leur classeur où est collé le document *Les mots dans l'image*.

• Inviter chaque élève à écrire sur son cahier d'essai une phrase expliquant un détail de l'image ; préciser qu'il faut utiliser au moins un des mots de la semaine. Demander de « mentaliser » sa phrase avant de l'écrire. Au besoin, faire rappeler qu'une phrase doit avoir du sens, et raconter quelque chose.

• Laisser un temps de recherche, puis demander à chaque enfant de dire sa phrase à l'enseignant, en aparté. Valider ou corriger chaque proposition en apportant des aides, avant de faire écrire la production dans le cahier d'essai.

• Lors de la mise en commun, chaque élève énonce sa phrase. Pour chacune, faire valider ou corriger par la classe en demandant si les consignes sont respectées : présence d'un ou plusieurs mots de la semaine, sens de la phrase.

Prolongement écrit

Faire recopier sa phrase dans le classeur d'écriture.

Différenciation

Proposer l'exercice 5 de la *fiche d'activités pour le son* [z].

5. La dictée à deux

Objectif :	Restituer l'orthographe des mots de la semaine.
Organisation :	Les élèves travaillent en binôme.
Matériel individuel :	Une ardoise et un feutre. Le cahier du jour.

Déroulement

• Expliquer aux élèves que le travail s'effectuera, pour chaque mot, en deux temps : d'abord sur l'ardoise, puis sur le cahier du jour.

• Faire écrire sur l'ardoise un mot de la semaine : par exemple, *cuisine*. Laisser un temps de travail nécessaire, puis demander au sein de chaque groupe de comparer les propositions et d'apporter au besoin des changements éventuels.

• Inviter ensuite chaque élève à recopier ce mot sur le cahier du jour.

• Procéder ainsi pour les autres mots de la dictée, puis organiser une correction collective.

Le son [v]

En bref :

1. J'entends et j'observe : Les mots dans l'image
2. Je m'entraîne : Les mots dans la grille
3. J'approfondis : Les mots à réunir
4. J'écris : Les phrases à écrire
5. Je restitue : La dictée à deux

Les mots de la semaine : livre – ouvrir – vent – vélo – travailler – voir

1. Les mots dans l'image

Objectifs :	Identifier et discriminer le phonème [v] dans un mot. Connaître la graphie *v*.
Organisation :	Les élèves travaillent en binôme.
Matériel individuel :	Le classeur d'écriture. Un stylo vert. *Les mots dans l'image.* ➤ Les sons consonnes – Le son [v] Exercice 1 de la *fiche d'activités pour le son* [v]. ➤ Les sons consonnes – Le son [v]
Matériel collectif :	Le document *Les mots dans l'image* agrandi au format A3 (ou à projeter).

Préparation

• Imprimer et dupliquer le document *Les mots dans l'image* à raison d'un par élève.
• Prévoir un exemplaire au format A3 à afficher au tableau. Il est aussi possible de projeter les documents sur TBI et de mener la mise en commun sur ce support.

Déroulement

• Distribuer à chaque binôme le document *Les mots dans l'image.*

Les mots dans l'image

• Laisser un temps d'observation de l'image, puis donner la consigne : « Vous devez, par deux, repérer les éléments de cette image où l'on entend le son [v], puis les entourer au crayon à papier sur votre document. »

• Laisser le temps de travail nécessaire, en le ponctuant au besoin par des questions telles que :

– *Que fait Zoé ? (Elle ouvre la porte.)*

– *Quel moyen de transport est à l'extérieur ? (un vélo)*

– *Qu'est-ce qui souffle dehors ? (le vent)*

– *Que fait Bachir ? (Il travaille. Il lit un livre. Il fait ses devoirs.)*

– *Les rideaux sont devant une… ? (une vitre)*

– *Que voit-on sur la table ? (un vase et un verre)*

– *Quel est le nombre sur le tee-shirt de Zoé ? (vingt)*

– *Que fait la souris ? (Elle essaie de voir le livre.)*

• Pour la synthèse, distribuer de nouveau à chaque binôme le même document. Expliquer que, dans chaque groupe, un élève doit corriger à l'aide de son stylo vert sur le support qui a été utilisé pendant la phase de recherche, tandis que le second entoure à son tour les dessins des mots validés.

• Inviter un ou plusieurs élèves à venir entourer sur l'affiche A3 (ou sur le TBI) les éléments comprenant le son [v]. Valider chaque réponse et noter les mots au tableau. Faire lire par un élève la liste obtenue : *ouvrir, vélo, vent, travailler, livre, vitre, vingt, vase, verre, devoirs* et *voir*.

• Faire remarquer que le son [v] s'écrit avec la lettre *v*. Entourer collectivement chaque son [v] dans la liste au tableau.

• Inviter les élèves à trouver d'autres mots avec le son [v] que l'on pourrait trouver dans cette scène. Les faire valider et les noter dans la colonne correspondante au tableau.

Exemple : valise, violon, cave, télévision, etc.

• Conclure la séance en faisant coller le document dans le classeur d'écriture.

Prolongement écrit

Écrire les mots *ver* et *fer* au tableau. Demander aux élèves d'écrire sur leur ardoise le mot où l'on entend le son [v]. Laisser le temps de recherche nécessaire, puis valider la bonne réponse : *ver.*

Procéder de la même manière avec les paires de mots suivants :

<u>vrai</u> – frais	*<u>ville</u> – fille*	*phare – <u>Var</u>*
feu – <u>vœu</u>	*faon – <u>vent</u>*	*<u>vase</u> – face*

Différenciation

Proposer l'exercice 1 dans la *fiche d'activités pour le son* [v].

2. Les mots dans la grille

Objectif :	Repérer et orthographier correctement les mots de la semaine.
Organisation :	Les élèves travaillent individuellement (avec une vérification en binôme).
Matériel individuel :	Une pochette de feutres et un stylo vert. Le classeur d'écriture. *Les mots de la semaine*. ➤ Les sons consonnes – Le son [v] *Les mots dans la grille.* ➤ Les sons consonnes – Le son [v] Exercices 2 et 3 de la *fiche d'activités pour le son* [v]. ➤ Les sons consonnes – Le son [v]

Préparation

Dupliquer le document *Les mots dans la grille* à raison d'un par élève.

Déroulement

• Demander aux élèves de préparer des feutres bleu, orange, rouge, jaune, gris, rose et un stylo vert. Distribuer à chacun les grilles de mots, face retournée.

• Après avoir réparti les élèves par groupes de deux et fait retourner le document *Les mots dans la grille*, annoncer la tâche : « Vous devrez effectuer sur cette grille les consignes que je vais vous donner ; chacun a sa grille. Pour gagner un point, les joueurs d'un même binôme doivent avoir effectué tous les deux la bonne action sur leur grille. » Préciser qu'il n'est pas possible de communiquer pendant l'activité. Faire placer au besoin une petite surface verticale au milieu de chaque table.

• Commencer l'activité en donnant la première consigne : « *Surlignez en jaune :* livre. » S'assurer que les enfants ont tous répondu avant de passer à la consigne suivante.

• Procéder de même pour chaque consigne :
– *Surlignez en gris :* ouvrir.
– *Surlignez en rouge :* vent.
– *Surlignez en bleu :* vélo.
– *Surlignez en orange :* travailler.
– *Surlignez en rose :* voir.

Je m'appelle : ....

sent	travailler	foire
vent	vilain	livre
fibre	ouvrir	ouvre
souffrir	travail	vélo
voir	voile	libre

Score : ◯◯◯◯◯◯

• Faire poser les feutres, puis demander à chaque enfant de prendre son stylo vert.

• Laisser un temps de comparaison des réponses au sein de chaque binôme, puis procéder à une correction collective, en relisant les consignes une à une. Expliquer que, pour chaque bonne réponse, on colorie en vert une des pastilles figurant sous la grille, uniquement si son équipier a également trouvé la bonne réponse.

• Noter les mots en colonne au tableau, au fur et à mesure de la correction : *livre, ouvrir, vent, vélo, travailler* et *voir.*

• Organiser la mise en commun puis désigner les gagnants.

• Faire coller la grille dans le classeur d'écriture.

• Demander aux élèves de recopier les mots notés en colonne au tableau sur une autre feuille de leur classeur d'écriture. Proposer à certains enfants ayant des difficultés de copie de coller le document *Les mots de la semaine.*

Prolongement écrit

Écrire au tableau les syllabes suivantes : *ve, vre, vrir, ven* et *voi.* Demander aux élèves de donner oralement des mots comprenant ces syllabes. Une fois validées, les propositions sont notées au tableau. Par exemple :
– *ve : vivement, laverie ;*
– *vre : pauvre, poivre ;*
– *vrir : ouvrir, découvrir ;*
– *ven : vendredi, ventilateur ;*
– *voi : voiture, avoine.*

Différenciation

Proposer les exercices 2 et 3 de la *fiche d'activités pour le son* [v].

3. Les mots à réunir

Objectif : Connaître la dérivation des mots *livre, ouvrir, vent, voyageur, travailler* et *voir.*

Organisation : Les élèves travaillent collectivement (dans la salle d'évolution ou le préau).

Matériel individuel : Exercice 4 de la *fiche d'activités pour le son* [v].
➤ Les sons consonnes – Le son [v]

Matériel collectif : Le document *Les mots à réunir*.
➤ Les sons consonnes – Le son [v]
Un panier.

Préparation

• Imprimer et découper la planche d'étiquettes *Les mots à réunir*, ainsi que la planche *Les mots intrus* (contenue dans le même document).

• Déposer les étiquettes dans un panier. Faire en sorte qu'il y ait une étiquette par élève, en augmentant ou en réduisant le nombre de cartes *intrus*.

Déroulement

• Tendre à chaque élève le panier et demander de choisir une étiquette, sans la regarder.

• Expliquer aux enfants que le but de l'activité est de se réunir par groupes de trois, selon une règle bien précise qui sera à deviner. Ajouter que chacun va regarder son étiquette, puis circuler librement dans la pièce à la recherche de ses deux partenaires. Une fois réuni, un trio doit venir faire valider son association : si le résultat est correct, le groupe sera désigné gagnant, sinon il doit retourner en recherche.

• Préciser que certains enfants auront en leur possession une carte *intrus* et ne pourront pas intégrer un trio.

• Démarrer l'activité et laisser un temps de recherche. Vérifier auprès de chacun la bonne compréhension de son mot-étiquette.

• Au bout de quelques minutes, et en fonction de l'avancée de l'activité, réunir les élèves et leur demander quelle est, selon eux, la règle pour « s'associer ». Faire conclure que la règle d'association concerne les familles de mots, puis relancer la période de recherche.

• Au fur et à mesure de la partie, valider les bonnes réponses.

– Trio 1 : *livre, livret, librairie.*

– Trio 2 : *ouvrir, ouvert, ouverture.*

– Trio 3 : *vent, venteux, éventail.*

– Trio 4 : *voyageur, voyage, voyager.*

– Trio 5 : *travailler, travail, travailleuse.*
– Trio 6 : *voir, vision, vue.*

• Une fois l'ensemble des trios associés, procéder à une synthèse. Demander à chaque groupe de présenter ses étiquettes, l'un après l'autre. Écrire les mots au tableau en colonnes, en séparant les familles d'un trait vertical. Entourer les radicaux de chaque famille.

• Inviter plusieurs élèves à lire les groupes de mots, puis faire expliquer quels étaient les mots intrus. Faire argumenter les réponses :

– Trio 1 : *libre* est un mot proche de *livre.*
– Trio 2 : *fermer* est le contraire de *ouvrir* ; *couvrir* ressemble à *ouvrir* et génère une confusion avec *fermer.*
– Trio 3 : *météo* et *tempête* appartiennent au même champ lexical que *vent.*
– Trio 4 : *vacances* appartient au même champ lexical que *voyage.*
– Trio 5 : *trouvaille* ressemble à *travail* ; *métier* est un synonyme de *travail.*
– Trio 6 : *regarder* est un synonyme de *voir.*

• Apporter au besoin des explications sur certains mots, puis conclure l'activité en demandant à des élèves de lire les listes de mots.

Différenciation

Proposer l'exercice 4 de la *fiche d'activités pour le son* [v].

4. Les phrases à écrire

Objectif :	Rédiger une ou plusieurs phrases comprenant les mots de la semaine.
Organisation :	Les élèves travaillent individuellement (avec une vérification en binôme).
Matériel individuel :	Le cahier d'essai. Le classeur d'écriture. *Les mots dans l'image* (voir rituel 1). Exercice 5 de la *fiche d'activités pour le son* [v]. ➤ Les sons consonnes – Le son [v]
Matériel collectif :	Le document *Les mots dans l'image* agrandi au format A3 (ou à projeter).

Préparation

Fixer au tableau l'affiche au format A3 du document *Les mots dans l'image* utilisé lors du rituel 1. Il est aussi possible de projeter les documents sur un TBI.

Déroulement

• Demander aux élèves de reprendre la feuille de leur classeur où est collé le document *Les mots dans l'image*.

• Inviter chaque élève à écrire sur son cahier d'essai une phrase expliquant un détail de l'image ; préciser qu'il faut utiliser au moins un des mots de la semaine. Demander de « mentaliser » sa phrase avant de l'écrire. Au besoin, faire rappeler qu'une phrase doit avoir du sens, et raconter quelque chose.

• Ajouter que chaque enfant doit dire sa proposition dans l'oreille du voisin. Si elle lui semble correcte, il lui permet de l'écrire dans son cahier d'essai. Si elle ne l'est pas, il l'invite à aller voir l'enseignant qui lui viendra en aide.

• Laisser le temps de travail nécessaire et circuler dans la classe pour apporter des aides ponctuelles.

• Lors de la mise en commun, chaque élève énonce sa phrase. Pour chacune, faire valider ou corriger par la classe en demandant si les consignes sont respectées : présence d'un ou de plusieurs mots de la semaine, sens de la phrase.

Prolongement écrit

Faire recopier sa phrase validée dans le classeur d'écriture.

Différenciation

Proposer l'exercice 5 de la *fiche d'activités pour le son* [v].

5. La dictée à deux

Objectif :	Restituer l'orthographe des mots de la semaine.
Organisation :	Les élèves travaillent en binôme.
Matériel individuel :	Une ardoise et un feutre. Le cahier du jour.

Déroulement

• Expliquer aux élèves que le travail s'effectuera, pour chaque mot, en deux temps : d'abord sur l'ardoise, puis sur le cahier du jour.

• Faire écrire sur l'ardoise un mot de la semaine : par exemple, *livre*. Laisser un temps de travail nécessaire, puis demander au sein de chaque groupe de comparer les propositions et d'apporter au besoin des changements éventuels dans l'écriture du mot.

• Inviter ensuite chaque élève à recopier ce mot sur le cahier du jour.

• Procéder ainsi pour les autres mots de la dictée, puis organiser une correction collective.

Le son [f]

En bref :

1. J'entends et j'observe : Les mots dans l'image
2. Je m'entraîne : Les mots dans la grille
3. J'approfondis : Les mots intrus
4. J'écris : Les phrases à écrire
5. Je restitue : La dictée à deux

Les mots de la semaine : fromage – photo – fée – fumée – téléphone – pharmacie

1. Les mots dans l'image

Objectifs :	Identifier et discriminer le phonème [f] dans un mot. Connaître les graphies *f* et *ph* du son [f].
Organisation :	Les élèves travaillent en binôme.
Matériel individuel :	Le classeur d'écriture. Un stylo vert. *Les mots dans l'image.* Les sons consonnes – Le son [f] Exercice 1 de la *fiche d'activités pour le son* [f]. Les sons consonnes – Le son [f]
Matériel collectif :	Le document *Les mots dans l'image* agrandi au format A3 (ou à projeter).

Préparation

• Imprimer et dupliquer le document *Les mots dans l'image* à raison d'un par binôme (à distribuer en deux temps).

• Prévoir un exemplaire au format A3 à afficher au tableau. Il est aussi possible de projeter le document sur un TBI et de mener la mise en commun sur ce support.

• Tracer deux colonnes au tableau et écrire en tête de chacune : *J'écris...*

Déroulement

• Distribuer à chaque binôme le document *Les mots dans l'image.*

Les mots dans l'image

• Laisser un temps d'observation de l'image, puis donner la consigne : « Vous devez, par deux, repérer les éléments de cette image où l'on entend le son [f], puis les entourer au crayon à papier sur votre document. »

• Répondre aux questions de compréhension, puis lancer l'activité. Au besoin, orienter la recherche des élèves en posant les questions suivantes :

– *Que voit-on au dessus des cheminées ? (de la fumée)*
– *Il y a en a trois sur cette image. De qui s'agit-il ? (des enfants)*
– *Devant quel magasin se trouvent Maman et Zoé ? (une pharmacie)*
– *Quel est le déguisement de Zoé ? (une fée)*
– *Quel est le déguisement du deuxième enfant ? (un fantôme)*
– *Que fait Maman ? (Elle prend une photo.)*
– *Que porte Bachir dans la main ? (un téléphone)*
– *Qu'a le policier dans la bouche ? (un sifflet)*
– *Que voit-on sur les bâtiments ? (des fenêtres)*
– *Que mange la souris ? (du fromage)*

• Commencer le moment de synthèse en donnant une nouvelle fois à chaque binôme la même image. Expliquer que, dans chaque groupe, un enfant doit corriger à l'aide de son stylo vert sur le support qui a été utilisé pendant la phase de recherche, tandis que le second recopie les réponses sur cette nouvelle feuille.

• Inviter un ou plusieurs élèves à venir entourer sur l'affiche A3 (ou sur le TBI) les éléments comprenant le son [f]. Valider chaque réponse et noter les mots au tableau. Faire lire par un élève la liste obtenue : *fumée, pharmacie, fée, photo, enfant, fantôme, sifflet, téléphone, fenêtre, fromage*.

• Entourer collectivement chaque son [f] dans la liste au tableau.

• Faire émerger les deux graphies du son [f], *f* et *ph*. Les écrire en tête de chacune des colonnes tracées au tableau, puis recopier chaque mot de la liste dans la bonne case, à l'aide des élèves.

J'entends [f].	
J'écris *f*.	**J'écris *ph*.**
fumée fée enfant fantôme fromage sifflet fenêtre	pharmacie photo téléphone

• Inviter les élèves à trouver d'autres mots avec le son [f] que l'on pourrait trouver dans cette scène. Les faire valider et les noter dans la bonne colonne.
Exemple : affaire, affiche, farandole, fermer, etc.
• Conclure la séance en faisant coller le document dans le classeur d'écriture.

Prolongement écrit

Écrire au tableau les groupes de lettres suivantes : *af*, *ef* et *of*. Demander aux élèves de donner oralement des mots commençant par ces lettres. Une fois validées, les propositions sont notées au tableau. Par exemple : *af : affiche, affaire ; ef : effacer, effort ; of : officiel, offrir.*
Préciser que les mots commençant par *af*, *ef*, et *of* possèdent généralement un double *f*, sauf dans quelques exceptions, comme *Afrique*.

Différenciation

Proposer l'exercice 1 dans la *fiche d'activités pour le son* [f].

2. Les mots dans la grille

Objectif : Repérer et orthographier correctement les mots de la semaine.

Organisation : Les élèves travaillent individuellement.

Matériel individuel : Une pochette de feutres et un stylo vert.
Le classeur d'écriture.
Les mots de la semaine.
▶ Les sons consonnes – Le son [f]
Les mots dans la grille.
▶ Les sons consonnes – Le son [f]
Exercices 2 et 3 de la *fiche d'activités pour le son* [f].
▶ Les sons consonnes – Le son [f]

Préparation

Dupliquer le document *Les mots dans la grille* à raison d'un par élève.

Déroulement

• Demander aux élèves de préparer des feutres bleu, orange, rouge, jaune, gris, rose et un stylo vert. Distribuer les grilles de mots, face retournée.

Je m'appelle : ....

éléphant	faire	fée
photo	pharmacie	photographier
auto	voir	fromage
fumée	phare	téléphone
fume	télévision	soir

Score : ◯ ◯ ◯ ◯ ◯ ◯

• Répartir les élèves par groupes de deux et faire retourner le document *Les mots dans la grille.* Annoncer la tâche : « Vous devrez effectuer sur cette grille les consignes que je vais vous donner ; chacun a sa grille. Pour gagner un point, les joueurs d'un même binôme doivent avoir effectué tous les deux la bonne action sur leur grille. » Préciser qu'il n'est pas possible de communiquer pendant l'activité. Faire placer au besoin une petite surface verticale au milieu de chaque table.

• Commencer l'activité en donnant la première consigne : « *Surlignez en jaune :* fromage. »

S'assurer que les enfants ont tous répondu avant de passer à la consigne suivante.

• Procéder de même pour chaque consigne :

– *Surlignez en gris :* photo.
– *Surlignez en rouge :* fée.
– *Surlignez en bleu :* fumée.
– *Surlignez en orange :* téléphone.
– *Surlignez en rose :* pharmacie.

• Faire poser les feutres, puis demander à chaque enfant de prendre son stylo vert.

• Laisser un temps de comparaison des réponses au sein de chaque binôme, puis procéder à une correction collective, en relisant les consignes une à une. Expliquer que, pour chaque bonne réponse, on colorie en vert une des pastilles figurant sous la grille, uniquement si son équipier a également trouvé la bonne réponse.

• Noter les mots en colonne au tableau, au fur et à mesure de la correction : *fromage, photo, fée, fumée, fondre* et *pharmacie.*

• Organiser la mise en commun puis désigner les gagnants.

• Faire coller la grille dans le classeur d'écriture.

• Demander aux élèves de recopier les mots notés en colonne au tableau sur une autre feuille de leur classeur d'écriture. Proposer à certains enfants ayant des difficultés de copie de coller seulement le document *Les mots de la semaine.*

Prolongement écrit

Écrire au tableau, en gros caractères, les deux mots suivants : *fête* et *tête*. Demander aux élèves de ne recopier sur l'ardoise que le mot où l'on entend [f] : *fête.* Valider la bonne réponse, puis poursuivre avec les séries suivantes :

<u>phoque</u> – toque	*tour – <u>four</u>*	*<u>café</u> – cassé*
vrai – <u>frais</u>	*<u>feu</u> – peu*	*<u>farine</u> – narine*

Différenciation

Proposer les exercices 2 et 3 de la *fiche d'activités pour le son* [f].

3. Les mots intrus

Objectif :	Connaître la dérivation des mots *photo, téléphone* et *fée.*
Organisation :	Les élèves travaillent individuellement.
Matériel individuel :	Une ardoise et un feutre. Exercice 4 de la *fiche d'activités pour le son* [f]. Les sons consonnes – Le son [f]

Déroulement

• Écrire au tableau les mots *photo, photographe, phoque, photographier.*

• Inviter un élève à lire les mots, puis demander à tous d'écrire sur leur ardoise le mot intrus.

Relever les réponses et faire donner la bonne réponse : *phoque*. Faire justifier : ce mot n'appartient à la même famille que *photo* ; faire entourer le radical commun aux trois autres mots (*photo-*).

Renouveler l'exercice avec les deux listes suivantes :

– *téléphone, <u>portable</u>, téléphoner, téléphonique*

– *fée, <u>sorcière</u>, féérie, féérique*

Différenciation

Proposer l'exercice 4 de la *fiche d'activités pour le son* [f].

4. Les phrases à écrire

Objectif :	Rédiger une ou plusieurs phrases comprenant les mots de la semaine.
Organisation :	Les élèves travaillent individuellement.
Matériel individuel :	Le cahier d'essai. Le classeur d'écriture. *Les mots dans l'image* (voir rituel 1). Exercice 5 de la *fiche d'activités pour le son* [f]. ➤ Les sons consonnes – Le son [f]
Matériel collectif :	Le document *Les mots dans l'image* agrandi au format A3 (ou à projeter).

Préparation

Fixer au tableau l'affiche au format A3 du document *Les mots dans l'image* utilisé lors du rituel 1. Il est aussi possible de projeter les documents sur un TBI.

Déroulement

• Demander aux élèves de reprendre la feuille de leur classeur où est collé le document *Les mots dans l'image*.

• Inviter chaque élève à écrire sur son cahier d'essai une phrase expliquant un détail de l'image ; préciser qu'il faut utiliser au moins un des mots de la semaine. Demander de « mentaliser » sa phrase avant de l'écrire. Au besoin, faire rappeler qu'une phrase doit avoir du sens, et raconter quelque chose.

• Circuler dans la classe pour apporter de l'aide, au besoin, sur la structure de la phrase ou sur les mots difficiles à écrire.

• Lors de la mise en commun, chaque élève énonce sa phrase. Pour chacune, faire valider ou corriger par la classe en demandant si les consignes sont respectées : présence d'un ou plusieurs mots de la semaine, sens de la phrase.

Prolongement écrit

Faire recopier sa phrase validée dans le classeur d'écriture.

Différenciation

Proposer l'exercice 5 de la *fiche d'activités pour le son* [f].

5. La dictée à deux

Objectif : Restituer l'orthographe des mots de la semaine.

Organisation : Les élèves travaillent en binôme.

Matériel individuel : Une ardoise et un feutre.
Le cahier du jour.

Déroulement

• Expliquer aux élèves que le travail s'effectuera, pour chaque mot, en deux temps : d'abord sur l'ardoise, puis sur le cahier du jour.

• Faire écrire sur l'ardoise un mot de la semaine : par exemple, *photo*. Laisser un temps de travail nécessaire, puis demander au sein de chaque groupe de comparer les propositions et d'apporter au besoin des changements éventuels dans l'écriture du mot.

• Inviter ensuite chaque élève à recopier ce mot sur le cahier du jour.

• Procéder ainsi pour les autres mots de la dictée, puis organiser une correction collective.

Le son [k]

En bref :

1. J'entends et j'observe : Les mots définis
2. Je m'entraîne : Les mots à épeler
3. J'approfondis : Les mots intrus
4. J'écris : Les phrases à compléter
5. Je restitue : La dictée à deux

Les mots de la semaine : quatorze – anorak – calcul – magique – compote – cinq

1. Les mots définis

Objectifs :	Trouver un mot à partir de sa définition. Connaître les différentes graphies du son [k] : *c, q/qu, k, ch.* Savoir que la lettre *c* se prononce [k] devant les voyelles *a, o* et *u*.
Organisation :	Les élèves travaillent individuellement.
Matériel individuel :	Exercice 1 de la *fiche d'activités pour le son* [k]. Les sons consonnes – Le son [k]
Matériel collectif :	Une dizaine de haricots secs.

Préparation

Tracer quatre colonnes au tableau ayant pour en-tête : *J'écris...*

Déroulement

• Expliquer la règle du jeu : « Je vais vous lire une définition. Si vous avez trouvé le mot correspondant, tapez un léger coup sur votre table pour prendre la parole. » Donner un exemple : « *Animal qui chante le matin.* » Valider la bonne réponse et écrire le mot *coq* au tableau. Préciser que chaque gagnant va remporter un haricot. Celui qui en a le plus à la fin du jeu sera vainqueur.
• Commencer la partie, en s'appuyant sur ces définitions :
– *Résultat de 7 + 7 (quatorze).*
– *Manteau épais qui protège du froid et de la pluie (anorak).*

- *Ensemble de musiciens jouant ensemble (orchestre).*
- *Effectuer une opération (calculer).*
- *Document qui permet de localiser un endroit (carte).*
- *La baguette de la fée l'est… (magique).*
- *Moitié de 10 (cinq).*
- *Groupe de personnes qui chantent ensemble (chorale ; on peut accepter chœur).*
- *Purée de fruits, souvent des pommes (compote).*
- *Doux animal herbivore qui vit en Australie (koala).*
- *Emballage pour ranger des objets (carton).*
- *Sport de combat asiatique (karaté).*

• Au fur et à mesure du jeu, écrire chaque mot au tableau, en colonne.

• Faire remarquer que tous les mots comportent le son [k]. Demander aux élèves de trouver d'autres mots comprenant ce son. Valider collectivement et noter les propositions correctes au tableau, par exemple : *cahier, café, clavier, agriculteur, kangourou, quartier,* etc.

• Inviter un ou plusieurs enfants à venir entourer le son [k] dans chaque mot.

• Faire émerger les différentes graphies du son [k]. Les écrire en tête de chacune des colonnes tracées au tableau avant le début de la séance, puis recopier les mots listés dans la bonne colonne. Pour chaque colonne, demander éventuellement aux élèves de trouver d'autres exemples de mots (selon la liste établie ci-dessus).

Exemple :

J'entends [k].			
J'écris *k*.	**J'écris *c*.**	**J'écris *q* ou *qu*.**	**J'écris *ch*.**
anorak	calculer	coq	chorale
koala	carte	quatorze	orchestre
karaté	compote	magique	chœur
kangourou	carton	cinq	
	cahier	quartier	
	café		
	agriculteur		
	clavier		

• Entourer collectivement dans ce tableau les graphèmes du son [k]. Dans la deuxième colonne, faire souligner les lettres qui suivent la lettre *c*. Faire expliquer que la lettre *c* fait entendre le son [k] devant une consonne et devant les voyelles *a*, *o* et *u*. Faire noter également que, pour former le son [k], la lettre *q* est presque toujours suivi de la lettre *u* (*coq* et *cinq* sont les exceptions les plus courantes).

• Pour conclure l'activité, les élèves comptent le nombre de haricots remportés. Désigner le ou les vainqueurs.

Prolongement écrit

Écrire en gros caractères au tableau les deux mots suivants : *crier* et *cirer*. Demander aux élèves de ne recopier sur leur ardoise que le mot comprenant le son [k]. Faire valider immédiatement la bonne réponse, *crier*, puis poursuivre avec d'autres séries.

Exemple :

chaud – choral	*Grec – Grèce*	*cour – tour*
vraie – craie	*quille – cil*	*ski – scie*

Différenciation

Proposer l'exercice 1 dans la *fiche d'activités pour le son* [k].

2. Les mots à épeler

Objectif : Orthographier correctement les mots de la semaine.

Organisation : Les élèves travaillent en binôme.

Matériel individuel : Une ardoise et un feutre.
Le classeur d'écriture.
Les mots de la semaine.
➤ Les sons consonnes – Le son [k]
Exercices 2 et 3 de la *fiche d'activités pour le son* [k].
➤ Les sons consonnes – Le son [k]

Préparation

Imprimer et dupliquer le document *Les mots de la semaine* afin que chaque élève en ait un exemplaire.

Déroulement

• Distribuer à chaque élève le document *Les mots de la semaine.*

• Expliquer la consigne : « Vous allez travailler en binôme. Un élève choisit un mot parmi ceux de la liste et l'énonce à son camarade, qui doit l'épeler correctement, sans avoir la fiche sous les yeux. Sa réponse sera validée par son partenaire. » Ajouter que les rôles changent au sein de chaque binôme après chaque mot épelé. Insister sur le fait que seul l'enfant qui fait deviner a les réponses sous les yeux. Conclure la consigne en précisant que chaque enfant doit épeler les six mots de la liste, puis lancer l'activité.

• Procéder à la mise en commun : épeler collectivement chacun des mots et les écrire au tableau sous forme d'une dictée à l'adulte.

• Conclure l'activité en demandant aux élèves de recopier sur une nouvelle feuille dans le classeur d'écriture chaque mot de la semaine à l'aide du document individuel utilisé pendant la séance.

Prolongement écrit

Écrire au tableau les lettres suivantes en les séparant d'un trait vertical :
h | p | o | u | q | e.
Demander aux élèves de trouver et d'écrire ce mot sur leur ardoise, en replaçant les lettres dans l'ordre. Vérifier collectivement et noter au tableau la réponse : *phoque*.
Procéder ainsi avec d'autres séries de syllabes. Au besoin, entourer la première lettre. Par exemple :

q | o | c : coq
b | u | c | o : bouc
q | u | b | a | e | r : barque
i | n | o | c | a | m : camion
l | a | o | k | a : koala
u | q | i | n | e | z : quinze

À la fin de l'exercice, demander à un ou plusieurs élèves de venir entourer le son [k] dans chaque mot. Faire remarquer que dans *coq* et *bouc,* la graphie finale du son [k] n'est pas fréquente : on voit plus couramment *-que*.

Différenciation

Proposer les exercices 2 et 3 de la *fiche d'activités pour le son* [k].

3. Les mots intrus

Objectif : Connaître la dérivation des mots *calcul, magique* et *quatorze.*

Organisation : Les élèves travaillent individuellement.

Matériel individuel : Une ardoise et un feutre.
Exercice 4 de la *fiche d'activités pour le son* [k].
Les sons consonnes – Le son [k]

Déroulement

• Écrire au tableau les mots *calcul, calque, calculatrice, décalquer* et *calculer.*

• Inviter un enfant à lire les mots, puis demander à tous d'écrire sur leur ardoise les deux mots intrus.

• Relever les propositions et faire donner la bonne réponse : *calque* et *décalquer*. Faire remarquer que ces deux mots ne possèdent pas le même radical que les autres (*calcul-*). Faire observer également que le son [k] s'écrit avec la lettre *c* pour *calcul*, *calculatrice* et *calculer* alors qu'il s'écrit avec les lettres *qu* pour *calque* et *décalquer*.

• Renouveler l'activité avec la série suivante, en précisant qu'il y a un seul intrus : *magique, mage, magazine, magie, magicien.*

• Faire valider la bonne réponse : *magazine*. Faire justifier : ici, le radical est commun à tous (*mag-*), mais le mot *magazine* n'appartient pas au même champ sémantique.

• Renouveler l'activité avec la série suivante : *quatorze, quatre, quatorzième, quille, quatrième.* Valider la réponse : *quille*. Faire expliquer que ce mot n'a pas le même radical (*quat-*) et n'intègre pas la famille de *quatorze.*

Différenciation

Proposer l'exercice 4 de la *fiche d'activités pour le son* [k].

4. Les phrases à compléter

Objectif :	Construire des phrases avec les mots *cinq, magique* et *calcul.*
Organisation :	Les élèves travaillent individuellement.
Matériel individuel :	Le cahier d'essai. Exercice 5 de la *fiche d'activités pour le son* [k]. Les sons consonnes – Le son [k]

Préparation

Écrire le début des phrases suivantes au tableau :
- *Les **cinq** fées ont un pouvoir **magique** qui permet...*
- *La boulangère fait des **calculs** tous les jours car...*

Déroulement

• Inviter un élève à lire les deux débuts de phrase. Recueillir les remarques, puis proposer à chacun d'en choisir un et d'imaginer la suite sur son cahier d'essai.

• Laisser le temps de travail nécessaire.

• Inviter des élèves ayant complété la première phrase à lire leur production. En noter certaines au tableau sous forme d'une dictée à l'adulte. Faire reformuler au besoin.

• Faire remarquer la majuscule présente au début de chaque phrase, ainsi que le point final. Demander à un élève d'expliquer qu'une phrase est une suite de mots ordonnés qui a un sens.
• Procéder de la même manière pour la seconde phrase.
• Conclure en demandant à un élève de rappeler les trois règles concernant la phrase : la présence de la majuscule et du point, ainsi que la notion de sens.

Prolongements écrits

• Les élèves copient une ou plusieurs phrase(s) produite(s) lors de la séquence dans le classeur d'écriture, avec étayage de l'enseignant au besoin.
• Proposer à certains élèves autonomes de rédiger leur propre phrase dans leur cahier d'essai.

Différenciation

Proposer l'exercice 5 de la *fiche d'activités pour le son* [k].

5. La dictée à deux

Objectif : Restituer l'orthographe des mots de la semaine.
Organisation : Les élèves travaillent en binôme.
Matériel individuel : Une ardoise et un feutre.
Le cahier du jour.

Déroulement

• Expliquer aux élèves que le travail va s'effectuer, pour chaque mot, en deux temps : d'abord sur l'ardoise, puis sur le cahier du jour.
• Faire écrire sur l'ardoise un mot de la semaine, par exemple : *calcul*. Laisser un temps de travail nécessaire, puis demander au sein de chaque groupe de comparer les propositions et d'apporter au besoin des changements éventuels dans l'écriture du mot.
• Inviter ensuite chaque élève à recopier ce mot sur le cahier du jour.
• Procéder ainsi pour les autres mots de la dictée, puis organiser une correction collective.

Le son [g]

En bref :

1. J'entends et j'observe : Les mots dans la tour
2. Je m'entraîne : Les mots à épeler
3. J'approfondis : Les mots à trier
4. J'écris : Les phrases à compléter
5. Je restitue : La dictée à deux

Les mots de la semaine : gomme – bague – guitare – magasin – regarder – garage

1. Les mots dans la tour

Objectifs :	Identifier et discriminer le phonème [g] dans un mot. Connaître la graphie *g* mais aussi *gu*. Savoir que, devant les voyelles *a*, *o* et *u*, la lettre *g* se prononce [g].
Organisation :	Les élèves travaillent individuellement.
Matériel individuel :	Un crayon à papier. Une ardoise et un feutre. *Les mots dans la tour.* ➤ Les sons consonnes – Le son [g] Le classeur d'écriture. Exercice 1 de la *fiche d'activités pour le son* [g]. ➤ Les sons consonnes – Le son [g]
Matériel collectif :	Le document *Les mots dans la tour* agrandi au format A3 (ou à projeter).

Préparation

• Imprimer et dupliquer le document *Les mots dans la tour* à raison d'un par élève.

• Prévoir un exemplaire au format A3 à afficher au tableau. Il est aussi possible de projeter le document sur un tableau blanc interactif (TBI) et de mener la mise en commun sur ce support.

• Tracer deux colonnes au tableau ayant pour en-tête : *J'écris…*

Déroulement

• Distribuer le document *Les mots dans la tour* à chaque élève.

• Laisser un temps d'observation puis expliquer la consigne : « Vous devez entourer les dessins des mots dans lesquels on entend le son [g]. » Préciser que, pour la première case, le mot attendu est un synonyme de boutique.

• Répondre aux questions éventuelles des élèves puis lancer l'activité. Apporter des aides individuelles.

• Introduire le moment de synthèse en conviant un ou plusieurs élève(s) à entourer les bonnes réponses sur l'affiche au format A3 : *bague, guitare, gomme, magasin* et *garage*.

• Au besoin, faire dire que les mots *cœur, tracteur* et *couteau* ne font pas entendre le son [g], mais le son [k].

• Individuellement, les élèves cochent la case de chaque dessin correctement entouré pour valider les bonnes réponses sur leur document.

• Sur le document affiché au tableau (ou projeté), écrire sous le dessin correspondant les six mots dans lesquels on entend le son [g] : *gomme, magasin, garage, bague, guitare*.

• Faire expliquer que, dans le mot *garage*, le premier *g* se prononce [g] et le second [ʒ]. Préciser également que dans le mot *singe*, la lettre *g* produit le son [ʒ].

• Inviter les élèves à donner oralement d'autres mots comprenant le son [g], comme dans *regarder.* Les faire valider et les noter au tableau.

Exemple : regarder, légume, escargot, guirlande, guêpe, naviguer, etc.

• Faire remarquer que la lettre *g* est souvent accompagnée du *u* pour faire [g]. Tracer deux colonnes au tableau. Écrire le mot *regarder* dans la première colonne et *bague* dans la seconde. Proposer de classer les autres mots selon le modèle. Noter les mots au fur et à mesure, avec l'aide des élèves.

Faire souligner les voyelles qui suivent le *g*, puis faire émerger que *g* suivi de *a*, *o* et *u* fait [g]. Puis écrire en tête de chaque colonne comme indiqué ci-dessous :

J'entends [g].	
Devant *a*, *o* et *u*, j'écris *g*.	**Sinon, j'écris *gu*.**
regarder	bague
gomme	guitare
magasin	guirlande
garage	guêpe
gomme	naviguer
légume	
escargot	
figure	

• Pour finir, les élèves comptent le nombre de cases cochées sur leur document et notent leur score sur la pancarte à côté de l'immeuble.
• Faire coller le document dans le classeur d'écriture.

Prolongement écrit

Écrire au tableau : *une a□rafeuse*.

Demander aux enfants d'écrire sur leur ardoise ce mot comprenant le son [g], en le complétant avec la lettre *g* ou le groupe de lettres *gu*. Valider collectivement la bonne réponse : *une agrafeuse*. Faire expliquer au fur et à mesure de l'exercice que, devant les voyelles *a*, *o* et *u*, la lettre *g* se prononce [g]. Pour obtenir le son [g] devant *e* et *i*, il faut ajouter un *u* à la lettre *g*.

Renouveler la tâche avec d'autres mots, par exemple :

une □azelle *une ca□oule* *une fi□e* *la fati□e*

Différenciation

Proposer l'exercice 1 dans la *fiche d'activités pour le son* [g].

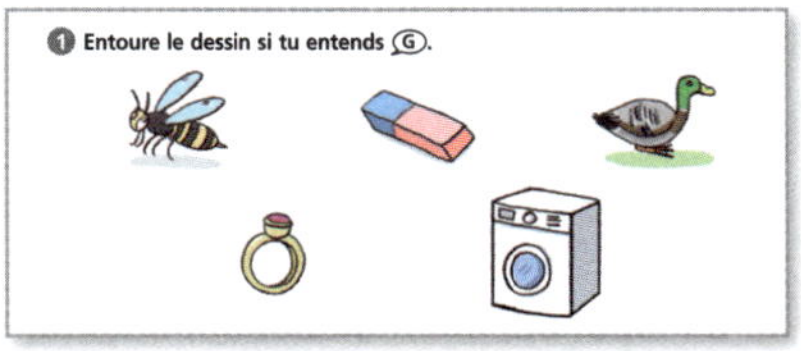

2. Les mots à épeler

Objectif : Orthographier correctement les mots de la semaine.

Organisation : Les élèves travaillent en binôme.

Matériel individuel : Une ardoise et un feutre.
Le classeur d'écriture (avec le document *Les mots dans la tour* collé dedans).
Les mots de la semaine.
Les sons consonnes – Le son [g]
Exercices 2 et 3 de la *fiche d'activités pour le son* [g].
Les sons consonnes – Le son [g]

Préparation

Imprimer et dupliquer le document *Les mots de la semaine* afin que chaque élève en ait un exemplaire.

Déroulement

- Distribuer à chaque élève le document *Les mots de la semaine.*
- Expliquer aux élèves qu'ils vont travailler en binôme. L'un choisit un mot parmi ceux de la liste et l'énonce à son camarade, qui doit l'épeler correctement, sans avoir la fiche sous les yeux. Ajouter que toute réponse doit être validée par le partenaire.
- Préciser que les rôles changent au sein de chaque binôme après chaque mot épelé. Insister sur le fait que seul l'enfant qui fait deviner a les réponses sous les yeux. Conclure la consigne en précisant que chaque enfant doit épeler les six mots de la liste, puis lancer l'activité.
- Procéder à la mise en commun : épeler collectivement chacun des mots et les écrire au tableau sous forme d'une dictée à l'adulte.
- Conclure l'activité en demandant aux élèves de recopier sur le document *Les mots dans la tour,* collé dans le classeur d'écriture, chaque mot de la semaine, sous les dessins correspondants (à l'aide du document individuel utilisé pendant la séance).

Prolongement écrit

Écrire au tableau une série de deux mots, dont un seul comprend le son [g]. Demander aux élèves de copier ce dernier sur leur ardoise. Vérifier collectivement, puis procéder ainsi avec d'autres séries de mots. Par exemple :

<u>mangue</u> – mange	*nager – <u>narguer</u>*	*<u>larguer</u> – langer*
<u>langue</u> – lange	*genou – <u>guenon</u>*	*collège – <u>collègue</u>*

Différenciation

Proposer les exercices 2 et 3 de la *fiche d'activités pour le son* [g].

3. Les mots à trier

Objectif : Connaître la dérivation des mots *magasin, regarder, garage, guitare* et *gomme.*

Organisation : Les élèves travaillent individuellement.

Matériel individuel : Le cahier d'essai.
Le classeur d'écriture.
Des feutres bleu, jaune, orange, vert et rose.
Les mots à trier.
Les sons consonnes – Le son [g]

Préparation

Imprimer et dupliquer le document *Les mots à trier* à raison d'un par binôme.

Déroulement

• Distribuer à chaque binôme le document *Les mots à trier.*

Les mots à trier

magasinier	guitare	regarder
garagiste	garage	gomme
gommer	regard	comme
musicien	magasin	guitariste

• Après un temps d'observation, faire constater que, dans ce tableau, figurent cinq mots de la semaine. Demander aux élèves de surligner le mot *magasin* en bleu, le mot *regarder* en jaune, le mot *garage* en orange, le mot *guitare* en vert et le mot *gomme* en rose.

• Expliquer la consigne : « Vous devez surligner de la même couleur un mot de la même famille que chaque mot colorié à l'instant. Par exemple, le mot de la même famille que *magasin* doit être surligné en bleu. » Faire répéter la consigne et ajouter que deux mots sont des intrus et ne doivent pas être surlignés.

• Répondre aux éventuelles questions, puis lancer le travail de recherche. Ce travail sur les mots de la même famille permet de renforcer l'apprentissage de l'orthographe des mots étudiés.

• Lors de la mise en commun, demander aux élèves de lire le(s) mot(s) qu'ils ont surlignés en bleu dans leur grille. Écrire toutes les réponses données sous le mot *magasin*, en précisant que même les propositions incorrectes seront notées. Valider collectivement la bonne réponse : *magasinier.*

• Suivre la même démarche avec les réponses suivantes :
- *regarder : regard ;*
- *garage : garagiste ;*
- *guitare : guitariste ;*
- *gomme : gommer.*

Ajouter que le *d* à la fin de *regard* permet de construire les mots de la même famille, comme *regarder*.

• Conclure en relevant les intrus et en expliquant les confusions possibles :
- le mot *comme* ressemblent au mot *gomme* ;
- le mot *musicien* fait partie du même champ lexical que *guitare*.

4. Les phrases à compléter

Objectif :	Utiliser les mots *bague* et *regarder* dans des phrases.
Organisation :	Les élèves travaillent individuellement.
Matériel individuel :	Le cahier d'essai. Exercice 4 de la *fiche d'activités pour le son* [g]. Les sons consonnes – Le son [g]

Préparation

Écrire le début des phrases suivantes au tableau :
- *Grâce à ma **bague** magique, je...*
- *Il faut toujours **regarder**...*

Déroulement

• Inviter un élève à lire les deux débuts de phrase. Recueillir les remarques, puis proposer à chacun d'en choisir un et d'imaginer la suite sur son cahier d'essai.

• Préciser qu'il est nécessaire de bien *penser* sa phrase avant de l'écrire. Proposer à chaque enfant de dire sa proposition dans l'oreille du voisin. Si elle lui semble correcte, il lui permet de l'écrire dans son cahier d'essai. Si elle ne l'est pas, il l'invite à aller voir l'enseignant qui lui viendra en aide.

• Laisser le temps de travail nécessaire.

• Inviter ensuite les élèves ayant travaillé sur la première phrase à lire leur production.

• Organiser au besoin une courte correction collective, puis en noter quelques-unes au tableau. Faire remarquer la majuscule présente au début de chaque phrase, ainsi que le point final. Faire préciser qu'une phrase est une suite de mots ordonnés qui a un sens.

• Procéder de la même manière pour l'autre phrase.

• Conclure en demandant à un élève de rappeler les trois règles concernant la phrase : la présence de la majuscule et du point, ainsi que la notion de sens.

Prolongements écrits

• Les élèves copient une phrase produite lors de la séquence dans le classeur d'écriture, avec étayage de l'enseignant au besoin

• Proposer à certains élèves autonomes de rédiger leur propre phrase dans leur cahier d'essai.

Différenciation

Proposer l'exercice 4 de la *fiche d'activités pour le son* [g].

5. La dictée à deux

Objectif :	Restituer l'orthographe des mots de la semaine.
Organisation :	Les élèves travaillent en binôme.
Matériel individuel :	Une ardoise et un feutre. Le cahier du jour.

Déroulement

• Expliquer aux élèves que le travail va s'effectuer, pour chaque mot, en deux temps : d'abord sur l'ardoise, puis sur le cahier du jour.

• Faire écrire sur l'ardoise un mot de la semaine, par exemple : *gomme*. Laisser un temps de travail nécessaire, puis demander au sein de chaque groupe de comparer les propositions et d'apporter au besoin des changements éventuels dans l'écriture du mot.

• Inviter ensuite chaque élève à recopier ce mot sur le cahier du jour.

• Procéder ainsi pour les autres mots de la dictée, puis organiser une correction collective.

Le son [d]

En bref :

1. J'entends et j'observe : Les mots contre la montre
2. Je m'entraîne : Les mots à épeler
3. J'approfondis : Les mots intrus
4. J'écris : Les phrases à compléter
5. Je restitue : La dictée mélangée

Les mots de la semaine : dire – douche – ordinateur – douze – mardi – demain

1. Les mots contre la montre

Objectifs :	Identifier et discriminer le phonème [d] dans un mot. Connaître la graphie *d*.
Organisation :	Les élèves travaillent collectivement.
Matériel individuel :	Une ardoise et un feutre. Exercice 1 de la *fiche d'activités pour le son* [d]. ➤ Les sons consonnes – Le son [d]
Matériel collectif :	Piste audio : le chronomètre. ➤ Les sons consonnes – Le son [d]
Matériel pour l'enseignant :	Une feuille et un stylo.

Préparation

Tracer trois colonnes au tableau.

Déroulement

• Lire à la classe la liste de mots suivante : *dragon – dauphin – dictée – panda – salade*. Demander aux élèves quel est le son commun à ces cinq mots. Au besoin, répéter la liste, faire décomposer les mots en syllabes afin d'aider à l'identification du phonème et valider la bonne réponse : le son [d].

• Expliquer ensuite la consigne : « Je vais vous dire une syllabe. Vous devrez dans un temps limité de 30 secondes me donner oralement un maximum de mots comprenant cette syllabe. La recherche s'effectue tous ensemble. » Préciser que toutes les propositions données seront notées sur une feuille, même celles qui ne conviennent pas. Chacune sera ensuite reprise et vérifiée.

Donner éventuellement un exemple, puis poursuivre : « Les propositions seront vérifiées collectivement. Chaque mot correct permet de faire gagner un point à toute la classe. »

Ajouter que l'activité s'effectue en trois étapes, à raison d'une syllabe différente par étape. Terminer la consigne en donnant le critère de réussite : « À la fin du jeu, nous additionnerons l'ensemble des points remportés au cours des trois manches. Le but est d'en avoir un maximum. » Répondre aux questions de compréhension, puis démarrer l'activité.

• Préparer la feuille de papier pour noter les réponses données. Énoncer la première syllabe *dou* puis activer la piste audio. Écrire au fur et à mesure toutes les proposition des élèves sur la feuille.

• Renouveler la tâche avec les syllabes *di* et *de.*

• Lors de la mise en commun, écrire la syllabe *dou* dans la première colonne du tableau. Reprendre les propositions notées sur la feuille, les valider collectivement et écrire les bonnes réponses. Écrire en bas de la colonne le nombre de points remportés avec cette série.

Exemple : douceur, douleur, douze, doudou, double, doucher...

• Procéder de la même manière pour les syllabes suivantes en recopiant les mots corrects dans deux autres colonnes, par exemple :

– di : dire, dinosaure, différent, directeur, dimension, splendide, samedi... ;

– de : demain, debout, cadenas, madeleine, devant...

• Inviter un ou plusieurs enfants à venir entourer le son [d] dans chaque mot. Faire remarquer qu'il s'écrit toujours avec un *d*.

• Clore l'activité en additionnant les trois scores. Comparer éventuellement avec une précédente partie et consigner ce résultat afin qu'il constitue un record à battre une prochaine fois.

Prolongement écrit

Écrire au tableau les deux mots suivants : *froid* et *froideur*. Demander aux élèves de recopier sur l'ardoise uniquement le mot comprenant le son [d]. Valider la bonne réponse, puis poursuivre avec les séries suivantes :

dormir – *tard*	*sud* – *nord*	*friande* – *friand*
stade – *record*	*dindon* – *canard*	*bond* – *bondir*

Faire expliquer que la lettre *-d* peut être muette à la fin de certains mots, car elle permet de construire des mots de la même famille.

Différenciation

Proposer l'exercice 1 dans la *fiche d'activités pour le son* [d].

2. Les mots à épeler

Objectif : Orthographier correctement les mots de la semaine.

Organisation : Les élèves travaillent en binôme.

Matériel individuel : Une ardoise et un feutre.
Le classeur d'écriture.
Les mots de la semaine.
Les sons consonnes – Le son [d]
Exercice 2 de la *fiche d'activités pour le son* [d].
Les sons consonnes – Le son [d]

Préparation

Imprimer et dupliquer le document *Les mots de la semaine* afin que chaque élève en ait un exemplaire.

Déroulement

- Distribuer à chaque élève le document *Les mots de la semaine.*
- Expliquer aux élèves qu'ils vont travailler en binôme. L'un choisit un mot parmi ceux de la liste et l'énonce à son camarade, qui doit l'épeler correctement, sans avoir la fiche sous les yeux. Ajouter que toute réponse doit être validée par le partenaire.
- Préciser que les rôles changent au sein de chaque binôme après chaque mot épelé. Insister sur le fait que seul l'enfant qui fait deviner a les réponses sous les yeux. Conclure la consigne en précisant que chaque enfant doit épeler les six mots de la liste, puis lancer l'activité.
- Procéder à la mise en commun : épeler collectivement chacun des mots et les écrire au tableau sous forme d'une dictée à l'adulte.
- Conclure l'activité en demandant aux élèves de recopier sur une nouvelle feuille dans le classeur d'écriture chaque mot de la semaine à l'aide du document individuel utilisé pendant la séance.

Prolongements écrits

Écrire les mots *toucher* et *doucher* au tableau. Demander aux élèves d'écrire sur leur ardoise le mot où l'on entend le son [d]. Laisser le temps de recherche nécessaire, puis valider la bonne réponse : *doucher.*

Procéder de la même manière avec les paires de mots suivants :

donner – tonner	*truite – druide*	*monte – monde*
drame – trame	*temps – dent*	*thon – don*

Différenciation

Proposer l'exercice 2 de la *fiche d'activités pour le son* [d].

3. Les mots intrus

Objectif :	Connaître la dérivation des mots *douze* et *douche*.
Organisation :	Les élèves travaillent individuellement.
Matériel individuel :	Une ardoise et un feutre. Exercice 3 de la *fiche d'activités pour le son* [d]. ➤ Les sons consonnes – Le son [d]

Déroulement

• Écrire au tableau les mots *douze, double, douzaine* et *douzième.*

• Inviter un enfant à lire les mots, puis demander à tous d'écrire sur leur ardoise le mot intrus.

• Relever les réponses et faire donner la bonne réponse : *double*. Inviter un enfant à venir entourer le radical *douz-* dans *douze, douzaine* et *douzième*. Faire expliquer que *double* appartient à la famille du mot *deux*.

• Renouveler avec la même démarche pour la série suivante : *douche, doucher, bouche* et *douchette.*

• Faire valider la bonne réponse : *bouche*. Faire entourer le radical commun *douch-* et faire préciser que le mot intrus *bouche* ressemble à *douche*. Faire expliquer au besoin le mot *douchette* : petite pomme de douche.

Prolongement écrit

Écrire au tableau le mot *bavard*. Demander aux élèves d'écrire sur leur ardoise un mot de la même famille. Valider et noter au tableau la ou les bonnes réponses : *bavarder, bavardage*. Faire expliquer le rôle du *d* muet écrit à la fin du mot. Expliquer que, pour les adjectifs, le féminin peut « indiquer » la lettre finale muette : ici, *bavarde*.

Renouveler avec d'autres séries, par exemple :

friand → friandise	*gourmand → gourmandise*	*bord → bordure*
regard → regarder	*chaud → chaudière*	*fond → fondre*

Différenciation

Proposer l'exercice 3 de la *fiche d'activités pour le son* [d].

3 Relie <u>seulement</u> les mots de la même famille.

ordinateur	mardi	douze	dire	douche	demain
•	•	•	•	•	•
•	•	•	•	•	•
lundi	douzième	maudire	hier	ordinaire	doucher

4. Les phrases à compléter

Objectif : Construire des phrases avec les mots *ordinateur, demain* et *dire*.

Organisation : Les élèves travaillent individuellement.

Matériel individuel : Le cahier d'essai.
Exercice 4 de la *fiche d'activités pour le son* [d].
Les sons consonnes – Le son [d]

Préparation

Écrire les débuts des phrases suivantes au tableau :

– *Si tu joues trop sur l'**ordinateur**, tu...*

– ***Demain,** je vais...*

– *Je ne sais pas comment lui **dire**...*

Déroulement

• Demander à un enfant de lire les trois débuts de phrase, puis proposer à chacun d'en choisir un et d'écrire la suite sur son cahier d'essai, en l'imaginant d'abord dans sa tête.

• Laisser le temps de travail nécessaire ; proposer des aides ponctuelles.

• Inviter ensuite les élèves ayant complété le premier début de phrase à lire leur production.

• Recueillir les remarques, puis écrire une des propositions au tableau, sous forme d'une dictée à l'adulte.

• Proposer à un enfant de lire les productions ainsi rédigées, puis faire remarquer la majuscule présente au début de chaque phrase, ainsi que le point final. Faire préciser qu'une phrase est une suite de mots ordonnés qui a un sens.

• Procéder à l'identique pour les deux autres débuts de phrase.

• Conclure en demandant à un élève de rappeler les trois règles concernant la phrase : la présence de la majuscule et du point, ainsi que la notion de sens.

Prolongements écrits

• Les élèves copient une phrase produite lors de la séquence dans le classeur d'écriture, avec étayage de l'enseignant au besoin.

• Proposer à certains élèves autonomes de rédiger leur propre phrase dans leur cahier d'essai.

Différenciation

Proposer l'exercice 4 de la *fiche d'activités pour le son* [d].

5. La dictée mélangée

Objectif : Restituer l'orthographe des mots de la semaine.

Organisation : Les élèves travaillent individuellement.

Matériel individuel : Le cahier du jour.
Le document *La dictée mélangée*.
➤ Les sons consonnes – Le son [d]

Préparation

- Imprimer et dupliquer le document *La dictée mélangée* à raison d'un par élève.
- Le projeter sur le TBI ou écrire au tableau les mots mélangés :

reid	echoud	roidanrteu
oudze	imrda	naimed

Déroulement

- Distribuer le document *La dictée mélangée* et laisser un temps d'observation.
- Faire expliquer la consigne par un élève : il s'agit de récrire chaque mot de la semaine en remettant les lettres dans l'ordre. S'assurer que chacun ait compris.
- Lancer l'activité en laissant le temps nécessaire.
- La correction est immédiate : demander à un élève de venir au tableau écrire le premier mot. Valider collectivement.
- Procéder ainsi pour les autres mots de la dictée.
- Faire coller le document corrigé dans le cahier du jour.

Le son [t]

En bref :

1. J'entends et j'observe : Les mots contre la montre
2. Je m'entraîne : Les mots de l'enquête
3. J'approfondis : Les mots intrus
4. J'écris : Les phrases à compléter
5. Je restitue : La dictée mélangée

Les mots de la semaine : table – botte – petit – pantalon – peinture – toit

1. Les mots contre la montre

Objectifs : Identifier et discriminer le phonème [t] dans un mot. Connaître la graphie *t*.

Organisation : Les élèves travaillent collectivement.

Matériel individuel : Une ardoise et son feutre.
Exercice 1 de la *fiche d'activités* [t].
Les sons consonnes – Le son [t]

Matériel collectif : Piste audio : le chronomètre.
Les sons consonnes – Le son [t]

Matériel pour l'enseignant : Une feuille et un stylo.

Préparation

Tracer trois colonnes au tableau.

Déroulement

• Lire à la classe la liste de mots suivante : *tortue – bateau – tulipe – cravate – téléphone*. Inviter les enfants à deviner quel est le son commun à ces cinq mots. Au besoin, répéter la liste, faire décomposer les mots en syllabes afin d'aider à l'identification du phonème et valider la bonne réponse : le son [t].

• Expliquer ensuite la consigne : « Je vais vous dire une syllabe. Vous devrez dans un temps limité de 30 secondes me donner oralement un maximum de mots comprenant cette syllabe. La recherche s'effectue tous ensemble. » Préciser que toutes les propositions données seront notées sur une feuille, même celles qui ne conviennent pas. Chacune sera ensuite reprise et vérifiée.

Donner éventuellement un exemple, puis poursuivre : « Les propositions seront vérifiées collectivement. Chaque mot correct permet de faire gagner un point à toute la classe. »

Ajouter que l'activité s'effectue en trois étapes, à raison d'une syllabe différente par étape. Terminer la consigne en donnant le critère de réussite : « À la fin du jeu, nous additionnerons l'ensemble des points remportés au cours des trois manches. Le but est d'en avoir un maximum. » Répondre aux questions de compréhension, puis démarrer l'activité.

• Préparer la feuille de papier pour noter les réponses données. Énoncer la première syllabe *ta* puis activer la piste audio. Écrire au fur et à mesure toutes les proposition des élèves sur la feuille.

• Renouveler la tâche avec les syllabes *ti* et *tu.*

• Lors de la mise en commun, écrire la syllabe *ta* dans la première colonne du tableau. Reprendre les propositions notées sur la feuille, les valider collectivement et écrire les bonnes réponses. Écrire en bas de la colonne le nombre de points remportés avec cette série.

Exemple : tableau, table, tapis, tâche, taboulé, portable, pantalon, tentacule…

• Procéder de la même manière pour les syllabes suivantes en recopiant les mots corrects dans les deux colonnes suivantes, par exemple :

– *ti : tigre, tibia, tige, tirer, vertical, ventilateur, parti, petit…*

– *tu : tube, voiture, pâture, rature, peinture, battu, tunnel, peinture, Tunisie…*

• Inviter un ou plusieurs enfants à venir entourer le son [t] dans chaque mot. Faire remarquer qu'il s'écrit toujours avec un *t.*

• Clore l'activité en additionnant les trois scores. Comparer éventuellement avec une précédente partie et consigner ce résultat afin qu'il constitue un record à battre une prochaine fois.

Prolongement écrit

Écrire au tableau les deux mots suivants : *huit* et *nuit*. Demander aux élèves de recopier sur l'ardoise uniquement le mot où l'on entend le son [t]. Valider la bonne réponse (*huit*), puis poursuivre avec les séries suivantes :

climat – *<u>météo</u>*	*<u>lenteur</u>* – *lent*	*<u>toiture</u>* – *toit*
<u>instrument</u> – *concert*	*<u>tennis</u>* – *sport*	*<u>arbitre</u>* – *sifflet*

Désigner *toit* et *toiture*, par exemple, et faire expliquer que la lettre *-t* peut être muette à la fin de certains mots, car elle permet de construire des mots de la même famille.

Différenciation

Proposer l'exercice 1 dans la *fiche d'activités pour le son* [t].

2. Les mots de l'enquête

Objectif :	Orthographier correctement les mots de la semaine.
Organisation :	Les élèves travaillent en binôme.
Matériel individuel :	Le classeur d'écriture. *Les mots de l'enquête.* ➤ Les sons consonnes – Le son [t] *Les mots de la semaine.* ➤ Les sons consonnes – Le son [t] Exercices 2 et 3 de la *fiche d'activités pour le son* [t]. ➤ Les sons consonnes – Le son [t]
Matériel collectif :	Le document *Les mots de l'enquête* agrandi au format A3 (ou à projeter).

Préparation

- Imprimer et dupliquer le document *Les mots de l'enquête* à raison d'un par élève.
- Photocopier un exemplaire de ce document au format A3 pour un affichage collectif. Il est aussi possible d'utiliser un vidéoprojecteur ou un TBI et de mener la mise en commun sur ce support.

Déroulement

- Distribuer à chaque élève le document *Les mots de l'enquête* et laisser un temps d'observation.

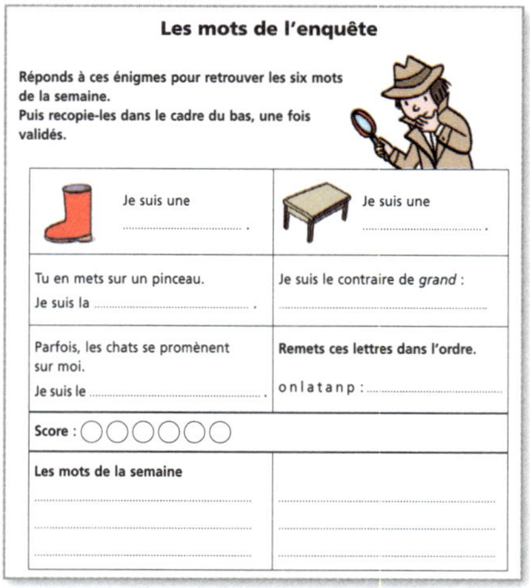

Les mots de l'enquête

Réponds à ces énigmes pour retrouver les six mots de la semaine.
Puis recopie-les dans le cadre du bas, une fois validés.

Je suis une	Je suis une ....
Tu en mets sur un pinceau. Je suis la	Je suis le contraire de *grand* : ....
Parfois, les chats se promènent sur moi. Je suis le	**Remets ces lettres dans l'ordre.** o n l a t a n p : ....
Score : ○○○○○○	
Les mots de la semaine	

- Remettre à chaque élève le document *Les mots de la semaine.*

• Annoncer que chaque binôme doit répondre aux six énigmes du document *Les mots de l'enquête*. Chacune d'entre elles consiste à retrouver et à écrire un mot de la semaine. Ajouter qu'il est possible d'utiliser le deuxième document comme une aide et que chaque bonne réponse permettra de cocher une pastille de la case score.

• Répondre aux éventuelles questions de compréhension, puis lancer l'activité. Cadrer l'organisation du travail en binôme : chacun doit écrire les réponses sur sa feuille, mais coopère avec son voisin.

• Lors de la mise en commun, reprendre les énigmes une à une et demander à un élève d'y répondre sur l'affiche A3 au tableau (ou projetée). Au besoin, récrire chaque mot au tableau pour qu'il soit visible par tous. Les élèves corrigent leur document et récrivent proprement les six mots de la semaine dans la dernière case du document, prévue à cet effet.

• Au fur et à mesure de la correction, à chaque bonne réponse, les élèves cochent une pastille dans la case score. En fin de partie, chaque binôme compte ses points ; désigner les vainqueurs.

• Chaque élève colle son document *Les mots de l'enquête* dans son classeur d'écriture.

Prolongement écrit

Écrire cette phrase à trou :

C'est la semaine du <u>goût</u>, alors on va tout _______________ .

Inviter les élèves à compléter la phrase en écrivant un mot de la même famille que le verbe souligné. Laisser un temps de rechercher et valider la réponse : *goûter.* Faire remarquer que le *t* muet à la fin de *goût* « prépare » les mots *goûter, goûteur.*

Renouveler la tâche avec les phrases suivantes :

Il a mal à une dent : il va chez le _______________ .

Il aime le <u>chant</u> : c'est un _______________ .

Différenciation

Proposer les exercices 2 et 3 de la *fiche d'activités pour le son* [t].

❷ Complète ces mots avec ta, ti, to **ou** tu.

......relire ......bleau car......ble

......nnel ......gre ......roir

mon......gne ......lipe ......mate

❸ Récris les mots en remettant les syllabes dans l'ordre.

<table>
<tr><td>toi</td><td>é</td><td>le</td><td>tu</td><td>cein</td><td>re</td><td>che</td><td>ta</td><td>mous</td><td>re</td><td>con</td><td>tu</td><td>fi</td></tr>
<tr><td colspan="3">....................</td><td colspan="3">....................</td><td colspan="3">....................</td><td colspan="4">....................</td></tr>
</table>

3. Les mots intrus

Objectif : Connaître la dérivation des mots *botte, peinture* et *lit.*

Organisation : Les élèves travaillent individuellement.

Matériel individuel : Une ardoise et un feutre.
Exercice 4 de la *fiche d'activités pour le son* [t].
Les sons consonnes – Le son [t]

Déroulement

• Écrire au tableau les mots *peinture, peintre, pinceau, peindre* et *repeindre.*

• Inviter un enfant à lire les mots, puis demander à tous d'écrire sur leur ardoise le mot intrus.

• Relever les réponses et faire donner la bonne réponse : *pinceau*. Faire remarquer que ces cinq mots concernent le même champ lexical, mais que le mot intrus ne possède pas le même radical que les autres. Inviter un enfant à venir entourer le radical *-pein-* dans *peindre, repeindre, peinture* et *peintre*.

• Renouveler l'activité avec la série suivante : *botte, bobine, bottine* et *bottillon.*

• Faire valider la bonne réponse : *bobine*. Faire entourer le radical commun aux autres mots : *bott-.*

• Poursuivre avec la série suivante comprenant un *t* muet final : *lit, alité, litre* et *literie.* Valider la bonne réponse : *litre.* Faire entourer le radical commun aux autres mots : *lit-.*

Prolongement écrit

Écrire au tableau le mot *ouvert*. Demander aux élèves d'écrire sur leur ardoise un mot de la même famille. Valider et noter au tableau la ou les bonnes réponses : *ouverture*. Faire expliquer le rôle du *-t* muet écrit à la fin du mot. Expliquer que pour les adjectifs, le féminin peut « indiquer » la lettre finale muette : ici, *ouverte*.

Renouveler avec d'autres séries, par exemple :

confort → <u>*confortable*</u>	*écrit* → <u>*écriture*</u>	*sort* → <u>*sortilège*</u>
abricot → <u>*abricotier*</u>	*tricot* → <u>*tricoter*</u>	*respect* → <u>*respecter*</u>

Différenciation

Proposer l'exercice 4 de la *fiche d'activités pour le son* [t].

4. Les phrases à compléter

Objectif : Construire des phrases avec les mots *peinture, pantalon, botte, petit* et *toit.*

Organisation : Les élèves travaillent individuellement.

Matériel individuel : Le cahier d'essai.
Exercice 5 de la *fiche d'activités pour le son* [t].
Les sons consonnes – Le son [t]

Préparation

Écrire les débuts des phrases suivantes au tableau :
– *Il a renversé de la* ***peinture*** *sur son* ***pantalon****, alors…*
– *Les* ***bottes*** *du géant sont trop* ***petites****, car…*
– *Ma chambre est sous le* ***toit****, alors j'entends…*

Déroulement

• Demander à un enfant à lire les trois débuts de phrase, puis proposer à chacun d'en choisir un et d'écrire la suite sur son cahier d'essai, en l'imaginant d'abord dans sa tête.

• Laisser le temps de travail nécessaire ; proposer des aides ponctuelles.

• Recueillir les remarques, puis écrire une des propositions au tableau, sous forme d'une dictée à l'adulte.

• Inviter ensuite les élèves ayant complété le premier début de phrase à lire leur production.

• Proposer à un enfant de lire les productions ainsi rédigées, puis faire remarquer la majuscule présente au début de chaque phrase, ainsi que le point final. Faire préciser qu'une phrase est une suite de mots ordonnés qui a un sens.

• Procéder à l'identique pour les deux autres débuts de phrase.

• Conclure en demandant à un élève de rappeler les trois règles concernant la phrase : la présence de la majuscule et du point, ainsi que la notion de sens.

Prolongement écrit

• Les élèves copient une phrase produite lors de la séquence dans le classeur d'écriture, avec étayage de l'enseignant au besoin.

• Proposer à certains élèves autonomes de rédiger leur propre phrase dans leur cahier d'essai.

Différenciation

Proposer l'exercice 5 de la *fiche d'activités pour le son* [t].

5. La dictée mélangée

Objectif :	Restituer l'orthographe des mots de la semaine.
Organisation :	Les élèves travaillent individuellement.
Matériel individuel :	Le cahier du jour. Le document *La dictée mélangée*. Les sons consonnes – Le son [t]

Préparation

• Imprimer et dupliquer le document *La dictée mélangée* à raison d'un par élève.

• Le projeter sur le TBI ou écrire au tableau les mots mélangés :

bleat	otbet	eptti
onlnpaat	rtueeinp	iott

Déroulement

• Distribuer le document *La dictée mélangée* et laisser un temps d'observation.

• Faire expliquer la consigne par un élève : il s'agit de récrire chaque mot de la semaine en remettant les lettres dans l'ordre. S'assurer que chacun ait compris.

• Lancer l'activité en laissant le temps nécessaire.

• La correction est immédiate : demander à un élève de venir au tableau écrire le premier mot. Valider collectivement.

• Procéder ainsi pour les autres mots de la dictée.

• Faire coller le document corrigé dans le cahier du jour.

Le son [ʃ]

En bref :

1. J'entends et j'observe : Les mots définis
2. Je m'entraîne : Les mots de l'enquête
3. J'approfondis : Les mots à réunir
4. J'écris : Les phrases à écrire
5. Je restitue : La dictée mélangée

Les mots de la semaine : acheter – bouche – chambre – chanson – méchant – moustache

1. Les mots définis

Objectifs :	Trouver un mot à partir de sa définition. Identifier et discriminer le phonème [ʃ] dans un mot. Connaître la graphie *ch*.
Organisation :	Les élèves travaillent individuellement.
Matériel individuel :	Exercice 1 de la *fiche d'activités pour le son* [ʃ]. ➤ Les sons consonnes – Le son [ʃ]
Matériel collectif :	Une dizaine de haricots secs.

Déroulement

• Expliquer aux élèves qu'une définition va être lue : celui qui trouve le mot qui correspond doit demander la parole en tapant un léger coup sur sa table. Le premier qui dit le mot juste a gagné. Donner un exemple : « *Je suis un félin qui aime les souris.* » Valider la bonne réponse et écrire le mot *chat* au tableau. Préciser que chaque gagnant remporte un haricot. Celui qui en a le plus à la fin du jeu sera vainqueur.

• Commencer la partie, en précisant après les cinq premiers mots que toutes les réponses doivent comporter le son [ʃ].

Voici la liste des définitions :

– *Obtenir quelque chose en échange d'argent (acheter).*
– *Partie du visage que l'on ouvre chez le dentiste (bouche).*
– *Outil qui permet de couper un morceau de bois (hache).*
– *Pièce de la maison où l'on dort (chambre).*

- *On peut fredonner ma mélodie ou mes paroles (chanson).*
- *Édifice qui a un donjon et un pont-levis (château).*
- *Organisme vivant qui peut être vénéneux (champignon).*
- *Le contraire de gentil (méchant).*
- *Noir, blanc ou au lait, il est souvent vendu en plaques (chocolat).*
- *Les hommes peuvent en porter une entre la bouche et le nez (moustache).*
- *Elle crache de la fumée sur le toit de la maison (cheminée).*

• Au fur et à mesure du jeu, écrire chaque mot au tableau, en colonne.

• Demander aux élèves de trouver d'autres mots comprenant le son [ʃ]. Valider collectivement et noter les propositions correctes au tableau, par exemple : *bûche, chou, cochon, cloche, flèche, échelle, autruche,* etc. Faire remarquer que le son [ʃ] s'écrit toujours *ch*. Inviter plusieurs enfants à venir entourer sa graphie dans les mots notés au tableau.

• Pour conclure l'activité, les élèves comptent le nombre de haricots remportés. Désigner le ou les vainqueurs.

Prolongement écrit

Écrire un mot de la semaine au tableau. Le faire observer pendant 10 secondes, puis l'effacer. Inviter ensuite les élèves à l'écrire sur leur ardoise. Vérifier, apporter les corrections nécessaires, puis renouveler pour les autres mots.

Différenciation

Proposer l'exercice 1 dans la *fiche d'activités pour le son* [ʃ].

2. Les mots de l'enquête

Objectif : Orthographier correctement les mots de la semaine.

Organisation : Les élèves travaillent en binôme.

Matériel individuel : Le classeur d'écriture.
Les mots de l'enquête.
➤ Les sons consonnes – Le son [ʃ]
Les mots de la semaine.
➤ Les sons consonnes – Le son [ʃ]
Exercices 2 et 3 de la *fiche d'activités pour le son* [ʃ].
➤ Les sons consonnes – Le son [ʃ]

Matériel collectif : Le document *Les mots de l'enquête* agrandi au format A3 pour un affichage (ou à projeter).

Préparation

• Imprimer et dupliquer le document *Les mots de l'enquête* à raison d'un par élève.

• Photocopier un exemplaire de ce document au format A3 pour un affichage collectif. Il est aussi possible de projeter le document sur un tableau blanc interactif (TBI) et de mener la mise en commun sur ce support.

Déroulement

• Distribuer à chaque élève le document *Les mots de l'enquête* et laisser un temps d'observation.

• Distribuer ensuite à chacun le document *Les mots de la semaine.*

• Donner la consigne : « Par deux, vous allez répondre aux six énigmes que présente le document *Les mots de l'enquête*. Chacune d'entre elles consiste à retrouver et à écrire un mot de la semaine, ou un mot écrit au tableau lors de l'activité *Les mots définis.* » Préciser que le deuxième document distribué peut être utilisé une aide et que chaque bonne réponse permettra de cocher une pastille de la case score.

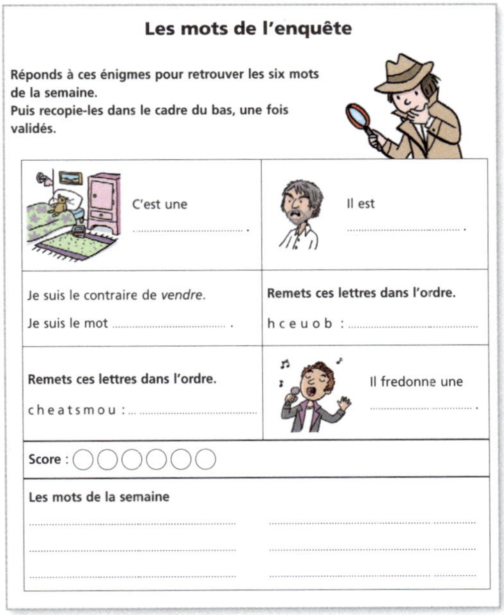

Les mots de l'enquête

Réponds à ces énigmes pour retrouver les six mots de la semaine.
Puis recopie-les dans le cadre du bas, une fois validés.

C'est une ……………………… .	Il est ……………………… .
Je suis le contraire de *vendre*. Je suis le mot ……………………… .	**Remets ces lettres dans l'ordre.** h c e u o b : ………………………
Remets ces lettres dans l'ordre. c h e a t s m o u : ………………………	Il fredonne une ……………………… .
Score : ○○○○○○	

Les mots de la semaine

• Avant de démarrer l'activité, répondre aux éventuelles questions de compréhension, puis préciser que chacun travaille avec son voisin, mais doit écrire les réponses sur sa propre feuille.

• Lors de la mise en commun, reprendre les énigmes une à une et demander à un élève d'y répondre sur l'affiche A3 (ou projetée) au tableau. Au besoin, récrire chaque mot au tableau pour qu'il soit visible par tous. Les élèves corrigent leur document et récrivent proprement les six mots de la semaine dans la dernière case du document, prévue à cet effet.

• Au fur et à mesure de la correction, à chaque bonne réponse, les élèves cochent une pastille dans la case score. En fin de partie, chaque binôme compte ses points ; désigner les vainqueurs.

• Chaque élève colle son document *Les mots de l'enquête* dans son classeur d'écriture.

Prolongement écrit

Dicter les syllabes suivantes sur l'ardoise : *chan, chou, che, chu*. Puis faire trouver oralement des mots comprenant chacune des syllabes.

Exemples :

– *chan : chanter, chanson, changer, marchand ;*

– *chou : choucroute, chouchou, échouer, caoutchouc ;*

– *che : cheval, cheminée, chemise, cartouche, marche ;*

– *chu : chuter, parachute, crochu, écorchure.*

Différenciation

Proposer les exercices 2 et 3 de la *fiche d'activités pour le son* [ʃ].

3. Les mots à réunir

Objectifs :	Connaître la dérivation des mots *acheter, bouche, chanson, chambre* et *chat.* Argumenter la lettre finale muette de *chat.*
Organisation :	Les élèves travaillent collectivement (dans la salle d'évolution ou le préau).
Matériel individuel :	Exercice 4 de la *fiche d'activités pour le son* [ʃ]. Les sons consonnes – Le son [ʃ]
Matériel collectif :	Le document *Les mots à réunir.* Les sons consonnes – Le son [ʃ] Un panier.

Préparation

• Imprimer et découper la planche d'étiquettes *Les mots à réunir*, ainsi que la planche *Les mots intrus.*

• Déposer les étiquettes dans un panier. Faire en sorte qu'il y ait une étiquette par élève, en augmentant ou réduisant le nombre de cartes *intrus*.

Déroulement

• Tendre à chaque élève le panier et demander de choisir une étiquette, sans la regarder.

• Expliquer aux enfants que le but de l'activité est de se réunir par groupes de deux, trois ou quatre, selon une règle bien précise qui sera à deviner. Ajouter que chacun va regarder son étiquette, puis circuler librement dans la pièce à la recherche de son ou ses partenaires. Une fois réuni, un groupe doit venir faire valider son association : si le résultat est correct, il sera désigné gagnant, sinon chacun doit continuer sa recherche. Préciser que certains élèves auront en leur possession une carte *intrus* et ne pourront pas intégrer un groupe.

• Démarrer l'activité et laisser un temps de recherche. Vérifier auprès de chacun la bonne compréhension de son mot-étiquette.

• Au bout de quelques minutes, et en fonction de l'avancée de l'activité, réunir les élèves et leur demander quelle est, selon eux, la règle pour se réunir. Faire conclure que la règle d'association concerne les familles de mots, puis relancer la période de recherche.

Le son [ʃ]

Les mots à réunir

acheter	achat	racheter
bouche	bouchée	chanteur
chanson	chant	chanter
chambre	chambrée	chambrette
chat	chatière	chaton

Les mots « intrus »

vendre	donner	félin
salon	cuisine	mélodie
chien	mouche	louche

• Au fur et à mesure de la partie, valider les bonnes réponses.

– Groupe 1 : *acheter, achat, racheter.*
– Groupe 2 : *bouche, bouchée.*
– Groupe 3 : *chanteur, chanson, chant, chanter.*
– Groupe 4 : *chambre, chambrée, chambrette.*
– Groupe 5 : *chat, chatière, chaton.*

• Une fois l'ensemble des groupes associés, procéder ensuite à une synthèse. Demander à chaque groupe de présenter ses étiquettes. Expliquer au besoin les termes qui ne sont pas compris. Écrire les mots au tableau en colonnes, en séparant les familles d'un trait vertical. Faire remarquer que la lettre muette à la fin de *chat* « prépare » les mots *chaton et chatière.*

• Inviter plusieurs élèves à lire les groupes de mots, puis faire expliquer quels étaient les mots intrus. Faire argumenter les réponses :

– Groupe 1 : *vendre* et *donner* sont du même champ lexical que *acheter*.
– Groupe 2 : *mouche, louche* sont des mots proches de *bouche*.
– Groupe 3 : *mélodie* appartient aussi champ lexical de la musique.
– Groupe 4 : *salon* et *cuisine* appartiennent au même lexical que *chambre*.
– Groupe 5 : *chien* et *félin* appartient au même champ lexical que *chat*.

• Apporter au besoin des explications sur certains mots, puis conclure l'activité en demandant à des élèves de lire les listes de mots.

Différenciation

Proposer l'exercice 4 de la *fiche d'activités pour le son* [ʃ].

4. Les phrases à écrire

Objectif : Rédiger une ou plusieurs phrases comprenant des mots de la semaine.

Organisation : Les élèves travaillent en binôme.

Matériel individuel : Le classeur d'écriture.
Le cahier d'essai.
Exercice 5 de la *fiche d'activités pour le son* [ʃ].
➤ Les sons consonnes – Le son [ʃ]

Matériel collectif : Le document *Les mots à réunir* (voir rituel 3).
Un panier.

Préparation

Reprendre les étiquettes utilisées lors de l'activité précédente et les disposer dans le panier. Ne pas y ajouter les cartes *intrus*.

Déroulement

• Expliquer aux élèves que le travail qui va suivre s'effectue en binôme. Circuler auprès de chaque groupe avec le panier et faire choisir une étiquette au hasard.

• Annoncer la tâche : « Vous allez devoir écrire une phrase comprenant le mot figurant sur l'étiquette. Pour cela, vous allez réfléchir à deux : dans un premier temps, vous allez échanger oralement pour imaginer et construire la phrase ; dans un second temps, vous allez la rédiger chacun sur votre cahier d'essai, avec l'aide au besoin de votre binôme. »

• Lancer l'activité et circuler auprès des groupes pour apporter les aides nécessaires.

• Au terme du temps de recherche, chaque binôme énonce sa phrase. Pour chacune, faire valider ou corriger par la classe en demandant si les consignes sont respectées : présence du mot de la semaine, sens de la phrase.

Prolongement écrit

Faire recopier sa phrase validée dans le classeur d'écriture.

Différenciation

Proposer l'exercice 5 de la *fiche d'activités pour le son* [ʃ].

5. La dictée mélangée

Objectif :	Restituer l'orthographe des mots de la semaine.
Organisation :	Les élèves travaillent individuellement.
Matériel individuel :	Le cahier du jour. Le document *La dictée mélangée*. ➤ Les sons consonnes – Le son [ʃ]

Préparation

- Imprimer et dupliquer le document *La dictée mélangée* à raison d'un par élève.
- Le projeter sur le TBI ou écrire au tableau les mots mélangés :

terhcea	ehcbou	amchbre
naonsch	tnahcém	mouehcsat

Déroulement

- Distribuer le document *La dictée mélangée* et laisser un temps d'observation.
- Faire expliquer la consigne par un élève : il s'agit de récrire chaque mot de la semaine en remettant les lettres dans l'ordre. S'assurer que chacun ait compris.
- Lancer l'activité en laissant le temps nécessaire.
- La correction est immédiate : demander à un élève de venir au tableau écrire le premier mot. Valider collectivement.
- Procéder ainsi pour les autres mots de la dictée.
- Faire coller le document corrigé dans le cahier du jour.

Le son [ʒ]

En bref :

1. **J'entends et j'observe :** Les mots définis
2. **Je m'entraîne :** Les mots dans la grille
3. **J'approfondis :** Les mots mystères
4. **J'écris :** Les phrases à associer
5. **Je restitue :** La dictée mélangée

Les mots de la semaine : cage – gentil – jouet – journal – ranger – girafe – pigeon

1. Les mots définis

Objectifs :	Identifier et discriminer le phonème [ʒ] dans un mot. Connaître les graphies *g* et *j* qui se prononcent [ʒ]. Savoir que l'on ajoute un *e* après *g*, pour faire [ʒ], devant les voyelles *a*, *o* et *u*.
Organisation :	Les élèves travaillent individuellement.
Matériel individuel :	Exercice 1 de la *fiche d'activités pour le son* [ʒ]. Les sons consonnes – Le son [ʒ]
Matériel collectif :	Une dizaine de haricots secs.

Préparation

Tracer au tableau deux colonnes ayant pour en-tête : *J'écris…*

Déroulement

• Expliquer aux élèves qu'une définition va être lue : celui qui trouve le mot qui correspond doit demander la parole en tapant un léger coup sur votre table. Donner un exemple : « *Quatrième jour de la semaine.* » Valider la bonne réponse et écrire le mot *jeudi* au tableau. Préciser que chaque gagnant remporte un haricot. Celui qui en a le plus à la fin du jeu sera vainqueur.

• Commencer la partie, en s'appuyant sur cette liste de définitions :

– *Sport qui se pratique avec un kimono (judo).*

– *Caisse en bois qui permet de transporter des fruits (cageot/cagette).*

– *Articulation qui relie la jambe à la cuisse (genou).*

– *Espace clos par des barreaux où l'on enferme des animaux (cage).*
– *Contraire de méchant (gentil).*
– *Oiseau qui roucoule, très répandu en ville (pigeon).*
– *Objet qui permet de s'amuser (jouet).*
– *Se dit d'un enfant qui est calme (sage).*
– *Eau gelée qui tombe sous forme de flocons (neige).*
– *Mettre des choses en ordre (ranger).*
– *Lieu au bord de la mer où l'on plante son parasol (plage).*
– *Artiste qui effectue des tours grâce à des accessoires (magicien).*
– *Publication régulière où l'on trouve des informations (journal).*
– *Bouton d'une plante qui apparaît au printemps (bourgeon).*
– *Animal de la savane à long cou (girafe).*

• Au fur et à mesure du jeu, écrire chaque mot au tableau.

• Faire remarquer que toutes les réponses comportent le son [ʒ]. Inviter un élève à venir l'entourer dans chacun des mots notés au tableau.

• Écrire en tête de chacune des colonnes tracées au tableau une graphie du son [ʒ], puis recopier chaque mot de la liste dans la bonne case.

J'entends [ʒ].	
J'écris *j*.	**J'écris *g*.**
jeudi judo jouet journal	genou cage gentil sage ranger neige plage pigeon bourgeon cagette cageot magicien girafe

• Pour chaque colonne, demander aux élèves de trouver d'autres exemples de mots et compléter le tableau. Les aider à compléter au besoin. Entourant collectivement les graphèmes du son [ʒ].

Exemple : jupe, joue, jeu, orangeade, rougeole, etc.

Noter les propositions correctes au tableau.

• Souligner les mots *pigeon, bourgeon, cageot, orangeade* et *rougeole.* Inviter un ou plusieurs enfants à venir entourer le son [ʒ] dans chaque mot. Faire remarquer que la lettre *g* se prononce [ʒ] devant les lettres *a, o* et *u*, seulement si on ajoute un *e* après le *g*. Sinon, elle se prononce [g].

• Écrire *gyrophare* et *gymnastique* au tableau. Faire remarquer que le *g* se prononce également [ʒ] avec la lettre *y.*

• Pour conclure l'activité, les élèves comptent le nombre de haricots remportés. Désigner le ou les vainqueurs.

Prolongement écrit

Écrire au tableau les syllabes suivantes en les séparant d'un trait vertical :
ja | py | ma.
Demander aux élèves de recopier ce mot sur l'ardoise, en replaçant les syllabes dans l'ordre. Vérifier collectivement, puis écrire la réponse : *pyjama*. Procéder ainsi avec d'autres séries de mots, par exemple :

ma | ge | fro : fromage
gai | ju | son | con : conjugaison
ler | jo | ca : cajoler
gi | fra | le : fragile
ette | gi | rou : girouette
sie | lou | ja : jalousie

Différenciation

Proposer l'exercice 1 dans la *fiche d'activités pour le son* [ʒ].

2. Les mots dans la grille

Objectif :	Repérer et orthographier correctement les mots de la semaine.
Organisation :	Les élèves travaillent individuellement.
Matériel individuel :	Une pochette de feutres et un stylo vert. Le classeur d'écriture. *Les mots de la semaine.* ➤ Les sons consonnes – Le son [ʒ] *Les mots dans la grille.* ➤ Les sons consonnes – Le son [ʒ] Exercice 2 de la *fiche d'activités pour le son* [ʒ]. ➤ Les sons consonnes – Le son [ʒ]

Préparation

Dupliquer le document *Les mots dans la grille* à raison d'un par élève.

Déroulement

• Demander aux élèves de préparer des feutres bleu, orange, rouge, jaune, gris, rose, orange et un stylo vert. Distribuer les grilles de mots, face retournée.

Je m'appelle : ....

journal	chou	cage
cache	girafe	gens
piège	jour	pigeon
gentil	journée	ranger
sache	songer	jouet
virage	brancher	cave
ranger	gant	journaliste

Score : ◯ ◯ ◯ ◯ ◯ ◯ ◯

• Après avoir réparti les élèves par groupes de deux et remis à chacun le document *Les mots dans la grille*, donner la consigne : « Vous devrez effectuer sur cette grille les consignes que je vais vous donner ; chacun a sa grille. Pour gagner un point, les joueurs d'un même binôme doivent avoir effectué tous les deux la bonne action sur leur grille. » Préciser qu'il n'est pas possible de communiquer pendant l'activité. Faire placer au besoin une petite surface verticale au milieu de chaque table.

• Commencer l'activité en donnant la première consigne : « *Surlignez en jaune :* cage. » S'assurer que les enfants ont tous répondu avant de passer à la consigne suivante.

• Procéder de même pour chaque consigne :

– *Surlignez en gris :* gentil.

– *Surlignez en rouge :* jouet.

– *Surlignez en bleu :* journal.

– *Surlignez en orange :* ranger.

– *Surlignez en rose :* girafe.

– *Surlignez en orange :* pigeon.

• Faire poser les feutres, puis demander à chaque enfant de prendre son stylo vert.

• Laisser un temps de comparaison des réponses au sein de chaque binôme, puis procéder à une correction collective, en relisant les consignes une à une. Expliquer que, pour chaque bonne réponse, on colorie en vert une des pastilles figurant sous la grille, uniquement si son équipier a également trouvé la bonne réponse.

• Noter les mots en colonne au tableau, au fur et à mesure de la correction : *cage, gentil, jouet, journal, ranger, girafe* et *pigeon*.

• Organiser la mise en commun puis désigner les gagnants.

• Faire coller la grille dans le classeur d'écriture.

• Demander aux élèves de recopier les mots notés en colonne au tableau sur une autre feuille de leur classeur d'écriture. Proposer à certains enfants ayant des difficultés de copie de coller le document *Les mots de la semaine.*

Prolongement écrit

Écrire au tableau une série de deux mots, dont un seul comprend le son [ʒ]. Demander aux élèves de copier sur leur ardoise seulement ce dernier. Vérifier collectivement, puis procéder ainsi pour d'autres séries de mots, par exemple :

joue – *chou*	*bouche* – *bouge*	*mange* – *mangue*
bougon – *bourgeon*	*sac* – *sage*	*jouer* – *goutte*

Différenciation

Proposer l'exercice 2 de la *fiche d'activités pour le son* [ʒ].

3. Les mots mystères

Objectif :	Connaître la dérivation des mots *journal, ranger* et *jouet.*
Organisation :	Les élèves travaillent individuellement.
Matériel individuel :	Une ardoise et un feutre. Exercice 3 de la *fiche d'activités pour le son* [ʒ]. ➤ Les sons consonnes – Le son [ʒ]
Matériel collectif :	3 affiches au format A2.

Préparation

Écrire sur chaque affiche A2 une phrase contenant des mots de la même famille que ceux étudiés (mais effacés), par exemple :

– *Un ________________ dure 24 heures.*

– *À la fin de la récréation, les élèves retournent dans les ________________ .*

– *C'est une très bonne ______________ de football.*

Déroulement

• Au tableau, écrire en ligne les mots *journal, ranger* et *jouet.* Demander aux élèves de donner oralement des mots de la même famille de chacun de ces trois mots.

• Écrire toutes les propositions en colonne, sous de chaque mot référent. Préciser que même les propositions erronées sont notées. Valider les bonnes réponses et effacer les mauvaises. Inviter un ou plusieurs enfants à relire les listes au tableau.

journal	**ranger**	**jouet**
journaliste	rang	jeu
jour	rangée	joueur
journée	rangement	joueuse
toujours	dérangement	jouer

• Fixer la première affiche et demander à un élève de lire la phrase ; en vérifier la compréhension auprès du groupe classe. Puis demander aux élèves d'écrire sur leur ardoise le mot manquant, en précisant qu'il se trouve au tableau, dans la famille du mot *journal*.

• Faire lever les ardoises et reprendre les propositions une à une. Favoriser les échanges entre les élèves, puis valider la bonne réponse : *jour*.

• Procéder de la même manière pour les deux autres phrases. Valider les réponses *ranger* et *joueuse*. Faire remarque que le mot *rang* doit s'écrire avec la marque du pluriel *s* à la fin du mot.

• Conclure en demandant à plusieurs enfants de proposer oralement des phrases comprenant l'un des mots notés au tableau.

Différenciation

Proposer l'exercice 3 de la *fiche d'activités pour le son* [ʒ].

4. Les phrases à associer

Objectif : Regrouper avec cohérence des morceaux de phrases comprenant les mots de la semaine.

Organisation : Les élèves travaillent individuellement.

Matériel individuel : Le classeur d'écriture.
Les phrases à associer.
➤ Les sons consonnes – Le son [ʒ]
Exercice 4 de la *fiche d'activités pour le son* [ʒ].
➤ Les sons consonnes – Le son [ʒ]

Matériel collectif : *Les phrases à associer* (format agrandi ou étiquettes projetées).

Préparation

• Imprimer le document *Les phrases à associer* à raison d'un par élève.

• Écrire (ou imprimer ou encore projeter) au tableau les débuts et fins de phrases contenues dans le document *Les phrases à associer* :

il observe les girafes.	Bachir range ses jouets
dans le coffre.	Le pigeon a fait
Avec ses jumelles,	une crotte sur le journal.

Déroulement

• Distribuer le document *Les phrases à réunir* à chaque élève, et leur demander de découper les six étiquettes.

• Laisser un temps d'observation, puis faire remarquer qu'il s'agit de six morceaux de phrases. Inviter chaque élève à assembler les six étiquettes de manière à retrouver les trois phrases correctes.

• Répondre aux questions éventuelles puis lancer l'activité. Apporter les aides nécessaires auprès de certains élèves, puis annoncer le moment de synthèse.

• Lors de la mise en commun, demander à un élève d'énoncer une phrase qu'il a reconstituée. Utiliser les étiquettes agrandies au tableau pour matérialiser les propositions. Faire valider et argumenter la bonne réponse : *Bachir range ses jouets dans le coffre.*

• Procéder à l'identique pour les deux phrases suivantes. Valider les réponses :

– *Le pigeon a fait une crotte sur le journal.*

– *Avec ses jumelles, il observe les girafes.*

• Faire remarquer que les majuscules et les points constituaient des indices pour réunir des groupes. Demander à un enfant de lire les phrases notées au tableau.

• Terminer la séance en rappelant les règles relatives à la construction de la phrase : la présence de la majuscule et du point, ainsi que la notion de sens.

Variante

Si les élèves n'ont pas de difficulté de copie, on peut se passer des étiquettes et faire rechercher puis recopier les phrases directement sur leur ardoise.

Prolongement écrit

Les élèves choisissent et copient, dans leur classeur d'écriture, une phrase de leur choix.

Différenciation

Proposer l'exercice 4 de la *fiche d'activités pour le son* [3].

5. La dictée mélangée

Objectif : Restituer l'orthographe des mots de la semaine.

Organisation : Les élèves travaillent individuellement.

Matériel individuel : Le cahier du jour.
Le document *La dictée mélangée*.
Les sons consonnes – Le son [ʒ]

Préparation

- Imprimer et dupliquer le document *La dictée mélangée* à raison d'un par élève.
- Le projeter sur le TBI ou écrire au tableau les mots mélangés :

aegc	ltigne	uotej	lnaoujr
rgenra	rafegi	epigon	

Déroulement

- Distribuer le document *La dictée mélangée* et laisser un temps d'observation.
- Faire expliquer la consigne par un élève : il s'agit de récrire chaque mot de la semaine en remettant les lettres dans l'ordre. S'assurer que chacun ait compris.
- Lancer l'activité en laissant le temps nécessaire.
- La correction est immédiate : demander à un élève de venir au tableau écrire le premier mot. Valider collectivement.
- Procéder ainsi pour les autres mots de la dictée.
- Faire coller le document dans le cahier du jour.

Le son [ɲ]

En bref :

1. J'entends et j'observe : Les mots définis
2. Je m'entraîne : Les mots de l'enquête
3. J'approfondis : Les mots mystères
4. J'écris : Les phrases à associer
5. Je restitue : La dictée mélangée

Les mots de la semaine : montagne – araignée – gagner – champignon – baignoire – peigne

1. Les mots définis

Objectifs :	Trouver un mot à partir de sa définition. Identifier et discriminer le phonème [ɲ] dans un mot. Connaître la graphie *gn*.
Organisation :	Les élèves travaillent individuellement.
Matériel individuel :	Exercice 1 de la *fiche d'activités pour le son* [ɲ]. Les sons consonnes – Le son [ɲ]
Matériel collectif :	Une dizaine de haricots secs.

Déroulement

• Expliquer la règle du jeu : « Je vais vous lire une définition. Si vous avez trouvé le mot correspondant, tapez un léger coup sur votre table pour prendre la parole. » Donner un exemple : « *Organisme vivant parfois vénéneux, surmonté d'un chapeau.* » Valider la bonne réponse et écrire le mot *champignon* au tableau. Préciser que chaque gagnant remporte un haricot. Celui qui en a le plus à la fin du jeu sera vainqueur.

• Commencer la partie, en précisant après les cinq premiers mots que toutes les réponses doivent comporter le son [ɲ].

Voici la liste des définitions :

– *Synonyme de grincheux (grognon).*
– *Paysage de haute altitude, comme les Alpes ou les Pyrénées (montagne).*
– *Contraire de perdre (gagner).*

– *Outil qui permet de se coiffer les cheveux (peigne).*
– *Synonyme de beau, charmant (mignon).*
– *Permet d'ouvrir et de fermer une porte (poignée).*
– *Oiseau blanc au long cou (cygne).*
– *Grande cuve qui permet de se laver (baignoire).*
– *Cri de l'ours (grognement).*
– *Marque que l'on indique en bas d'un courrier ou sur un chèque (signature).*
– *Petit de la brebis (agneau).*

• Au fur et à mesure du jeu, écrire chaque mot au tableau.

• Inviter un élève à venir entourer le graphème [ɲ] dans les mots notés au tableau ; faire remarquer la graphie commune, *gn*.

• Puis demander au groupe classe de trouver d'autres mots comprenant le son [ɲ].
Exemples : chignon, oignon, vigne, champagne, etc.

• Noter les propositions correctes.

Si certains enfants proposent des mots comme *dernier, grenier* ou *panier*, les noter au tableau et entourer le graphie *ni*. Préciser que ces réponses sont recevables, mais que l'objet de la séance consiste à travailler uniquement la graphie *gn*. Effacer ces mots du tableau.

• Conclure l'activité en demandant aux élèves de compter le nombre de haricots remportés. Désigner le ou les vainqueurs.

Prolongement écrit

Écrire au tableau la phrase lacunaire suivante :

Il prend son <u>*bain*</u> *dans une* ____________ .

Demander aux enfants d'écrire sur leur ardoise le mot manquant, en précisant qu'il est de la même famille que le mot souligné. Vérifier collectivement et écrire la bonne réponse au tableau : *baignoire.*

Procéder ainsi avec les phrases suivantes :

Il a ramassé une _________ *au pied d'un* <u>*châtaignier*</u> *(châtaigne).*
Le _________ *remporte un beau* <u>*gain*</u> *(gagnant).*
Le <u>*cigogneau*</u> *est le petit de la* ________________ *(cigogne).*

Différenciation

Proposer l'exercice 1 dans la *fiche d'activités pour le son* [ɲ].

1 Entoure les mots où tu entends le son GN.

rigoler	grogner	brugnon	Avignon
glue	surligner	vague	guidon
linge	château	langue	gris

2. Les mots de l'enquête

Objectif :	Orthographier correctement les mots de la semaine.
Organisation :	Les élèves travaillent en binôme.
Matériel individuel :	Une ardoise et un feutre. Le classeur d'écriture. *Les mots de l'enquête.* Les sons consonnes – Le son [ɲ] *Les mots de la semaine.* Les sons consonnes – Le son [ɲ] Exercices 2 et 3 de la *fiche d'activités pour le son* [ɲ] Les sons consonnes – Le son [ɲ]
Matériel collectif :	Le document *Les mots de l'enquête* agrandi au format A3 (ou à projeter).

Préparation

• Imprimer et dupliquer le document *Les mots de l'enquête* à raison d'un par élève.

• Photocopier un exemplaire de ce document au format A3 pour un affichage collectif. Il est aussi possible de projeter le document sur un tableau blanc interactif (TBI) et de mener la mise en commun sur ce support.

Déroulement

• Remettre à chaque enfant le document *Les mots de l'enquête* et laisser un temps d'observation du document.

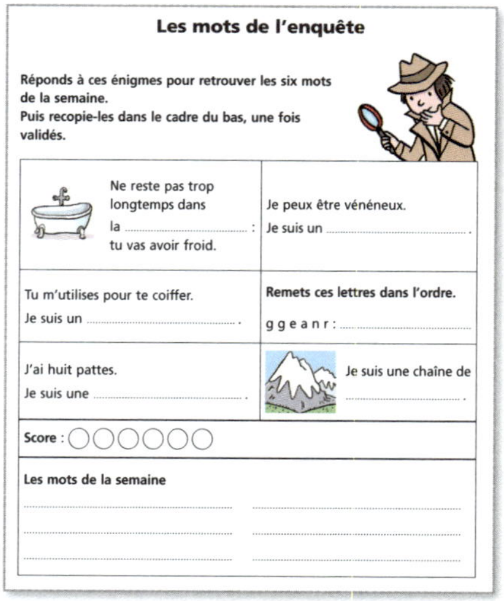

Les mots de l'enquête

Réponds à ces énigmes pour retrouver les six mots de la semaine.
Puis recopie-les dans le cadre du bas, une fois validés.

Ne reste pas trop longtemps dans la .... : tu vas avoir froid.	Je peux être vénéneux. Je suis un ....
Tu m'utilises pour te coiffer. Je suis un	**Remets ces lettres dans l'ordre.** g g e a n r : ....
J'ai huit pattes. Je suis une	Je suis une chaîne de ....
Score : ○○○○○○	

Les mots de la semaine

• Distribuer ensuite à chacun le document *Les mots de la semaine.*

• Demander aux élèves de répondre, en binôme, aux six énigmes que présente le document *Les mots de l'enquête*. Chacune d'entre elles consiste à retrouver et à écrire un mot de la semaine. Préciser qu'ils peuvent utiliser le deuxième document comme une aide et que chaque bonne réponse permettra de cocher une pastille de la case score. Ajouter que, au sein des binômes, chacun doit écrire les réponses sur sa feuille, mais coopère avec son voisin. Lancer l'activité et apporter les aides nécessaires.

• Procéder à la mise en commun : reprendre les énigmes une à une et demander à un élève d'y répondre sur l'affiche A3 au tableau. Au besoin, récrire chaque mot au tableau pour qu'il soit visible de tous. Les élèves corrigent leur document et récrivent proprement les six mots de la semaine dans la dernière case du document, prévue à cet effet.

• Faire remarquer que le mot *montagne* doit s'écrire au pluriel puisqu'il s'agit d'une *chaîne constituée de plusieurs montagnes.*

• Au fur et à mesure de la correction, à chaque bonne réponse, les élèves cochent une pastille dans la case score. En fin de partie, chaque binôme compte ses points ; désigner les vainqueurs.

• Chaque élève colle son document *Les mots de l'enquête* dans son classeur d'écriture.

Prolongement écrit

Écrire au tableau une série de deux mots, dont un seul comprend le son [ɲ]. Demander aux élèves de copier ce dernier sur leur ardoise. Vérifier collectivement, puis procéder ainsi pour d'autres séries de mots.

Exemple :

bâiller – <u>baigner</u>	*bague – <u>bagne</u>*	*cigale – <u>cigogne</u>*
<u>ligne</u> – linge	*<u>signe</u> – singe*	*vague – <u>vigne</u>*

Différenciation

Proposer les exercices 2 et 3 de la *fiche d'activités pour le son* [ɲ].

2 Complète les mots avec gne, gna ou gnon.

un si........	un oi........	la vi........
gro........	un poi........rd	la campa........
un témoi........ge	un tro........	un si........

3 Récris les mots en remettant les syllabes dans l'ordre.

gno	cli	ter	gner	sei	ren	li	sou	gner	gna	si	re	tu
....			....			....			....			

3. Les mots mystères

Objectif :	Connaître la dérivation des mots *montagne, gagner* et *baignoire*.
Organisation :	Les élèves travaillent individuellement.
Matériel individuel :	Une ardoise et un feutre. Exercice 4 de la *fiche d'activités pour le son* [ɲ]. Les sons consonnes – Le son [ɲ]
Matériel collectif :	3 affiches au format A2.

Préparation

Écrire sur chaque affiche A2 une phrase contenant un des mots étudiés (mais effacé), par exemple :

– *Il faut du temps pour* ____________ *jusqu'au sommet.*
– *Nous allons bientôt désigner les* ________________ *.*
– *Sur la plage, le drapeau rouge interdit la* ________________ *.*

Déroulement

• Au tableau, écrire en ligne les mots *montagne, gagner* et *baignoire.* Demander aux élèves de donner oralement des mots de la même famille de chacun de ces trois mots.

• Écrire toutes les propositions en colonne, sous chaque mot référent. Préciser que même les propositions erronées sont notées. Valider les bonnes réponses et effacer les mauvaises. Étoffer au besoin les listes. Inviter un ou plusieurs enfants à relire les listes au tableau.

montagne	**gagner**	**baignoire**
mont	gagneur	bain
monter	gagnant	baigner
montagnard	gain	baignade
surmonter		

• Fixer la première affiche et demander à un élève de lire la phrase ; en vérifier la compréhension auprès du groupe classe. Puis demander aux élèves d'écrire sur leur ardoise le mot manquant, en précisant qu'il se trouve au tableau, dans la famille du mot *montagne*.

• Faire lever les ardoises et reprendre les propositions une à une. Favoriser les échanges entre les élèves, puis valider la bonne réponse : *monter*.

• Procéder de la même manière pour les deux autres phrases. Valider les réponses *gagnants* et *baignade*. Faire remarquer que le mot *gagnant* doit s'écrire avec la marque du pluriel *-s* à la fin du mot.

• Conclure en demandant à plusieurs enfants de proposer oralement des phrases comprenant l'un des mots notés au tableau.

Différenciation

Proposer l'exercice 4 de la *fiche d'activités pour le son* [ɲ].

4. Les phrases à associer

Objectif :	Regrouper avec cohérence des morceaux de phrases comprenant les mots de la semaine.
Organisation :	Les élèves travaillent individuellement.
Matériel individuel :	Le classeur d'écriture. *Les phrases à associer.* ➤ Les sons consonnes – Le son [ɲ] Exercice 5 de la *fiche d'activités pour le son* [ɲ]. ➤ Les sons consonnes – Le son [ɲ]
Matériel collectif :	*Les phrases à associer* (format agrandi ou étiquettes projetées).

Préparation

• Imprimer le document *Les phrases à associer* à raison d'un par élève.

• Écrire (ou imprimer ou encore projeter) au tableau les débuts et fins de phrases contenues dans le document *Les phrases à associer* :

son sac de champignons.	Bachir a peur
Le gagnant est arrivé	Zoé a rempli
de l'araignée dans la baignoire.	au sommet de la montagne.

Déroulement

• Distribuer le document *Les phrases à réunir* à chaque élève, et leur demander de découper les six étiquettes.

• Laisser un temps d'observation, puis faire remarquer qu'il s'agit de six morceaux de phrases. Inviter chaque élève à assembler les six étiquettes de manière à retrouver les trois phrases correctes.

• Répondre aux questions éventuelles puis lancer l'activité. Apporter les aides nécessaires auprès de certains élèves, puis annoncer le moment de synthèse.

• Lors de la mise en commun, demander à un élève d'énoncer une phrase qu'il a reconstituée. Utiliser les étiquettes agrandies au tableau pour matérialiser les propositions. Faire valider et argumenter la bonne réponse : *Zoé a rempli son sac de champignons.*

• Procéder à l'identique pour les deux phrases suivantes. Valider les réponses :

– *Le gagnant est arrivé au sommet de la montagne.*

– *Bachir a peur de l'araignée dans la baignoire.*

• Faire remarquer que les majuscules et les points constituaient des indices pour réunir des groupes. Demander à un enfant de lire les phrases notées au tableau.

• Terminer la séance en rappelant les règles relatives à la construction de la phrase : la présence de la majuscule et du point, ainsi que la notion de sens.

Variante

Si les élèves n'ont pas de difficulté de copie, on peut se passer des étiquettes et faire rechercher puis recopier les phrases directement sur leur ardoise.

Prolongement écrit

Les élèves choisissent et copient, dans leur classeur d'écriture, une phrase de leur choix.

Différenciation

Proposer l'exercice 5 de la *fiche d'activités pour le son* [ɲ].

5 Complète ces phrases avec les mots donnés.

montagne – araignée – gagner – baignoire

Il y a une .... au fond la ....

L'alpiniste est presque arrivé au sommet de la .... : il va bientôt ....

5. La dictée mélangée

Objectif :	Restituer l'orthographe des mots de la semaine.
Organisation :	Les élèves travaillent individuellement.
Matériel individuel :	Le cahier du jour. Le document *La dictée mélangée*. ➤ Les sons consonnes – Le son [ɲ]

Préparation

• Imprimer et dupliquer le document *La dictée mélangée* à raison d'un par élève.

• Le projeter sur le TBI ou écrire au tableau les mots mélangés :

tamongne	raignéea	gnerga
gnoibaire	gnonchpiam	gnepei

Déroulement

• Distribuer le document *La dictée mélangée* et laisser un temps d'observation.

• Faire expliquer la consigne par un élève : il s'agit de récrire chaque mot de la semaine en remettant les lettres dans l'ordre. S'assurer que chacun ait compris.

• Lancer l'activité en laissant le temps nécessaire.

• La correction est immédiate : demander à un élève de venir au tableau écrire le premier mot. Valider collectivement.

• Procéder ainsi pour les autres mots de la dictée.

• Faire coller le document corrigé dans le cahier du jour.

Corpus des mots de la semaine

• Les sons voyelles et semi-voyelles

1. Son [a]	valise	pas	chocolat	jardin	malade	avion	
2. Son [i]	lire	nid	tapis	ville	stylo	pyjama	
3. Son [o]	auto	hôpital	bateau	chaud	cadeau	donner	
4. Son [y]	rue	usine	musique	sucre	jupe	lunettes	
5. Son [ə]	melon	peluche	pelote	renard	regarder	chemin	
6. son [u]	genou	autour	nous	boule	poupée	rouge	
7. Son [wa]	avoir	bois	étoile	oiseau	histoire	trois	
8. Son [ɔ̃]	garçon	confiture	tomber	bouton	long	conte	
9. Son [ɑ̃]	demander	dent	enfant	manger	temps	jambe	
10. Son [ɛ]	fête	terre	faire	frère	neige	Noël	poulet
11. Son [ɔ]	bol	sol	botte	sport	corps	pomme	
12. Son [e]	télévision	aller	année	école	nez	marcher	
13. Son [œ]	fleur	cœur	œuf	beurre	heure	chanteur	
14. Son [ø]	cheveu	feu	jeu	pneu	heureux	bleu	nœud
15. Sons [ɛ̃] et [œ̃]	impossible	peindre	main	faim	malin	parfum	lundi
16. Son [j] (1)	joyeux	cahier	rayure	pied	fermier	payer	
17. Son [j] (2)	feuille	grenouille	bouteille	habiller	fauteuil	médaille	

• Les sons consonnes

18. Son [r]	porter	sœur	jour	radis	fort	voir	
19. Son [l]	lait	livre	coller	laver	sel	lapin	
20. Son [p]	papa	penser	sapin	pain	pull	pelle	
21. Son [b]	ballon	beau	tomber	bonnet	bonbon	bouée	
22. Son [m]	image	femme	pomme	Mamie	monde	timide	
23. Son [n]	nombre	nuit	farine	tourner	lune	personnage	
24. Son [s]	souris	ceinture	addition	garçon	dix	casser	
25. Son [z]	cuisine	maison	zéro	seize	cerise	onze	
26. Son [v]	livre	ouvrir	vent	vélo	travailler	voir	
27. Son [f]	fromage	photo	fée	fumée	téléphone	pharmacie	
28. Son [k]	quatorze	cinq	anorak	calcul	magique	compote	
29. Son [g]	magasin	regarder	garage	gomme	bague	guitare	
30. Son [d]	dire	douche	ordinateur	douze	mardi	demain	
31. Son [t]	table	botte	petit	pantalon	peinture	toit	
32. Son [ʃ]	acheter	bouche	chambre	chanson	méchant	moustache	
33. Son [ʒ]	cage	gentil	ranger	jouet	journal	girafe	pigeon
34. Son [ɲ]	montagne	araignée	gagner	baignoire	champignon	peigne	

Présentation du CD-Rom

Le CD-Rom contient le matériel nécessaire à la mise en place des rituels, ainsi que des fiches d'activités spécifiques, pour mettre en œuvre une différenciation.

- **7 fichiers audio**

Ils correspondent au rituel « Les mots à écouter », ainsi qu'au chronomètre à utiliser pour le rituel « Les mots contre la montre ».

- **123 documents à projeter ou à imprimer, à découper et à distribuer aux élèves**

Il s'agit du matériel individuel ou collectif, support des différents rituels.
Voici quelques exemples :

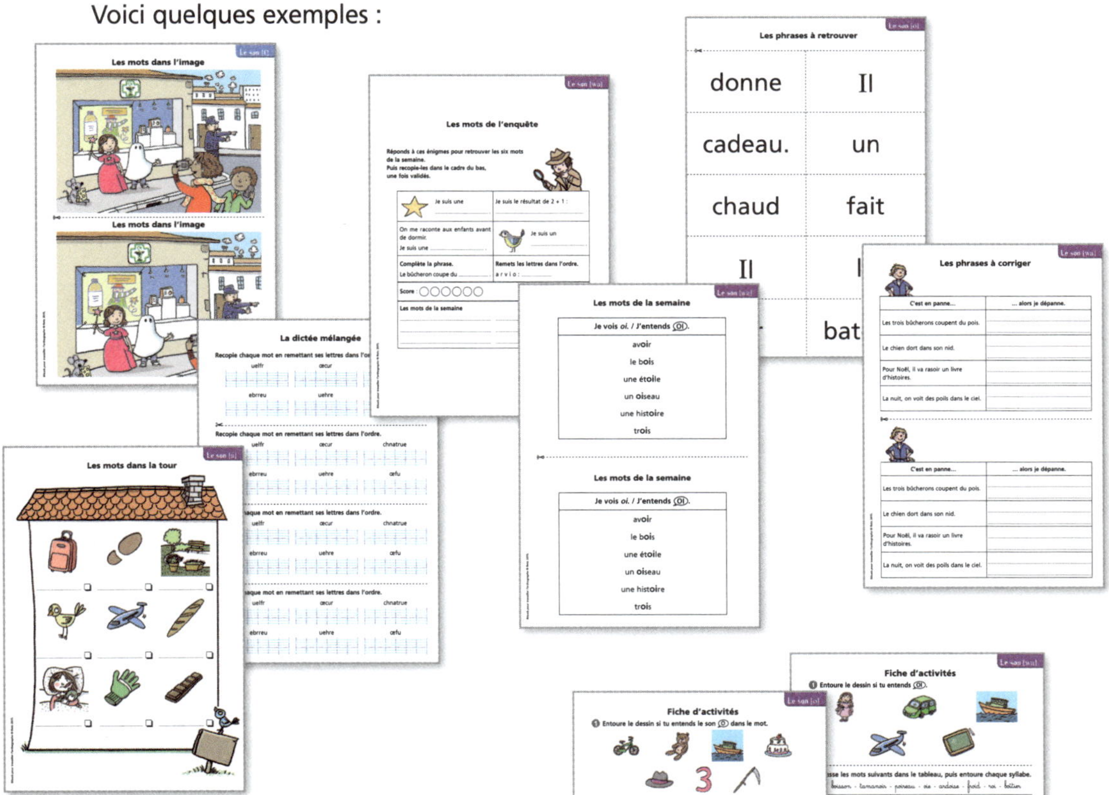

- **34 fiches d'activités**

Elles favorisent la différenciation (pour les élèves en difficulté comme pour les élèves les plus à l'aise) et permettent aussi le passage à l'écrit après un rituel.

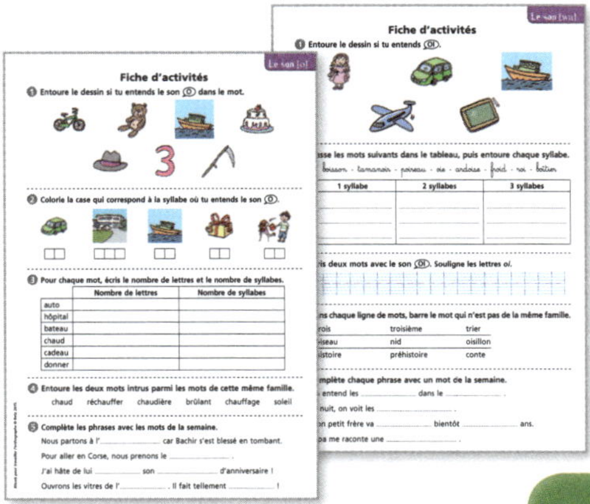

Utilisation du CD-Rom

• Installer le CD-Rom

Sur PC : Insérer le disque dans votre lecteur, l'installation se lance automatiquement (l'ouverture peut prendre quelques minutes). Si ce n'est pas le cas, aller dans le « Poste de travail » (menu « Démarrer »), cliquer sur le fichier « Rituels_orthographiques_Cycle2_PC.exe » et suivre les étapes d'installation jusqu'à la fin. Une icone s'affiche alors sur le « Bureau » : double cliquer dessus pour lancer le CD.
Sur Mac : Insérer le disque dans votre lecteur. Cliquer sur « Rituels_orthographiques_Cycle2_MAC.dmg », glisser l'application dans le dossier « Applications » et double cliquer sur « Rituels_orthographiques_Cycle2_Retz ».

L'utilisation du CD n'est plus nécessaire une fois l'application installée sur l'ordinateur (PC et Mac).

• Naviguer dans l'application

Cliquer sur le logo Retz pour accéder au site Retz.

Cliquer sur la rubrique souhaitée : en violet, le matériel de la partie sur « Les sons voyelles et semi-voyelles » ; en bleu, celui de la partie sur « Les sons consonnes ».

En cliquant sur le bouton vert, les fichiers audio se téléchargent sur votre ordinateur (au format .mp3) pour une utilisation « mobile ».

Le nom de la rubrique sélectionnée précédemment s'affiche en jaune.

Cliquer sur ce bouton pour accéder directement à l'autre rubrique, sans repasser par l'écran d'accueil.

L'ensemble du matériel, organisé par son, s'affiche dans la partie droite de l'accueil.

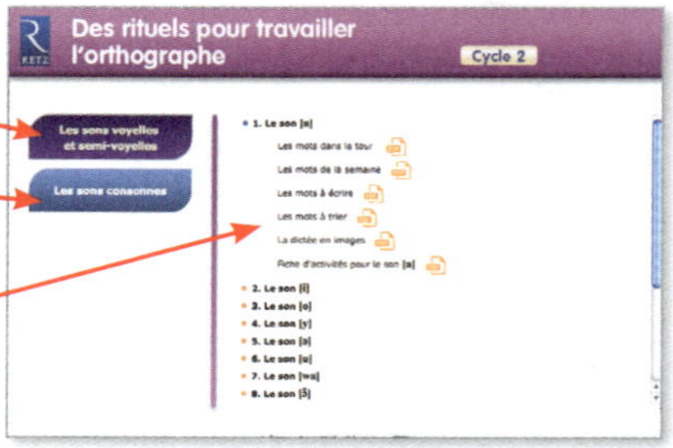

• Afficher les fichiers PDF

Cliquer sur le nom du document souhaité.
Ce dernier s'ouvre dans une nouvelle fenêtre :

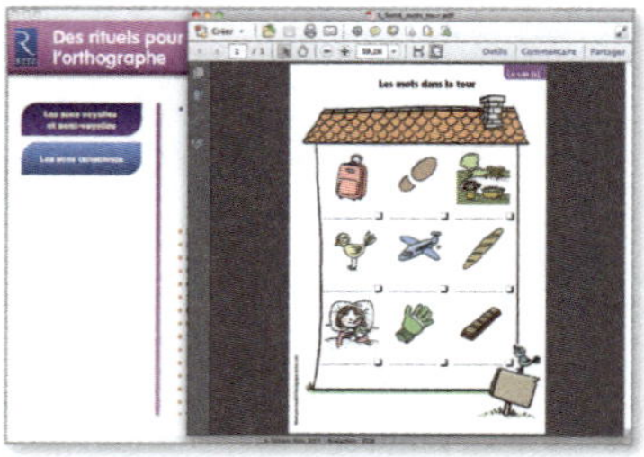

Le logiciel automatiquement utilisé par cet affichage (Adobe Reader, Aperçu...) permet d'agir sur le document : zoom, rotation, impression, etc.

• Lire les fichiers audio

Cliquer sur le nom du document à écouter.
Les pistes audio s'affichent dans une nouvelle fenêtre. Lancer la piste audio grâce au player.

Un player s'affiche avec des boutons « Lecture », « Pause » et « Volume ».